Knaus

K

Max A. Höfer

Vielleicht will der Kapitalismus gar nicht, dass wir glücklich sind?

Erkenntnisse eines Geläuterten

Knaus

MIX
Papier aus verantwortungsvollen Quellen
FSC® C006701

Verlagsgruppe Random House FSC® N001967
Das für dieses Buch verwendete
FSC®-zertifizierte Papier *Munken Premium*
liefert Arctic Paper Munkedals AB, Schweden.

1. Auflage

Gesetzt aus der Stempel Garamond von Uhl + Massopust, Aalen
Druck und Einband: CPI – Ebner & Spiegel, Ulm
Printed in Germany
ISBN 978-3-8135-0456-9

www.knaus-verlag.de

Inhalt

Warum sind wir so unglücklich?

Die ersten Zweifel, ob ich einen wirklich sinnvollen Job mache, überkamen mich auf der Heimfahrt von einer Veranstaltung. Es war spät am Abend, das Wetter trist. Vielleicht kein idealer Moment für eine Sinnkrise. Ich hatte als Vertreter der deutschen Industrie auf einer Podiumsdiskussion unser Wirtschaftssystem verteidigt. Meine Argumente waren gut gewesen, fand ich. Aber so richtig überzeugt hatte ich dennoch niemanden. Das frustrierte mich, zumal ich Geschäftsführer der »Initiative Neue Soziale Marktwirtschaft« (INSM) war, eines Think Tanks, der seine Aufgabe, die Erneuerung der Sozialen Marktwirtschaft, schon im Namen trug. Die Soziale Marktwirtschaft ist für mich eine Erfolgsgeschichte ohne Wenn und Aber: Unser Wohlstand hat sich seit den 1950er Jahren versechsfacht, das Sozialbudget liegt jedes Jahr bei 760 Milliarden Euro. Drei Viertel der Weltbevölkerung wären froh, wenn sie unsere Probleme hätten und sich den teuren Aufbau von Windparks und Gezeitenkraftwerken leisten könnten.

Die Diskussion war typisch für diese Systemdebatten verlaufen: Die jungen Studenten, die wie ich von der Entwicklungshilfeorganisation GTZ eingeladen worden waren, um über »den Export der Sozialen Marktwirtschaft« zu diskutieren, behaupteten nicht, dass es irgendwo auf der Welt grundsätzlich besser wäre. Aber sie äußerten auch keine Sympathien. Im Gegenteil: Sie beklagten die Gier der Manager, den angeblichen Sozialabbau, das Gift in der Nahrung, die Folgen des Klimawandels. Zu exportieren gibt es da offenbar nichts. Ich konnte es nicht mehr hören.

Es war die Anspruchshaltung der Studenten, die mich zunehmend nervte. Sie hatten viele Forderungen an die anderen, an den Staat, die Wirtschaft, den Währungsfonds. An die eigene Adresse richteten sie komischerweise keine. Eine Studentin meinte, ich solle nur nicht so stolz sein auf unsere Warenvielfalt. Denn die gebe es nur, weil die Wünsche der Konsumenten erst mit viel Werbung von den Unternehmen erzeugt würden. Aus ihrer Handtasche schaute ein weißes iPod-Kabel heraus. War sie den Marketing-Manipulationen von Apple erlegen? Nicht alle Studenten in meiner Gesprächsrunde waren so negativ. Einige, die schwiegen, hielt ich für heimliche Verbündete. Aber es war schon ernüchternd: Da saßen junge Leute vor mir, besser gebildet, besser finanziell ausgestattet und gut zehn Zentimeter größer als ihre Elterngeneration, mit unbegrenzten Möglichkeiten der Berufswahl, der Selbstverwirklichung und der Freizeitgestaltung, und doch waren sie sichtbar unzufrieden. Zwar stellte keiner das System infrage. Aber sollte man nicht trotzdem erwarten können, dass Menschen, denen die Welt offensteht und die Fächer studieren, die ihnen Chancen eröffnen, sich in ihrer Umwelt einigermaßen wohlfühlen?

Eine derart fruchtlose Diskussion passierte mir nicht zum ersten Mal. Diesmal waren es Studenten, davor waren es Betriebsräte, Berufsschüler und andere Gruppen. Gut in Erinnerung sind mir noch ein ostdeutscher Lehrerverband und die Insassen eines Westberliner Seniorenheims, weil sie beide unabhängig voneinander die staatliche Festsetzung des Benzinpreises forderten, der gerade über 1 Euro 50 geklettert war. Der Grundton vieler derartiger Diskussionen landauf, landab ist sehr oft negativ, getragen von einer angstvollen Niedergangsklage.

Während meiner nächtlichen Heimfahrt von der GTZ-Veranstaltung erkannte ich, dass ich mehr als nur ein gewöhnliches Unbehagen an uneinsichtigen Mitdiskutanten empfand. Ich steckte in einer echten Sinnkrise. Meine Sinnkrise hatte, das wusste ich seit geraumer Zeit, sogar einen wissenschaftlichen Namen: »Easterlin-Paradoxon«. Richard Easterlin ist kein Psychiater, sondern ein amerikanischer Ökonom, der bereits 1974 festgestellt hatte, dass das Pro-Kopf-Einkommen zwar seit den 50er Jahren stark gestiegen war, die Amerikaner seither jedoch mit ihrem Leben nicht zufriedener geworden waren. Easterlins Befund: Mehr Wohlstand macht die Menschen nur unbedeutend glücklicher.

Damit erschütterte er die traditionelle Ökonomie. Die ging davon aus, dass die Menschen rational entscheiden, was ihnen mehr bringt. Sie wählen einen bestimmten Beruf oder ein Auto oder einen Wohnort, weil sie sich davon ein besseres Leben erwarten. Sonst würden sie es nicht tun oder eine andere Wahl treffen. Steigt der Wohlstand, dann können sich die Menschen mehr Güter leisten und sie haben auch mehr Wahlmöglichkeiten, von denen sie gewöhnlich die für sie angenehmere ergreifen. Folglich müsste bei steigendem Wohlstand auch die allgemeine Zufriedenheit steigen. Das war aber offenbar nicht der Fall, wie zahllose Umfragen in der westlichen Welt seit Easterlin[1] feststellten. Und meine Diskussion mit den Studenten legte auch nahe, dass die heutige jüngere Generation kaum glücklicher ist als die ihrer Eltern.

Das Easterlin-Paradoxon stellte mich und meinen Job vor eine grundsätzliche Frage: Wenn das Lebensglück der Menschen nicht zunimmt, warum sollten sich die Menschen dann den ganzen Stress antun und nach immer mehr Einkommen, Wachstum und Produktivität streben? Sollte ich mich bei der nächsten Diskussion vielleicht einfach hinstellen und sagen: »Leute, es geht uns verdammt gut, besonders, wenn wir uns mit den Zuständen vor 50 oder gar 100 Jahren vergleichen. Lasst uns schlicht einen Gang runterschalten. Wir machen die Tretmühle bei Arbeit, Status und Konsum einfach nicht mehr mit.«

Was mich daran hinderte, war, dass es solche Langsamkeitsapostel längst gibt und es sich dabei zumeist um ältere Herren handelt, Professoren oder frühere Topmanager, die am Ende ihres Lebens die Erbaulichkeiten des Bildungsbürgertums und das sanfte Leben entdecken, aus der ersten Reihe gewissermaßen, im Zimmer mit Aussicht. Sie haben die Kämpfe um den nächsten Karrieresprung, den Bau des Eigenheims und die Traumreise an die Copacabana lange hinter sich. Sie treten schon aus biologischen Gründen gern ein bisschen kürzer. Sie haben gut reden.

Aber was soll ein normaler Arbeitnehmer von der Absage an Wachstum und Einkommenserhöhung halten? Was von Sprüchen, dass das Lebensglück sich in Familie und gelungenen Freundschaften mehr erfülle als in einem neuen Auto oder einer Gehaltserhöhung? Er würde sich auf den Arm genommen fühlen, vor allem, wenn ihm das wie ich ein Vertreter der Wirtschaft vorbetet. Für Gewerkschaften und Linke wäre die Sache schnell klar: Ein zynischer Trick der Unternehmer, um Lohnerhöhungen und Mehrzahlungen in die Sozialkassen zu verweigern.

Ich stellte mir meinen damaligen Boss, Gesamtmetall-Präsident Martin Kannegiesser, vor, wie er Tarifvertragsverhandlungen mit der IG Metall mit den feierlichen Worten eröffnet hätte: »Die Glücksforschung hat ergeben, dass Lohnerhöhungen die Menschen nicht wirklich glücklicher machen, sie sollten mehr Zeit für Freundschaften verwenden. Deshalb schlagen wir vor, statt der geforderten 8 Prozent Lohnerhöhung, jeden Arbeitnehmer bei der Pflege glücksfördernder Freundschaften zu unterstützen.« Die IG Metall würde ihn für verrückt erklären. Und das politische Establishment ebenfalls.

Aber ist das alles wirklich so absurd? Muss es nicht einfach mal einer ausprobieren? Vielleicht nicht das Angebot glücksfördernder Freundschaften, da gibt es sicherlich bessere, seriöse und fortschrittliche Möglichkeiten. Nur welche? Wie soll diese andere Vorstellung von Wohlstand aussehen, die die Gesellschaft insgesamt zufriedener macht, aber ihr Heil nicht in einer sozialromantischen Steinzeitökonomie sucht mit Kräuteranbau und Fahrradwerkstätten? Mir war klar, dass gegen die diffuse Unzufriedenheit mit unserer Wirtschaftsordnung weder Hinweise auf ihre beispiellose Erfolgsgeschichte halfen noch Appelle an die segensreiche Wirkung von Markt und Wettbewerb. Die Soziale Marktwirtschaft steckt in einer Akzeptanzkrise, sie braucht ein neues Fundament, sie muss ihre Prioritäten neu setzen.

Das ist besonders für die Unternehmen eine echte Herausforderung. Es reicht nicht, wenn ein Topmanager mit betroffener Miene ein paar wachstumskritische Anmerkungen macht und die Worte »Nachhaltigkeit« und »Klimawandel« in den Mund nimmt. Die Entscheider-Elite heißt nämlich so, weil sie Entscheidungen von großer Tragweite trifft – und da wird ein Unternehmensboss schnell unglaubwürdig: Er kann nicht im Geschäftsbericht von steigenden Umsätzen und Renditen schwärmen und gleichzeitig dem Rest der Gesellschaft Glück und Bescheidenheit predigen. Die Gewerkschaften haben im Grunde dasselbe Dilemma, denn sie scharen ihre Mitglieder hinter sich, weil sie für gut bezahlte Vollzeitjobs und wachsende Sozialleistungen kämpfen, nicht weil sie ihnen etwas über Entschleunigung oder andere Formen des Glücks erzählen.

Und die Parteien? Die haben, allen voran die Grünen, in ihren Programmen hübsche wachstumskritische Passagen. Die fliegen aber im Allgemeinen sofort über Bord, wenn sich auch nur der Hauch einer Rezession ankündigt. Dann müssen Wachstumskräfte entfacht werden, sonst kann man den Wählern keine rosige Zukunft versprechen. Die Ergebnisse der Enquete-Kommission des Bundestags[2] für eine nicht nur in Geld gemessene Bewertung von Lebensqualität fallen deshalb so bescheiden aus, weil alle Parteien angesichts der Euro-Krise auf mehr Wirtschaftswachstum setzen, egal, welche Folgen das für Natur und Lebensqualität hat. In der Praxis sind alle Parteien konsequente Exekutoren der Immermehr-Ideologie, besonders, wenn sie in der Opposition sind: Die Immer-mehr-Ideologie schiebt alle Schwierigkeiten in Wirtschaft und Gesellschaft auf einen Mangel an Mitteln und sieht die Lösung aller Probleme in mehr Geld. Gäbe es mehr Geld für Hartz-IV-Empfänger, Lehrer und das Gesundheitssystem, wären die Verhältnisse gerechter, die Schüler schlauer und die Menschen gesünder.

Wir wissen längst, dass das nicht stimmt. Oftmals bewirkt mehr Geld das Gegenteil: In der Sozialhilfe schafft es tief frustrierte passive Transferempfänger. In der Schule hat Deutschland die bestbezahlten Lehrer Europas, aber längst nicht die besten Schüler. Und im Gesundheitssystem versickern Milliarden in Mehrfachuntersuchungen und Überversorgung.

In den meisten Lebensbereichen kommt es eher auf das »Wie« an als auf das »Wie viel«. Wir wissen das, aber wir handeln viel zu selten danach und kommen von der alten Immer-mehr-Ideologie nicht los. Wir leben offenbar geistig noch immer in der Vor-Easterlin-Epoche und meinen, dass steigender Lebensstandard auch die Zufriedenheit erhöht. Im Grunde sind sich gerade in Wirtschaft und Politik alle einig, dass am Ende doch alles auf mehr Geld hinausläuft: mehr Geld für Sozialhilfe, für Bildung, für Kultur, für erneuerbare Energien etc.

Würde ich mich also auf einer Veranstaltung vor die Leute stellen und ihnen zurufen: »Lasst uns einfach aus der Tretmühle von mehr Einkommen, mehr Status und mehr Konsum aussteigen«, erhielte ich anfangs sicherlich freundlichen Zwischenapplaus. Aber dann müsste ich schon verdammt konkret werden und die Alternativen benennen, wenn ich nicht ausgebuht werden möchte. Und das war es, was mir diese anhaltende Sinnkrise bescherte: Ich kannte die Alternativen auch nicht. Natürlich hatte ich einige Vorstellungen. Sozialhilfeempfänger brauchen nicht mehr Stütze für den neuen Flachbildfernseher, sondern eine Perspektive. Arbeitnehmer brauchen keinen Bonus, sondern mehr Verantwortung und Wertschätzung. Kommunen brauchen keine höheren Gewerbesteuereinnahmen, sondern engagiertere Bürger.

Aber das waren alles nur vage Gedanken. An vielen Stellen steht unsere Soziale Marktwirtschaft recht ratlos da: Die Arbeitsbelastung wird größer, weil die industrielle Effizienzlogik das Tempo stetig erhöht. Doch stehen dem Steigerungsstress nur geringfügige Konsumgewinne gegenüber: Ob es jetzt 300 oder 330 verschiedene Joghurtsorten, TV-Programme oder Nagellacke gibt, erhöht die Zufriedenheit nicht. Unserem Wirtschaftssystem gelingt es immer weniger, die Vorteile von technischem Fortschritt und Arbeitsproduktivität in glückbringenden Wohlstand umzusetzen. Wir sind übersättigt und überarbeitet und schaffen es nicht, Arbeit und Konsum zu entschleunigen, um dadurch echte Lebensqualität zu gewinnen. Früher hatte wenigstens eines gestimmt: Die industrielle Standardisierung schuf Wohlstand für die breite Masse: Für ein paar Schuhe musste der Durchschnittsverdiener 1950 sieben Mal so lange arbeiten wie heute, für ein Pfund Bohnenkaffee schuftete er damals unglaubliche 26 Stunden, heute reichen 19 Minuten, und eine Woche Urlaub in Italien ist heute um das Sechsfache erschwinglicher.

Aber diese Produktivitätssprünge sind längst vorbei. Wo es welche gibt, schlagen sie sich kaum in Lohn- oder Konsumvorteilen nieder. Die Reichen sind die Hauptnutznießer, wie die Einkommensstatistiken seit Anfang der 1990er Jahre belegen, was die Unzufriedenheit in der Bevölkerung zusätzlich erhöht. Die Aldi-Erben können aus wenigen Cent, die sie durch Skalenerträge aus einem Eigenprodukt herausquetschen, Millionen verdienen. Der Konsument hat mit den Nachteilen zu kämpfen, denn die Qualität der Produkte wird durch die Effizienzmaschinerie eher schlechter, an allem wird gespart. So haben die Menschen mittlerweile das Vertrauen in die Lebensmittelindustrie weitgehend verloren. Was haben wir davon, wenn ein Masthähnchen, das einmal 70 Tage leben durfte, bis es sein Schlachtgewicht erreichte, heute nur noch 44 Tage dafür braucht, und künftig nur 40 Tage leben darf oder 35 Tage? Wann ist Schluss? Schmeckt das Fleisch dann besser? Wahrscheinlich nicht, denn für diese Ertragssteigerung muss es mit noch mehr Wachstumshormonen und Antibiotika vollgestopft werden.

Der Steigerungskapitalismus kann aber nicht aufhören. Die Renditelogik zwingt ihn, noch effizienter zu werden, noch profitabler, noch produktiver. Wir ahnen, dass wir dieses Steigerungsspiel verlieren werden.

Eine weitere Steigerung macht keinen Sinn. Die vielen Lebensmittelskandale illustrieren es drastisch: Wenn 11 000 Schüler in Ostdeutschland an Brechdurchfall erkranken, weil ein einziger Caterer ihnen verseuchte Billigerdbeeren aus China vorsetzt, dann merkt man, dass das radikale Effizienzdenken nicht mehr Wohlstand erzeugt, sondern Mangel. Deutschland, einem der reichsten Länder der Welt, ist das Schulessen seiner Kinder nur wenige Cent wert. Als ob wir uns im Kriegswinter 1944 befänden und die billigste Kalorienversorgung an die Schulfront schaffen müssten! Ausgerechnet bei einem der elementarsten Dinge herrscht ein Kostendruck, als ob das Land verarmt wäre und sich keine Essensrationen mehr leisten könnte. Das Preissystem ist so verzerrt, dass Erdbeeren aus China preiswerter sind als Äpfel vom Obstbauern aus der Umgebung. Das Effizienzdenken ist derart dominant, dass der eigentliche Sinn des Essens, nämlich Geschmack, Gesundheit und Gemeinschaft, völlig in den Hintergrund getreten ist. Dass es auch anders geht, zeigen einzelne Schulversuche wie etwa in Hildesheim, wo Kinder gemeinsam kochen und ein Gefühl für Esskultur entwickeln können. Aber das sind leider nur Ausnahmen.

Damit geht es dem System im Großen wie Otto Normalbürger im Kleinen. Eine sehr nachdenklich stimmende Studie der Universität London[3] fand nämlich heraus, dass die Menschen im Durchschnitt ein höheres Einkommen nicht dazu verwenden, um mehr Zeit für glücklich machende Tätigkeiten zu haben. Je mehr sie verdienen, desto stärker neigen sie dazu, mehr Zeit für unglücklich machende Tätigkeiten aufzuwenden: Sie nehmen dann längere Pendelzeiten für den Weg zur Arbeit in Kauf, haben weniger Freizeit und damit auch weniger Zeit für Familie und Freunde. Seltsam. Unsere Seele weiß zwar, was uns glücklich macht, unser Verstand schafft es aber nicht immer, es umzusetzen. Auch unser Wirtschaftssystem meldet täglich neue Erfolge, die zumeist versprechen, das Leben angenehmer und einfacher zu machen oder Zeit zu sparen. Dennoch nehmen Stress und Hektik zu. Wir produzieren immer mehr, aber offenbar nicht das, was uns zufrieden macht.

Der gegenwärtige Kapitalismus erinnert mich an Sisyphos, der immer wieder denselben Felsbrocken den Berg hochrollen muss: Wir arbeiten uns vergeblich ab, ohne das Ziel zu erreichen. Es scheint sogar in immer weitere Ferne zu rücken. Was war das Ziel eigentlich noch mal?, fragte ich mich auf jener nächtlichen Autofahrt nach Hause. Da schoss mir ein Gedanke durch den Kopf: Vielleicht will der Kapitalismus gar nicht, dass wir glücklich sind?

Hatte er das je behauptet? Ich erinnerte mich an die berühmte Analyse von Max Weber, der gezeigt hatte, dass an der Wiege des modernen Kapitalismus die Puritaner standen, denen wir ein epochales Umerziehungsprogramm verdanken: Sie machten aus Menschen, die »von Natur aus einfach so leben wollen, wie sie zu leben gewohnt sind, und so viel erwerben, wie dazu erforderlich ist«[4], »Berufsmenschen«, die den Sinn ihres Lebens in der Optimierung ihrer Arbeitsleistung sehen und ihr Leben auf maximalen Nutzenertrag ausrichten. Dass Topmanager wie Martin Winterkorn von VW einen penibel durchgetakteten 16-Stunden-Tag haben und für diese Arbeitsbesessenheit von den Wirtschaftsmedien als Vorbilder des Fortschritts gepriesen werden, ist Ausdruck einer Mentalität, die ohne die »protestantische Arbeitsethik« nie das Licht der Welt erblickt hätte. Ohne sie gäbe es auch nicht die Heldenrhetorik, in der McKinsey-Manager geschildert werden, wenn sie in »trägen« Betrieben mal so richtig aufräumen. Der moderne Manager hat niemals frei und niemals Zeit, er ackert, als gäbe es kein Morgen. Ständig verfügbar zu sein und für die Arbeit zu leben, der alles Private untergeordnet wird, ist bis ins mittlere Management hinein zum Statussymbol geworden. Die Puritaner wären stolz auf unsere Führungskräfte.

Zu Hause angekommen ging ich zum Bücherregal. Dort stand ein hellblauer Schuber mit sieben »Wirtschaftsklassikern« von *Capital*, wofür ich zehn Jahre lang als Redakteur geschrieben hatte. Band sechs war Max Webers *Die protestantische Ethik und der Geist des Kapitalismus*. Als Student hatte mich fasziniert, dass Weber den »Geist des Kapitalismus« als ein Produkt der protestantischen Kultur ansah und zeigte, dass der Kapitalismus nur entstehen konnte, weil zuvor schon eine spezifische Erwerbsmentalität entwickelt worden war. Für Weber waren die Kultur und die Gesinnung entscheidend, und er sah den Kapitalismus nicht als logische Folge ökonomischer Marktgesetze, wie das im amerikanischen Fortschrittsmythos oder bei den Ökonomen der

Chicago-Schule behauptet wird. Wer Webers Entstehungsgeschichte des nutzenfixierten Berufsmenschen liest, der versteht, wo wir unsere Ruhelosigkeit, das Nie-genug-kriegen-Können, den Steigerungswahn herhaben.

Der protestantische »Geist des Kapitalismus« hat die Mentalität der westlichen Industrienationen geformt, und er hat dabei, trotz einiger Metamorphosen, seinen Kerngedanken nie verändert, wie ihn Weber eindringlich beschrieb: »Erwerb von Geld und immer mehr Geld, unter strengster Vermeidung alles unbefangenen Genießens.«[5] Von Glück war nie die Rede gewesen. Der Berufsmensch sollte nutzenorientiert, kalt, ordentlich, fleißig und produktiv sein. Der Mensch sollte leben, um zu arbeiten, und nicht, wie in allen anderen Kulturen davor, arbeiten, um gut zu leben. Glück, Fröhlichkeit, Lust, Zufriedenheit oder Daseinsfreude sind dem Puritanismus wesensfremd. Gerade in der Überwindung des Emotionalen und des Genießens soll sich seine »Weltüberlegenheit« beweisen. Menschen, die mit sich zufrieden waren, die das Leben genossen, waren voller Sünde und von Gott verdammt.

Der berühmte amerikanische Essayist H. L. Mencken bezeichnete den Puritanismus Mitte des 20. Jahrhunderts als die »quälende Angst, dass irgendwo irgendjemand glücklich sein könnte«. Und dieser Geist durchdringt, so scheint es mir, unser Leben mehr denn je. Max Weber war noch nie so aktuell wie heute. Von einer glücklichen Gesellschaft sind wir trotz Produktions- und Konsumrekorden weit entfernt.

Freunden, denen ich die Grundthese dieses Buches vortrug, der Kapitalismus wolle wegen seiner puritanischen Wurzeln gar nicht, dass wir glücklich sind, hatten zumeist einen Einwand: Von einem »stahlharten Gehäuse« könne doch keine

Rede mehr sein. Die Menschen schuften heute vielleicht intensiver als je zuvor, und viele sind vom Beschleunigungsstress erschöpft, jeder wünschte sich sogar ganz persönlich mehr Ruhe und Entschleunigung, aber die Menschen würden doch freiwillig im Hamsterrad laufen.

In der Tat hatte Max Weber vor 100 Jahren befürchtet, dass die kalte Rationalität der Industrie wie eine eiserne Faust die Gefühle und das Leben der Menschen noch weiter disziplinieren würde. Den Wandel vom asketischen Sparkapitalismus zum auf Konsum und Schulden beruhenden Pumpkapitalismus unserer Tage hatte er sich nicht vorstellen können. Webers »Puritaner« schienen in den 1960er Jahren am Ende, entmachtet von Konsum, Spaß und Rebellion. Daniel Bell[6] sagte damals voraus, dass die protestantische Arbeitsmoral an der hedonistischen Freizeitkultur zugrunde gehen werde. Yuppies und Hippies passen nicht zueinander.

Aber genau das, was Bell bezweifelt hatte, hat funktioniert. Yuppies und Hippies passen mittlerweile wunderbar zueinander. Apple-Gründer Steve Jobs wird von seinen Anhängern verehrt, weil er den fleißigen Künstler *und* den kreativen Unternehmer verkörpert. Die Gegenkultur der 68er hat die alten Arbeitstugenden der Pflicht und Leistung mit den Idealen der Autonomie, der Kreativität und Flexibilität angereichert. Die Konzerne suchen genau diesen Typus: intrinsisch motiviert, spontan, disponibel, unkonventionell, dabei kompetent und gut ausgebildet. Diese Mitarbeiter drängen danach, ohne Murren Überstunden zu leisten, sie identifizieren sich mit ihren Projekten, für sie ist die Anerkennung im Job der größte Sinn ihres Lebens.

Wir müssen also Max Weber weiterdenken und konstatieren: Die Steigerungsspirale im Beruf, die Dauerbetriebsamkeit, ja der »Erschöpfungsstolz«, wie der Psychologe Stephan Grünewald[7] die bereitwillige Unterwerfung unter das Leistungsdiktat nennt, dreht sich nur deshalb so schnell, weil die Werte der Gegenkultur dem Turbokapitalismus neuen Schwung gaben.

Der Puritaner ist nicht tot, er ist quicklebendig und flexibler geworden. In den Spitzenmanagern begegnen uns heute Leistungsasketen, deren rationale Lebensführung und Effizienz Weber hätten erschauern lassen.

Im 1. Kapitel schildere ich, wie lebendig die protestantische Arbeitsmoral heute ist und dass unser Hauptproblem darin besteht, dass wir der Arbeit zu viel Bedeutung in unserem Leben geben, gerade weil wir unseren Selbstwert zu stark von der Anerkennung im Beruf ableiten. Glück empfinden wir dabei nur sehr begrenzt, denn in allen Umfragen geben die Menschen an, dass sie eigentlich viel lieber weniger arbeiten würden. Unsere intrinsisch aufgeladene protestantische Arbeitsmoral hindert uns aber daran, uns den anderen Quellen des Glücks, also Familie, Freunden, Hobbys, zuzuwenden. Was die Fixierung auf Arbeit und die Bedeutung von Geld und Erfolg betrifft, sind wir seit Max Weber keinen Schritt vorwärtsgekommen.

Warum sind wir eigentlich nicht längst im reichen Westen zu kunstvollen Genießern geworden? Ich habe niemanden getroffen, der nicht zumindest in diesem Punkt zugestimmt hätte: Wer sich genauer anschaut, wofür wir alle so unser Geld ausgeben, der muss enttäuscht sein. Zu leben verstehen wir nicht, zumindest besteht da noch viel Entwicklungsspielraum. Hat es sich gelohnt, dafür so viele Schulden zu machen?

Wie aus dem ursprünglichen Sparkapitalismus ein Konsumkapitalismus werden konnte, der einer spezifischen Steigerungslogik unterliegt, untersuche ich im 2. Kapitel. Dass wir stetig auf der Jagd nach etwas Neuem sind, dass wir heute Produkte danach befragen, was sie zu unserer Selbstentfaltung beitragen können, dass wir uns zunehmend als einzigartig inszenieren, hat ebenfalls mit einer Umpolung unserer Mentalität seit den 1960er Jahren zu tun. Wieder sind es die romantischen Künstlerideale, die die Veränderung bewirken. Sie wandern in unser Konsumverhalten ein. »Nichts ist unmöglich«, verspricht Toyota, »Ändere dein Schicksal!«, befiehlt Vodafone.

»Der neue Kapitalismus unterdrückt uns durch jene Slogans, die uns einst befreien sollten«[8], klagt der Alt-68er Pascal Bruckner. Das Streben nach Erlebnisintensität, nach Abwechslung und Einzigartigkeit ist das größte Geschenk, das die Gegenkultur der 68er der Konsumindustrie machen konnte, denn es sorgt für Nachfrage, und noch schöner: Das »romantische Selbst« kann nie zufriedengestellt werden. Doch der Druck zur permanenten Selbstinszenierung erzeugt nicht Konsumglück, sondern Erschöpfung.

Sicherlich am ursprünglichsten ist der Puritanismus in der Moral geblieben, nämlich humorlos, kalt, autoritär, verklemmt. Um den einzelnen Menschen immer weiter zu verbessern und die Gesellschaft zu perfektionieren, bedient sich der Puritanismus seit jeher der politischen Korrektheit. Wir sind einer Steigerungslogik unterworfen, die auch die Moral erfasst hat. Wie uns ein Korsett an Vorschriften – Compliance-Richtlinien, Shitstorms, Ökosittenpolizei – bis ins Privatleben hinein drangsaliert, beschreibt das 3. Kapitel. Tugendterror und die

Dauerherrschaft des schlechten Gewissens sind eine Einrichtung zur Verhinderung von Entspannung und Zufriedenheit.

Warum gehen wir nicht längst auf die Barrikaden und wehren uns gegen den Beschleunigungsdruck, die psychische Erschöpfung und den Dauermoralismus? Der wichtigste Grund ist: Der Puritaner in uns verhindert die Rebellion, er unterwirft sich der Arbeitsdisziplin, dem konsumistischen Wettlauf, und er kuscht vor seinem schlechten Gewissen.

Wie soll der intrinsisch motivierte Workaholic, der vom Lob seines Chefs träumt und dessen Persönlichkeit an seinen Projekten hängt, den inneren Abstand gewinnen? Erst wenn's im Privatleben kriselt und die Ermüdungserscheinungen überhandnehmen, wird er den Mut für Veränderungen aufbringen. Wir haben es so weit kommen lassen, dass wir mehr stolz darauf sind, wie fulminant wir uns abarbeiten, als darauf, wofür wir uns abarbeiten. Für was allein das Wort »kreativ« herhalten muss! Sogar die Pflege des Twitter-Accounts eines Staubsaugerherstellers gilt als »kreativ«. Hinzu kommt, dass die Konsumkritik zahnlos geworden ist, seit die Künstlerwerte die Jagd nach dem Neuen, Außergewöhnlichen und Unverwechselbaren legitimieren. Jede Konsumkritik wird so unversehens zur Kritik an Lebensstilen, und davor scheuen wir verständlicherweise zurück. Nur im Namen des unruhigen Ökogewissens darf hemmungslos kritisiert werden. Da muss man sich für jede Fernreise rechtfertigen und sich für den Genuss jedes nicht auf seine ökologische Korrektheit überprüften Schokoriegels schämen.

Aber es ist nicht nur der Puritaner in uns, der die Zähne zusammenbeißt und in der Tretmühle weiterläuft. Es ist auch der Druck durch Wirtschaft und Politik. Zum Wachstum kennen sie keine Alternative. Wer aus der Wachstumsspirale aussteigen will, ist ein Verräter des Vaterlands, Europas. Er ist schuld, wenn uns China überholt und wir im Alter von Brotsuppe und Grießbrei leben müssen. Im Sozialstaat werden wir im Widerstand gegen das enorme Veränderungstempo keinen Unterstützer finden. Im Gegenteil. Ihm geht es wie dem Konsum: Beide haben nie genug und kennen keine Grenze der Expansion. Ohne Wachstum hat auch der Sozialstaat Finanzierungsprobleme, und kaum ein Bereich unserer Wirtschaft ist derart auf Expansion angelegt wie die Sozialindustrie. Der Sozialstaat hat durch die soziale Sicherheit und auch durch die Umverteilung viel von der »schöpferischen Zerstörungskraft« des Kapitalismus abgefangen und zur Lebenszufriedenheit beigetragen, aber eine Idee des guten Lebens hat er nicht. Das 4. Kapitel beschreibt dieses Dilemma und zeigt, dass der »Glaubenskrieg« zwischen Kapitalismus und Wohlfahrtsstaat ein Showkampf um Heilsversprechen ist, wobei beide in der Praxis alles dafür tun, damit das System auf unendliche Expansion programmiert bleibt. Eine Alternative zum Überbietungswettbewerb des Kapitalismus ist der Sozialstaat jedenfalls nicht.

Ständige Selbstprüfung war schon eine heilige Pflicht des Puritaners. Das 5. Kapitel zeigt, dass erst der moderne Mensch es darin zur Perfektion bringt. Wir stehen unter dem Imperativ der Selbstentfaltung und Selbstinszenierung. Das verlangt, dass jeder so tun muss als sei er besonders erfolgreich und immer gut drauf. So ist auch das Glück unter den Zugriff der Machbarkeit geraten. Wer nicht glücklich ist, zeigt nur, dass er nicht hart genug an sich arbeitet und seine Chancen verspielt. Das erzeugt Schuldkomplexe und Selbstvorwürfe, ganz, wie es schon die alten Calvinisten liebten.

Von Anfang an setzte der Puritanismus auf harte Arbeit und die Maximierung des Nutzens. Damit ist er weit gekommen. Wir verdanken ihm zwar den Einzug einer Denkweise des produktiven Wirtschaftens, und dies hat dem Westen zweifellos Wohlstand gebracht. Das hatte aber auch seinen Preis. Für Glück haben die Puritaner bis heute nichts übrig. Sie haben mit ihrer Maximierungsideologie die aristotelische Kultur des »guten Lebens« zerstört. Diese ist eine Glückslehre, die die Lebenszufriedenheit in einer Balance zwischen den Extremen sieht. Wer nur lebt, um zu arbeiten, verfehlt sein Glück ebenso zielsicher wie einer, der nur in asketischer Bescheidenheit verharrt. Es geht um die gesunde Mitte, um eine Philosophie der Entschleunigung. Wir müssen den Puritaner in uns loswerden, wenn wir uns von den manischen und depressiven Zügen des westlichen Kapitalismus befreien wollen.

Die wichtigste Einsicht dazu ist, dass wir das Steigerungsspiel nicht gewinnen können. Für mich war der Zusammenbruch der Finanzmärkte nach dem Lehman-Bankrott der Anlass, die Prioritäten, die der Kapitalismus setzt, noch mal zu überdenken, vor allem seine Grundlagen in der puritanischen Theologie: dieser Glaube an effiziente Märkte, die von einer »unsichtbaren Hand«[9] zum Wohlergehen aller geführt werden, sowie die absolute Priorität für Arbeit, Produktion und Geld, unter strenger Vermeidung allen unbefangenen Genießens.

Der ehemalige Fed-Präsident Alan Greenspan gestand ein, dass »das gesamte intellektuelle Bauwerk (der Marktwirtschaft) kollabierte«. Francis Fukuyama hatte offensichtlich unrecht, als er meinte, das westliche Marktsystem sei »nicht verbesserungsbedürftig«[10]. Das System scheint immer mehr außer Kontrolle zu geraten. Doch seine Protagonisten in den Finanzmärkten setzen unverdrossen auf Expansion. Getrieben von irrationalen Renditeerwartungen zwingen sie uns in eine Beschleunigungsspirale. Immer mehr Bereiche des Lebens sollen ökonomisiert werden, und alles steht unter der Logik des Wettbewerbs und der Rendite.

Wenn der Kapitalismus derart erschüttert wird wie durch die Finanzkrise, dann kann das nicht ohne Folgen auf sein Selbstverständnis bleiben. Bei der INSM reagierten wir auf den Lehman-Schock frech: Wir casteten einen amerikanischen Schauspieler, der wie Ludwig Erhard aussah, statteten ihn mit Anzug, Krawatte und Zigarre aus, und stellten ihn an die Wall Street. Vor dem tempelartigen Hauptquartier des US-Finanzkapitalismus verteilte dieser »lebendige« Erhard an die vorüber gehenden Börsianer sein Buch *Wohlstand für alle.* Die verdutzten Banker konnten darin lesen, dass Erhard für einen starken Staat plädiert, der die Finanzmärkte in den Dienst an der Realwirtschaft zwingt. Unsere Botschaft war: Der amerikanische Marktradikalismus kann von der Sozialen Marktwirtschaft viel lernen. Zu ihren Regeln müssen wir wieder zurückkehren.

Unser erhobener Zeigefinger war deshalb frech, weil wir selbst ja vom richtigen Weg abgekommen waren. Die Liberalisierung der Finanzmärkte war an der INSM und an der gesamten Realwirtschaft ziemlich vorbei gelaufen. Wir hatten schlicht darauf vertraut, dass bei deren Deregulierung alles lehrbuchmäßig funktioniert, dass also die Kapitalmärkte effizienter werden und alles dem Wohl der Volkswirtschaft dient. Im Nachhinein betrachtet war das naiv. Wir hätten es eigentlich besser wissen müssen, denn Walter Eucken hatte die Probleme der ungebändigten Finanzmärkte schon vor sechzig Jahren deutlich beschrieben. Doch wir waren auf diesem Auge blind gewesen. Ich zog für mich persönlich aus der Finanzkrise die Lehre, dass wir tatsächlich zu den Wurzeln der Sozialen Marktwirtschaft zurückkehren müssen. Der Pumpkapitalismus muss beendet werden, der uns in fatale Abhängigkeit zu den renditehungrigen Finanzmärkten gebracht hat. Sie verkörpern die Steigerungs- und Maximierungsideologie am reinsten. Was nützt es, wenn wir Sparsamkeit bei den Sozialkassen anmahnen oder Subventionen kritisieren, den Banken dann aber mit unvorstellbar großen Geldsummen unter die Arme gefasst wird? Die Rettung maroder Banken und europäischer Misswirtschaften kostet den deutschen Steuerzahler das Zigfache dessen, was etwa bei der Pflege- oder Krankenversicherung durch zu hohe Kosten verloren geht.

Nein, wir werden das Steigerungsspiel nicht gewinnen, schon gar nicht mit noch mehr Schulden und längeren Arbeitszeiten und höherer Arbeitsproduktivität, um die Schulden zurückzuzahlen. Der amerikanische Ökonom Kenneth Rogoff hat angemerkt, die Finanzkrise habe offenbart, dass sich die Ökonomen zu sehr mit mathematischen Modellen und zu wenig mit kulturellen Unterschieden beschäftigt haben.[11] Genau um diese kulturellen Wurzeln unserer Beschleunigungsgesellschaft geht es in diesem Buch.

Dieser kulturelle Blick auf den Kapitalismus ist uns nämlich verloren gegangen. Die Dominanz der Wall Street und der

Ökonomie haben uns dazu gebracht, in alte Fehler zurückzufallen. Dabei kannten die Begründer der Sozialen Marktwirtschaft diese Fehler. Alexander Rüstow beschrieb den »theologisch-metaphysischen« Glauben an die »unbedingte Gültigkeit der ökonomischen Gesetze« sehr genau, und er erkannte auch die Gefahr, dass dadurch ihr normativer Charakter verschleiert wird.[12] Vollkommene Märkte gibt es nicht. Alle Märkte, auch der Casino-Kapitalismus der Wall Street, gründen sich auf staatliche Regeln, die Interessen und Zielen dienen. Im Fall des Casino-Kapitalismus der Wall Street dienen sie dazu, die Groß- und Schattenbanken reich zu machen und die Risiken den kleinen Mann bezahlen zu lassen – und das war den handelnden Akteuren auch sehr bewusst.

Der deutsche Ordoliberalismus wollte bei der Gründung der Bundesrepublik dieselben Fehler der Marktgläubigen nicht wiederholen. Doch nach dem Untergang des Sowjetkommunismus 1990 hat sich die Soziale Marktwirtschaft intellektuell nicht mehr erneuert. Gerade die Marktwirtschaftler müssen sich den Vorwurf gefallen lassen, zu sehr in das Fahrwasser der Marktgläubigen abgerutscht zu sein.

Damit meine ich nicht, dass es falsch war, Wettbewerb zwischen Krankenhäusern oder im öffentlichen Dienst zuzulassen oder Teile der staatlichen Daseinsfürsorge zu privatisieren. Dass das Betreiben einer Bahnlinie ein staatlicher Hoheitsakt sein muss, vertritt nicht einmal mehr die Gewerkschaft Verdi. Es geht um die phantasielose Übertragung von marktradikalen Patentrezepten auf alle gesellschaftlichen Bereiche nach dem Motto: Der Markt ist die Antwort – was war noch mal die Frage? Es fehlen die ordnungspolitischen Denker. Zwar ist es in Deutschland selten zur Etablierung marktradikaler Lösungen gekommen, denn in der Praxis wehrten das stets Interessengruppen ab. Aber beim Finanzmarkt war und ist ein ordnungspolitisches Marktdesign bitter nötig.

Das größte Manko besteht aber darin, dass wir uns die wichtigsten Fragen gar nicht mehr stellen: Wofür machen wir das alles eigentlich? Ist der Steigerungswahn noch menschlich, und wozu ist er gut? Warum sollen wir immer härter und konzentrierter arbeiten? Warum konsumieren wir so oft die falschen Dinge? Wie kommen wir unseren Wünschen näher, mehr Zeit für die Familie und Freunde zu haben?

Lauter Fragen, wie wir leben wollen. Kulturelle Fragen.

Wir haben, wie Rogoff richtig sagte, die kulturellen Unterschiede zu wenig beachtet. Dieses Buch spürt dem puritanischen Geist des Kapitalismus nach und zeigt, dass er lebendiger ist denn je. Er setzt die Werte und beeinflusst unsere Wünsche, und er tut wie zu seinen calvinistischen Anfängen alles dafür, dass wir nicht glücklich sind. Vielleicht liegt darin der Schlüssel zum Verständnis unserer Unzufriedenheit mitten im Wohlstand? Und vielleicht können wir aus der Tretmühle des Optimierungsdenkens aussteigen und dessen fataler Steigerungs- und Effizienzlogik entkommen, wenn wir den puritanischen Grundlagen des Kapitalismus auf die Spur kommen.

---

1 Easterlin 1974, S. 89–125.

2 Enquete-Kommission »Wachstum, Wohlstand, Lebensqualität – Wege zu nachhaltigem Wirtschaften und gesellschaftlichem Fortschritt in der Sozialen Marktwirtschaft«, Abschlussbericht vom 23.1.2013.

3 Zit. bei Binswanger 2006.

4 Weber 2006, S. 32.
5 Weber 2006, S. 26.
6 Bell 1976.
7 Grünewald 2013, S. 19.
8 Bruckner 2004, S. 113.
9 Smith 2006, S. 551. »Man kann also in gewissem Sinne von uns sagen, dass wir Mitarbeiter der Gottheit sind und dass wir, soweit es in unserer Macht steht, die Pläne der Vorsehung ihrer Verwirklichung näher bringen. Wenn wir anders handeln, dann scheinen wir dagegen den Plan gewissermaßen zu durchkreuzen, den der Schöpfer der Natur zur Herbeiführung der Glückseligkeit und Vollkommenheit der Welt entworfen hat, und scheinen uns, wenn ich so sagen darf, gewissermaßen als Feinde Gottes zu erklären.« Smith 1984, Part II, Chapter 5.
10 Vgl. Fukuyama 1992, S. 11. Greenspan weiter: »Diejenigen von uns, die geglaubt haben, dass das Eigeninteresse der Banken das Kapital ihrer Aktionäre schützen würde, sind – einschließlich mir selbst – in einem Stadium schockierten Unglaubens.« Es war, als ob Gott selbst versagt hätte. »In God we trust« steht auf jeder Dollarnote als Zeichen, dass die amerikanische Marktwirtschaft der unsichtbaren Hand Gottes folgt. Hatte nicht Eugene Fama die für alle Ökonomen gültige »Effizienzmarkthypothese« aufgestellt, wonach ausgerechnet die Finanzmärkte perfekt funktionieren und in dieser idealen Welt Spekulationsblasen unmöglich seien? Und hatte nicht Greenspans Nachfolger Ben Bernanke ganz im Sinne Famas noch 2005 behauptet, Amerika werde nie mehr eine Finanzkrise erleben, weil die Ökonomen einfach zu genau wüssten, wie die ewigen Naturgesetze des Marktes beschaffen sind?
11 Rogoff, in *Handelsblatt* vom 12.04.2010.
12 Rüstow 2001, S. 26.

1

Immer mehr Arbeit

»Im Schweiße deines Angesichts
sollst du dein Brot essen …«

Der Kapitalismus macht keinen Spaß mehr.

Diese Bilanz ist bitter, besonders für jemanden wie mich, der viele Jahre für ein Wirtschaftsmagazin mit Namen *Capital* schrieb, wo im Heft vorne erläutert wurde, wie man sein Geld gewinnbringend anlegt, und hinten, wie man es mit etwas Glamour ausgibt. Der langjährige Herausgeber von *Capital*, Johannes Gross, dem ich als Assistent Anfang der 1990er Jahre eine Zeit lang zur Hand ging, war noch ein richtiger Homme de Lettres und legte auf eine gewisse Balance zwischen Geld und Geist großen Wert. Ich glaube, er hatte mich weniger wegen meiner Volkswirtschaftskenntnisse eingestellt, sondern weil ich ihm im Vorstellungsgespräch, das vom Unterschied zwischen Kohl und Reagan bis zur unterschätzten Rolle der italienischen Futuristen reichte, scheinbar mühelos folgen konnte. Hätte er mich gefragt, ob ich eine Bilanz lesen könne, hätte ich passen müssen. Diese für einen Vorstandsassistenten vielleicht nicht ganz fernliegende Kompetenz interessierte ihn zu meinem Glück aber nicht. Für Gross war das Ökonomische zweifellos wichtig und verdiente die Geringschätzung der Intellektuellen nicht, aber es stand für ihn nicht im Mittelpunkt der menschlichen Existenz.

Geld bot die Freiheit, ein anregendes Leben führen zu können. Genau das war gemeint, wenn *Capital* damals mit dem Zitat der Jazzsängerin Josephine Tucker um Leser warb: »Ich war arm und ich war reich, Honey, glaub mir, reich sein ist besser.«

Für Reichtum soll man sich nicht schämen müssen. Geld hat keinen Wert an sich, man braucht es, um gut zu leben.

Gross bewunderte das französische Savoir-vivre und schätzte die Sitzungskultur der Pariser Unternehmen. Die Vorstände debattierten zu Beginn ihrer Zusammenkünfte erst mal ausgiebig über eine Inszenierung im »Palais Garnier« oder über eine Ausstellung von Christian Boltanski, bevor sie sich profanen Umsatzzahlen zuwandten. Mittlerweile ist diese Kultiviertheit einer »effizienten« Meeting-Ökonomie gewichen, in der Terminologie Max Webers ist die Managementkultur dadurch ein Stück puritanischer geworden – und irrationaler: Ist es nicht unlogisch, dass alles schwerer wird, obwohl alles leichter gehen sollte? Und dass alles schneller werden muss, obwohl wir genug Ressourcen hätten, um es eigentlich etwas gemächlicher angehen zu lassen?

Die Führungskräfte vor dreißig Jahren hatten zweifellos mehr Zeit und mehr Freiheit als die Manager heute, obwohl ihnen nicht Computer, Smartphones und unzählige Berater die Arbeit erleichterten.

Wir sind ja so taff.

Hatten einst Adel und ein Stück weit noch Gross' kulturgesättigte Pariser Elite ihre Überlegenheit durch Zeitsouveränität demonstriert, stellt die heutige Manager-Elite ihre Zeitknappheit stolz zur Schau. In ihren durchgetakteten 14-Stunden-Tagesterminplan packen sie nicht nur ein enormes Reisepensum. Die Leistungsdisziplin der Topmanager atmet einen Corpsgeist, der wie nie zuvor alles dem Erfolg, der Performance und der streng kontrollierten Lebensführung unterordnet. Damit signalisieren sie, dass sie das immense Veränderungstempo mitgehen und es sogar noch steigern können. Die atemlose Getriebenheit soll dabei nicht asketisch rüberkommen, obwohl sie genau das ist. Es soll nicht so aussehen, als ob sich die Topmanager aufopferten. Das würde zu sehr an alte soldatische Tugenden erinnern. Sie legen deshalb Wert auf die Feststellung, ihren Job zu lieben und sich darin selbst zu verwirklichen, auch wenn sie gezielt ihren Schaf reduzieren müssen, um noch mehr Sitzungen im Arbeitstag unterzubringen.

»Happy Workaholics« nennt Managerberater Reinhard Sprenger solche Manager: »Menschen, die ein Stück Getriebenheit haben, die auch Biss haben, die in die erste Reihe wollen, die fast erotisch angezogen werden von dem, was sie tun. Sie wissen, dass ein Preis zu zahlen ist, und sie zahlen ihn gern.«[1]

Etwa indem sie ihre Familie kaum sehen, die Treffen mit Freunden planen müssen wie einen Geschäftstermin und zur Muse gar keinen echten Bezug mehr aufbauen können. »*The Winner takes all*«-Typen, die uns suggerieren, dass jeder so sein kann wie sie, wenn er nur *will*. Marissa Mayer, die 37-jährige Chefin von Yahoo, ist eine solche Superheldin. Sie ist eine der wenigen Frauen, die sich in der männerdominierten Internetwirtschaft bis ganz nach oben durchgeboxt haben. Sie bekam ihr Kind, als sie Topmanagerin wurde, und zeigte ihre protestantische Arbeitsmoral, indem sie nur zwei Wochen Babyzeit einlegte, um sich dann um Wichtigeres zu kümmern, die Zukunft von Yahoo und ihre Karriere. Denn wenn die Zahlen nicht stimmen, sind die Aktionäre im sonnigen Kalifornien erbarmungslos. Mayer hat auch gleich die Babypfunde abgenommen, um dem gestylten Schönheitsideal zu entsprechen, und sie konnte schon wenige Wochen nach Amtsantritt steigende Umsätze für den strauchelnden Internetriesen vermelden. Ihre Bürotür steht immer offen, allerdings muss man sich im Gespräch beeilen, denn mehr als drei Minuten gibt einem die taffe Chefin nicht.

Mayer ist eine dieser Wunder-Woman, an der sich andere Frauen ein Beispiel nehmen sollen. Sie kopiert die männlichen Hochleistungsmanager bis ins Detail und legt noch eins drauf: So wie sie das Kinderkriegen managt, zeigt sie, dass Kinder kein Karrierehindernis sind.

Die Kolumnistin Antonia Baum hat den Eindruck, dass die tägliche Berichterstattung über Kitaplätze, Betreuungsgeld und Frauenquote vor allem dazu dient, »Frauen möglichst zackig in den Kapitalismus zu integrieren«[2]. Wirtschaftsfeministinnen wie Bascha Mika[3] springen den Konzernstrategen zur Seite: Raus mit den Frauen aus der »Komfort-Zone«, rein in die Tretmühle. Ohne harte Karrierearbeit hat auch ein Frauenleben keinen Sinn. Sie müssen sich heute sogar noch mehr kasteien als die Männer, worauf die Feministin Laurie Penny aufmerksam macht: Schönheit, Schlankheit, Kleider, Cremes, Schuhe, Enthaarung, Sport, Sexyness, alles muss stimmen, muss perfekt sein.[4]

Max Weber hat diesen Prozess der Anpassung, dass man so perfekt funktioniert wie Marissa Mayer oder ein beliebiger Manager, schon vor hundert Jahren ebenso bissig wie treffend als »herrenlose Sklaverei«[5] charakterisiert: Was im Feudalismus der »Herr« war, dem der Einzelne gehorchen musste, ist in der Marktgesellschaft der Wettbewerb. Unpersönlich zwingt er zur Anpassung. Wer im Lebenslauf nicht mit Praktika, außeruniversitären Kursen, Auslandsaufenthalten, Fremdsprachenkenntnissen und sozialen (Pseudo-)Engagements glänzt, wird den Job nicht bekommen. Wer sich Facebook verweigert und damit der Überprüfbarkeit durch Personalchefs, scheidet im Rennen um den Job aus. Wer als Unternehmer nicht billig in Asien produzieren will, den frisst die Konkurrenz.

Weber beschreibt eindringlich, dass sowohl Fabrikant als auch Arbeiter »ökonomisch ebenso unfehlbar eliminiert werden«[6], wenn sie sich der Effizienzlogik dauerhaft entgegenstellen: »Der zur Herrschaft gelangte Kapitalismus erzieht und schafft sich im Wege der ›ökonomischen Auslese‹ die Wirtschaftssubjekte, deren er bedarf.«[7]

Dieser Formungsprozess hält an und hat sich radikalisiert. Dass er heute so sonnig kalifornisch daherkommt, hat Max Weber nicht erwarten können. Wie auch Norbert Elias oder Joseph Schumpeter hatte Weber befürchtet, dass sich die Arbeitsproduktivität lähmend um die Kreativität und Emotionalität der Menschen legen und eine umfassende bürokratische Rationalität hervorbringen würde: »Fachmenschen ohne Geist, Genussmenschen ohne Herz.«[8]

Bei Google und Yahoo kommt aber der Masseur vorbei, und im firmeneigenen Fitnessstudio darf man Yoga zur Entspannung üben, wenn bloß die Zeit dazu bliebe. Marissa Mayer wird man nie klagen hören, auch Mark Zuckerberg tritt relaxt wie ein Teenager im Kapuzenshirt auf, und alle sind immer unheimlich gut drauf. Im kalifornischen Kapitalismus[9] denkt man positiv, und das lernt man auch schon bei uns: Lächeln, auch wenn der Arbeitsstress hoch ist.

Massage und Yoga sind in der Analystenkonferenz wenig

hilfreich, wenn die Shareholder Umsatz- und Gewinnsteigerungen sehen wollen. Die Radikalisierung der Selbstoptimierung und der effizienten Berufsarbeit geht von den Topbossen aus, von ganz oben. Sie haben sich selbst unter einen irren Performancedruck gesetzt. Das ist schon körperlich zu spüren: Gern imponieren sie neuerdings sogar mit einem beachtlichen Sportpensum, sodass der *Frankfurter Allgemeinen Zeitung*[10] auffiel, wie seltsam schlank die Dax-Vorstände sind. Die Peitsche der Optimierung und Disziplinierung trifft das mittlere und obere Management weit mehr als die Normalbelegschaft. Je schneller einer im Hamsterrad läuft, desto größer die Bewunderung durch seinesgleichen.

Sind die Sieger eigentlich noch die Sieger?

Es war eine Diskussion zwischen dem Soziologen und Beschleunigungskritiker Hartmut Rosa und der Linken-Politikerin Sahra Wagenknecht auf einem Berliner Kongress der Zeitung *taz*, die mir klarmachte, dass die deutsche Manager-Elite eine ganz falsche Vorstellung davon hat, wie man ihre Performance einschätzt. Gern klagt sie über die deutsche Neid-Gesellschaft, und dafür gibt es auch gute Gründe. Aber vielleicht muss sie den Neid gar nicht mehr fürchten. Denn statt Neid erntet sie inzwischen Mitleid. Workaholics beneidet man nicht, man bedauert sie. Das *taz*-Forum war derart überfüllt, dass es in einen zweiten Raum und ins Freie übertragen werden musste. Wagenknecht legte sofort los und schimpfte auf Pleite- und Bonibanker, geißelte die immer größere Kluft zwischen Arm und Reich und empfahl kämpferisch eine Verstaatlichung der Kreditinstitute. Das hatten alle schon mal gehört.

Dann kam Rosa. Ganz unaufgeregt und in einem bedächtigen Tonfall nahm er Wagenknecht auseinander. Zunächst gab er ihr recht: Ja, die Verhältnisse seien ungerecht. Dann aber stellte er den Sinn der Umverteilungsideologie fundamental infrage: »Indem sich die Linke allein auf die Verteilungsgerechtigkeit konzentriert, spielt sie ihrem neoliberalen Gegner in die Hände und hilft ihm, das unheilvolle Steigerungsspiel weiter zu betreiben.« Rosa bereitete keine Vermögensstatistiken aus und keine Gini-Koeffizienten zur Messung der Ungleichheit. Er öffnete Krankenakten, um das Steigerungsspiel zu illustrieren: In Japan sei die durchschnittliche Lebenserwartung seit 1945 deutlich angestiegen, bei den ökonomischen Eliten aber sei sie seit 1990 kontinuierlich gesunken. Bei der Suizidrate liegen Manager an der Spitze; seit 1980 ist sie um 271 Prozent gestiegen. Auch in Europa fordere die Flexibilisierung ihre Opfer. Rosa schilderte das Beispiel von France Télécom. Die hatte ihren Führungskräften unter dem Slogan »Time to move« ein Dynamisierungsprogramm verordnet, das sie alle drei Jahre zwangsversetzte. So sollten sie offen für Neues, flexibel, innovativ und kreativ bleiben und eine zu enge Verbindung mit Personal, Routinen und Sozialräumen vermeiden. Das Ergebnis war, dass die Selbstmordrate derart zunahm, dass schließlich die französische Justiz gegen das Unternehmen ermittelte.

Es half Wagenknecht nichts, dass sie in Rosas Horn stieß und das enge Zeitkorsett beklagte, in das die »kapitalistische Ökonomie« uns alle einsperrt. Rosa hielt ihr vor, dass die Linke das Steigerungsspiel eifrig mitspielt. Solange von oben nach unten umverteilt würde und die Hartz-IV-Sätze aufgestockt würden, sei die linke Welt in Ordnung. Der Fehler der Linken sei, dass sie die Manager-Elite als Sieger betrachteten, die zu viel vom Kuchen abbekämen, während für den kleinen Mann zu wenig abfalle. Die Sieger seien aber gar keine Sieger, sondern »armselige, raffgierige, orientierungslose Süchtige, die ein unabschließbares Steigerungsspiel betreiben: Wachstum, Reichtum, Beschleunigung, Innovationsverdichtung«. Rosa stellte die Systemfrage, aber so, dass Wagenknecht darauf keine Antwort hatte. Denn sie ist Teil des Problems.

»Ein Spiel, das solche Gewinner erzeugt, ist idiotisch und ungesund, es macht über kurz oder lang alle zu Verlierern, deshalb sollten wir es so schnell wie möglich beenden«, riet Rosa.

Der Applaus war lang.

Ich hatte zwar nicht unbedingt den Eindruck, dass im Publikum das Mitleid mit den Spitzenmanagern überbordete, aber beneidet hatte sie nach Rosas Analyse auch keiner mehr. Die meisten gingen mit dem Gefühl nach Hause, dass Rosa nicht nur über Führungskräfte gesprochen hatte, sondern auch über sie. Über die zunehmende Unmöglichkeit, ein gutes Leben zu führen – mitten im Wohlstand. Ich wurde auch den Eindruck nicht los, dass es beim Antikapitalismus heute mehr um Therapie geht als um Klassenkampf. Das Unbehagen kommt mehr aus dem Gefühl, dass das System ungesund, instabil und unsicher ist und einfach die Erwartungen an ein gutes Leben nicht mehr erfüllt. Das überstrahlt die Problematik der Ungerechtigkeit und Ungleichheit, die sich in einer Überflussgesellschaft zwangsläufig anders stellt als im armutsgeprägten 19. Jahrhundert eines Karl Marx.

Bei Marx hatte der Kapitalist noch einen dicken Bauch und rauchte Zigarre. Er war ein Ausbeuter, der zwar besser mit Geld umgehen konnte als die Aristokratie, ihr aber im demonstrativen Besitz nacheiferte. Der heutige Topmanager ist dagegen ein Asket und Selbstausbeuter, von Luxus versteht er nichts. Um die Renditeziele zu erreichen, drückt er zwar die Kosten und Löhne, wo er kann, aber die Gehaltsexzesse der Vorstände haben nichts damit zu tun, dass die Herren einmal beabsichtigen, das Geld auch auszugeben. Dazu haben sie gar keine Zeit. Ich kenne in Berlin eine Innenarchitektin, die Privatwohnungen für Vorstände komplett bis zum Silberbesteck einrichtet, weil diesen jeder Sinn und Bezug dazu fehlt. Sie leben dann in Wohnungen, die meist aussehen wie teure Hotelsuiten und denen nahezu jede persönliche Note fehlt, und sind gleichsam Gast im eigenen Leben. Gier spielt sicherlich auch eine Rolle, aber psychologisch ausschlaggebender dürfte sein, dass ein hoher Bonus ein Ausweis besonderer Tüchtigkeit ist: Man hat die anderen übertrumpft. Sicherlich werden die Investmentbanker für ihre Millionenprämien auch beneidet, und viele empören sich, dass die Banker das Finanzsystem gegen die Wand fahren konnten, ohne dass dies größere juristische und politische Konsequenzen gehabt hätte. Aber nur wenige wollen mit den Workaholics in den Chefetagen tauschen.

Alle **wünschen sich** ***weniger*** **Arbeit.**

Die Menschen fürchten vielmehr, dass der Stress und die Arbeitsverdichtung im Job weiter zunehmen und dass es ihnen nichts bringt, wenn sie immer mehr in der gleichen Zeit leisten. Sie ziehen zwar mit, empfinden aber die permanente Anpassung als Zwang: 73 Prozent der Deutschen haben Angst, dass sie dem Veränderungsdruck nicht gewachsen sind. 43 Prozent haben das Gefühl, dass der Arbeitsstress in den letzten

Jahren zugenommen hat, berichtet der Stressreport 2012[11] von Arbeitsministerin Ursula von der Leyen. Auf 43 Arbeitsstunden kommen die Vollzeitbeschäftigten in der Woche, von der 40-Stunden-Woche, die sich 90 Prozent aller Erwerbstätigen als Maximum vorstellen, sind wir also weit entfernt.

In der Werbekampagne, die das Arbeitsministerium derzeit fährt, um die Unternehmen zur Anstellung von Frauen zu bewegen, werden die Ergebnisse des eigenen Stressreports jedoch gleich wieder ignoriert: »1,9 Millionen erwerbstätige Frauen möchten ihre wöchentliche Arbeitszeit erhöhen«, heißt es da, und »34 Prozent der teilzeitbeschäftigten Mütter würden gerne länger arbeiten.« Man könnte glauben, dass sich Deutschlands Frauen um längere Arbeitszeiten und Mehrarbeit geradezu raufen. Was die Anzeige verschweigt, ist, dass sich 27 Prozent eine Arbeitszeit zwischen 30 und 35 Stunden wünschen, aber nur 9 Prozent faktisch dieses Stundenkontingent arbeiten, 16 Prozent bevorzugen eine Arbeitszeit zwischen 20 und 30 Stunden, doch nur 7 Prozent arbeiten im Durchschnitt diese Stundenzahl in der Woche. Die Frauen – wie übrigens auch die Männer – wollen gar nicht so lange arbeiten, sie wollen mehr Zeit für die Familie haben, sie wollen Familie und Beruf besser miteinander vereinbaren können und sie wollen weniger Stress und Arbeitsverdichtung.

Ich kann gut nachvollziehen, dass sich viele fragen, warum sie den Steigerungswahn mitmachen sollen. Denn die Zeiten der großen Lohnzuwächse sind vorbei, zumindest für den Normalverdiener. Für die Topmanager haben sich die Einkommen in den vergangenen Jahren überproportional erhöht, heute beziehen sie das 100-Fache des Durchschnittsverdieners, vor zwanzig Jahren war es noch das 30-Fache. Auf der Ausgabenseite sieht es für den Arbeitnehmer nicht besser aus. Der Überfluss in den Supermärkten und Shoppingcentern ist längst selbstverständlich geworden. Wichtig ist aber, das der Zusatznutzen der »innovativen« neuen Konsumgüter – hier 13 verschiedene Geschmacksrichtungen für WC-Reiniger, dort der noch griffigere Winterreifen oder die vielen Warnpiepstöne im neuen Auto – marginal ist, was sich auch in den Preisen spiegelt: 1960 musste ein Arbeitnehmer für einen Kleiderschrank 170 Stunden arbeiten, 1991 waren es dann nur noch 35 Stunden, heute ist es genauso lang. »Besser« geworden ist der Schrank nicht.

Die Kaufkraftgewinne fallen spätestens seit den 1990er Jahren nur noch schwach aus. Sie sind zudem durch mehr Stress und Zeitverdichtung teuer erkauft. In den Büros stehen alle unter wachsender Zeitknappheit. Produktionsprozesse werden just in time über den Globus getaktet. Börsen handeln rund um die Uhr sieben Tage pro Woche. Nachrichtenportale aktualisieren sich alle 15 Minuten. Die Zeit, die wir mit Schlaf verbringen, nimmt ab.

Wenn wir ein gutes Leben führen wollen, müssten sich doch wenigstens die Arbeitsverdichtung und der erhöhte Stress lohnen? Aber von all den Effizienzgewinnen, Produktivitätsfortschritten und Anpassungsleistungen bleibt beim Normalbürger wenig hängen. »Wenn es der Wirtschaft gut geht, geht es auch mir gut« – diese Frage bejahten 1979 noch über 70 Prozent der Deutschen. Heute sind es nur 17 Prozent. In diesen Zahlen spiegelt sich der ganze Tretmühlenfrust wider. Für die Masse der Erwerbstätigen bringt die Beschleunigung des Hamsterrads nichts. Zumal Beschleunigung und Globalisierung auch die Arbeitsverhältnisse beeinflussen: Den klassischen Stammbelegschaften geht es gut, aber die wachsende Zahl der flexiblen Arbeitskräfte, die bei Bedarf eingestellt und wieder entlassen werden, leidet unter sinkenden Reallöhnen und schlechten Arbeitsbedingungen. Im Einzelhandel, in der Gastronomie und bei Pflegeberufen ist das Zeitarbeitsverhältnis beinahe die Norm.

Es gibt immer mehr Lebensbereiche, sagt Hartmut Rosa, »die uns vorkommen wie Rolltreppen, die nach unten fahren«. Selbst wenn wir nur auf derselben Höhe bleiben wollen, müssen wir die Treppe hochlaufen, um oben zu bleiben. Wir sind eine Gesellschaft der ständigen Updates, ob es unser berufliches Wissen betrifft oder die Software des PCs, die Telefontarife, die Steuergesetze, die Modetrends oder was sonst noch irgendwie angesagt ist. Ohne Update ist man schnell draußen aus dem System. Gab es je eine Zeit, die mehr technische Hilfsmittel kannte, um ein gutes Leben in Balance zu führen? Doch als ob um alles in der Welt verhindert werden müsste, dass wir gut leben, wird das Rennen weiter beschleunigt, damit wir weiterhin leben, um zu arbeiten. Darum geht es: Jeder soll seine Performance in der Karriere, in der Lebensführung, im Sport oder auch als Eltern perfektionieren.

Erst Arbeit macht dich wertvoll.

Das ist alles richtig, höre ich die Kritiker sagen, aber es gibt doch auch die positive Seite, den Spaß bei der Arbeit, den gerade die jüngeren Arbeitnehmer einfordern. Und hat nicht auch die Bedeutung der Arbeit zugenommen? Für 68 Prozent der Männer und für 50 Prozent der Frauen ist ein Beruf eine Voraussetzung, um ein erfülltes Leben zu haben, hat eine Umfrage des Instituts für Demoskopie Allensbach ergeben. 90 Prozent der Berufstätigen ist ihr Beruf sehr bzw. ziemlich wichtig. 57 Prozent der berufstätigen Männer wie Frauen bemühen sich bei ihrer Arbeit, immer ihr Bestes zu geben, lediglich zwölf Prozent arbeiten nur, um Geld zu verdienen. Diese Zahlen sprechen doch dafür, dass Arbeit einen bedeutenden Platz in unserem Leben einnimmt.

Stimmt. Und das ist genau ein Teil des Problems. Denn der Siegeszug der intrinsischen Motivation, der aus dieser Meinungsumfrage spricht, hat uns noch mehr an die Arbeit gefesselt. Zwei Einstellungen illustrieren das. In den vergangenen 40 Jahren haben zwei Anforderungen an den Arbeitsplatz zugenommen: Der Wunsch nach einem sicheren Arbeitsplatz stieg von 76 Prozent (1973) auf 90 Prozent (2011). Für einen sicheren Job opfern die Menschen heute viel: Sie pendeln längere Strecken, die Hälfte der Erwerbsfähigen würde den Wohnort wechseln, ein Fünftel würde Freundschaften vernachlässigen und jeder Zehnte sogar auf Kinder verzichten. Ein Teil des hohen Stellenwerts der Arbeit ist also der Angst geschuldet, keine Arbeit zu haben. Denn besonders schwer wiegt für Arbeitslose die Unsicherheit über die eigene Zukunft und die Verschlechterung ihrer materiellen Situation. 42 Prozent der Arbeitslosen haben das Gefühl, nicht mehr viel wert zu sein. Die Bereitschaft, eine Tätigkeit unterhalb des eigenen Qualifikationsniveaus anzunehmen, hat sich seit Mitte der 1990er Jahre von 49 auf 67 Prozent erhöht. Nichts wert zu sein ohne Arbeit, damit sind wir beim Kern der protestantischen Arbeitsethik. Dazu gleich mehr.

Noch klarer wird die Bedeutungszunahme der intrinsischen Motivation durch den Wunsch nach Anerkennung im Beruf. Auf die »Anerkennung der eigenen Leistung« legten 1973 nur 69 Prozent wert, 2011 waren es 83 Prozent. Man kann sich das aus heutiger Sicht kaum vorstellen, dass es Anfang der 1970er Jahre immerhin einem Drittel der Beschäftigten egal war, ob der Chef etwas von der Arbeit hielt, die sie ablieferten. Allerdings ist unsere heutige Arbeitsbereitschaft nicht der Normalzustand in der Geschichte, sondern die absolute Ausnahme. Über die berufliche Knochenmühle unserer Topmanager hätten frühere Eliten nur verwundert den Kopf geschüttelt. Nichtstun, das antike »otium«, genoss bis zur Reformation eine hohe Wertschätzung, denn man war frei für die musischen Dinge der Welt.[12] Beliebt war die Arbeit nie: lateinisch »labor« bedeutet ebenso Mühe und Plage wie das griechische »ponos«. Das französische »travail« kommt aus dem vulgärlateinischen »tripalium« und bezeichnet ein Folterinstrument. Die Menschen hatten anderes zu tun, als sich mit den Befehlen ihrer Dienstherren innerlich anzufreunden. Die Arbeit war meist hart und der Lohn gering. Das Leben im Mittelalter war arm, aber es war auch gemächlich. Unzählige Feiertage bestimmten den Kreislauf des Lebens, die bis ins 19. Jahrhundert fast gänzlich abgeschafft wurden. Waren die Bettler gemäß »Selig, ihr Armen, denn euch gehört das Reich Gottes« (Lk 6, 20) besonders geachtet (»Bettelmönche«), sollten sie nach Luther »arbeiten oder aus unserm Kirchspiel hinweggetrieben werden«[13]. Ausgehend von den calvinistischen Ländern wurden Arbeits- und Zuchthäuser errichtet, in denen Bettler und Arme zur Arbeit gezwungen wurden. Während der industriellen Revolution war die Schinderei noch härter. Es war die große Zeit des Manchester-Kapitalismus, als die puritanische Arbeitszucht sich voll austoben konnte.[14]

Vormoderne Kulturen kannten die Idee des »Wirtschaftswachstums« oder der Nutzenmaximierung nicht. Dass Arbeit zu einem Bedürfnis wird, ist somit ein einzigartiger historischer Vorgang. Wer riss sich je in der Geschichte schon darum, die Felder zu pflügen oder eine Straße zu pflastern? Es ist auch zweifelhaft, ob die Ägypter beim Pyramidenbau vor Zufriedenheit jauchzten oder sich lateinamerikanische Indios um den Frondienst für die Inkas stritten. Aristoteles zählte Arbeit ausdrücklich nicht zu den Glücksgütern wie Freundschaft, Gesundheit oder Muße, ohne die niemand seiner Meinung nach vollständig glücklich sein kann.

Mit schlechtem Gewissen wachen wir auf, mit schlechtem Gewissen gehen wir zu Bett.

Es war ein welthistorisch einmaliger Umerziehungsprozess: Arbeit musste von einer Last, der jeder normal denkende Mensch auswich, zu einem Bedürfnis und einer Pflicht werden, welcher die Menschen klaglos und von sich aus nachgingen. Nur so konnte aus der Subsistenzwirtschaft, die vorrangig Bedürfnisse befriedigt, allmählich und in vielen Entwicklungsstufen die Maximierungsökonomie unserer Tage werden, die auf die grenzenlose Erhöhung der Produktivität, des Konsums und der Gewinne setzt. Mit Kapitalismus hat das erst mal nichts zu tun. Marktwirtschaft und Berufspflicht sind zwei Paar Stiefel. Zum Bau der Pyramiden, der Chinesischen Mauer oder der Aufstellung römischer Legionen bedurfte es auch des Kapitals, und auf Märkten wurde seit jeher gehandelt, bevor auch nur einer auf die Idee kam, man habe dort seinen Nutzen zu maximieren. Es gab Kapitalismus ganz ohne protestantische Arbeitsethik, und es ist heute vielleicht ganz gut zu wissen, dass wir auch ohne sie wirtschaften und leben können. Aus dem Calvinismus haben sich Berufspflicht und Maximierung entwickelt. Sie gaben den Anstoß zu einer Arbeits- und Profitethik, wie wir sie heute kennen, und die sich im Industriekapitalismus radikalisiert hat. Max Weber, der diesen historischen Prozess erstmals nachzeichnete, schildert ihn in seiner ganzen Zufälligkeit, aber auch Zwangsläufigkeit: »Aus einem einst dünnen Mantel ließ das Verhängnis ein stahlhartes Gehäuse werden.«[15]

Weber war aufgefallen, dass zu seiner Zeit protestantische Länder wohlhabender und geschäftstüchtiger waren als katholische. Die Ursache erkannte er in der »protestantischen Arbeitsmoral«, die sich welthistorisch als sehr erfolgreich und zählebig herausstellen sollte. Die Calvinisten rebellierten gegen die laxen Katholiken, die nicht fromm und tugendhaft genug waren, sondern gern Karten spielten und auch mal ein Gläschen Wein tranken. Die weltabgewandte Askese überließen die Katholiken den Mönchen im Kloster. Der religiöse Eiferer Johannes Calvin war aber der Meinung, dass das ganze Leben jedes Menschen von morgens bis abends von kargen religiösen Regeln bestimmt sein müsse.

Paradoxerweise war es der radikale Umbau des Lebens hin auf die »innerweltliche Askese«, der dazu führte, dass »die äußeren Güter dieser Welt zunehmende und schließlich unentrinnbare Macht über die Menschen gewannen, wie niemals zuvor in der Geschichte«.[16] Nach Calvin hat Gott den Großteil der Menschen von Anbeginn verdammt, nur wenige verdienen das ewige Leben (Prädestination). In ihrer großen Verzweiflung, vielleicht doch nicht zu den Erwählten zu gehören, entwickelten die Puritaner die »rastlose Berufsarbeit«. Wer arbeitet, sündigt nicht. Der Beruf ist eine »konsequente asketische Tugendübung« in Fleiß und Gewissenhaftigkeit. In jedem harten Arbeitstag, in jedem Profit zeigt sich Gottes Wohlwollen. Die evangelikalen Mega-Churches predigen heute: »Gott will, dass du reich bist.«

Die unermüdliche Arbeit ist für den Puritaner nicht Glück, sondern Aufgabe. Sie ist, gerade weil sie Mühe und Plage ist, ein Mittel der Selbstverleugnung und der Selbstdisziplin. Sie kontrollierte sein Leben, damit er nur nie auf die Idee kam, zu faulenzen oder Freude zu empfinden.

»Die Ungläubigen können sich ohne Rückhalt in den Taumel der irdischen Freuden stürzen«, schrieb Calvin.[17] Der Puritaner kann das nicht. Er weiß zwar sehr genau, was Muße, Freude und Glück ist, aber er zittert vor der Strafe Gottes. Sekten wie die Quäker und Shaker sind sogar nach diesem Zittern vor Gott benannt, der in der Bergpredigt jene verdammt, die sich auf der Erde wohlfühlen: »Wehe euch, die ihr jetzt sorglos lacht! Ihr werdet weinen und jammern« (Lk 6, 25). Dagegen hat nur der eine Chance auf ein ewiges Leben, der auf Erden leidet: »Selig seid ihr, die ihr hier weint; denn ihr werdet lachen« (Lk 6, 21).

Als gottgefällig galt rastloses Arbeiten und das Reinvestieren der Gewinne, um den Ertrag zu steigern. Alles, was der Einkommenserzielung schadete, war verwerflich. Reichtum ist nur schlecht, wenn einer sich auf dem Besitz ausruht und ihn zu »Müßiggang und Fleischeslust«[18] gebraucht. Doch »wenn Gott einem der Seinigen eine Gewinnchance zeigt, so hat er seine Absichten dabei. Und mithin hat der gläubige Christ diesem Rufe zu folgen, indem er sie sich zunutze macht.«[19] Im Puritanismus besteht Profitpflicht.[20]

Die psychologische Disposition des Calvinisten ist eine tief sitzende Angst vor Verdammnis, ein Gefühl der eigenen

Wertlosigkeit: Liebe hat er eigentlich nicht verdient, denn da er in unablässiger Selbsterforschung seine »abscheulichen Laster« kennt, weiß er, wie nichtswürdig er im Grunde ist. Er hat »nicht das geringste dem eigenen Wert zu danken«.[21] Entlastung schafft vor allem unermüdliche Arbeit, putzen, oder ein Geschäft aufbauen.[22] Er ist nur etwas wert, wenn er etwas leistet. Mit schlechtem Gewissen ob seiner Sünden und Versäumnisse wacht der Calvinist auf, und mit schlechtem Gewissen geht er zu Bett. Ein gutes Leben darf er nicht führen.

»In ihrer pathetischen Unmenschlichkeit«, schreibt Weber, hinterließ diese Lehre »ein Gefühl der inneren Vereinsamung des einzelnen Individuums.«[23] Sie machte die Menschen krank. Die tiefe Depression der Calvinisten fiel natürlich damals schon auf. Der Schriftsteller Robert Burton[24] führte die im England des 17. Jahrhunderts grassierende Melancholie auf den Calvinismus zurück. Vieles daran erinnert an heutige Burn-out-Erkrankungen, vor allem das Symptom der Überforderung: Das Selbst ist erschöpft, es kann nicht mehr, weil es den Anforderungen an sich selbst nicht gerecht wird.

Die welthistorische Leistung der »protestantischen Ethik« besteht darin, dass die gesamte Gesellschaft die Arbeitsbereitschaft derart als moralischen Wert verinnerlicht hat, dass Arbeit für jeden zunächst zur Pflicht, später sogar zum persönlichen Bedürfnis wird. So fern uns Calvins Gnadenlehre heute auch ist, so eigentümlich aktuell erscheint uns die von ihr geprägte Mentalität: das Nutzenkalkül, das Denken in Renditen und Opportunitätskosten, die Maxime »Zeit ist Geld«, die Zweckrationalität, das methodische Durchorganisieren des Lebens.

»Der Puritaner wollte Berufsmensch sein, wir müssen es sein«, sagt Weber.[25]

Wir sind Berufsmenschen durch und durch.

Der angelsächsische Kapitalismus und Adam Smith als sein Vordenker unterstellen einen Menschentyp als »natürlich«, der erst jahrhundertelang durch religiöse Erziehung, Zuchthäuser und Gesetzgebung zur Arbeitspflicht herangebildet werden musste. In einem langen Prozess der Disziplinierung, der einer machtvollen »Veranstaltung zur Züchtung kapitalistischer Individuen«[26] gleichkam, entwickelte sich der heutige Berufsmensch. Max Weber widersprach Adam Smiths Behauptung, jeder Mensch wolle natürlicherweise arbeiten, um seinen Wohlstand zu mehren: »Kein Mensch lebt, um zu arbeiten, sondern tut nur so viel, wie er muss.« Ich betone die Herkunftsgeschichte unserer Arbeitswut deshalb so sehr, damit wir aufhören zu glauben, dass ein 14-stündiger Arbeitstag vorbildlich sei, dass Arbeit immerzu Spaß machen und Sinn stiften müsse. Das sind alles im welthistorischen Vergleich völlig abstruse Vorstellungen. Wenn wir Abstand vom Wachstumswahn bekommen und uns der Beschleunigungsspirale entziehen wollen, ist es gut zu erkennen, dass uns nicht irgendwelche Marktgesetze zum Maximieren und Daueroptimieren zwingen, sondern dass dies ein puritanischer Imperativ ist, der unsere Mentalität tief geprägt hat, und dass es diese Mentalität ist, die Entlohnungssysteme und Profitmaximierungspostulate schafft. Dieser puritanische Geist wollte und will bis heute definitiv nicht, dass der Mensch zufrieden und ausgeglichen ist. Er wollte und will ihn rastlos, arbeitsbesessen, genussunfähig und moralisch korrekt angepasst.[27]

Das in der Ökonomie gültige Modell des Homo oeconomicus behauptet, dass der Mensch auf finanzielle Anreize begeistert reagiere und dadurch steuerbar sei. Jeder Mensch sei ein Egoist und wolle deshalb seinen Profit maximieren.

Wie weltfremd das ist, illustriert Weber an den Bauern im 19. Jahrhundert. Um ein Maximum an Arbeitsleistung herauszuholen, boten Unternehmer damals den Landarbeitern einen Akkordlohn an. Wenn die Ernte besonders dringend einzuholen war, erhöhten sie den Arbeitern die Akkordlöhne. Doch der Mann, der zum Beispiel für 3 Mark 3 Morgen Getreide gemäht hatte, mähte nach Erhöhung nicht, wie erhofft wurde, mehr, sondern hörte mit der Arbeit in dem Moment auf, als er seinen üblichen Verdienst von 3 Mark in der Tasche hatte. »Der Mehrverdienst reizte ihn weniger als die Minderarbeit.« Er war noch kein Puritaner, der sich fragte, wie viel er maximal am Tag verdienen kann. Er hatte noch nichts von Benjamin Franklin und der Maxime »Zeit ist Geld« gehört oder vom Gebot, auf Schlaf zu verzichten, um noch mehr zu verdienen. Nein, so Weber: »Der Mensch will ›von Natur‹ nicht Geld und mehr Geld verdienen, sondern einfach leben, so leben, wie er zu leben gewohnt ist, und so viel erwerben, wie dazu erforderlich ist.« [28]

Das ist bis heute so, weshalb die Arbeitsdisziplinierung auch ein ununterbrochener Prozess ist, in der die Regierung und die Unternehmen nie nachlassen dürfen: Arbeitsgesetze, Compliance-Regeln, intrinsische Motivation – all das hält uns auf Kurs. Der Verhaltensökonom Richard Thaler untersuchte, wie New Yorker Taxifahrer ihre Einkommen erzielen.[29] Das Geschäft schwankt in Abhängigkeit vom Wetter, von Ferien etc. von Tag zu Tag stark. Die neoklassische Ökonomie würde vorhersagen, dass die Taxifahrer an Regentagen, an denen sie viel verdienen, länger arbeiten als an Tagen, an denen nichts los ist. Tatsächlich aber arbeiteten die meisten Fahrer länger an Tagen mit wenigen Fahrgästen und kürzer an Tagen mit vielen Fahrgästen. Wie der Bauer im 19. Jahrhundert hatten sie schlicht ein gewisses Tagesziel für ihre Einnahmen und machten Feierabend, wenn sie es erreicht hatten. Andere fuhren, egal wie hoch der Verdienst war, immer dieselbe Stundenzahl. Die Motivation ist in beiden Fällen nicht Gewinnmaximierung, die Menschen ziehen Regelmäßigkeit, Ruhe und Nichtarbeit vor.

Um die Banker zur rastlosen Gier zu erziehen, wird deshalb heute schon in der Ausbildung der Ökonomen wert darauf gelegt, dass sie Profit als Höchstwert anerkennen. Das ist Prüfungswissen. Im Job gibt es dann Zielvereinbarungen und Boni, die das »von Natur aus« schwache Maximierungsverhalten ständig anstacheln. Wir sind nicht von Geburt an Puritaner, wir werden dazu ein Leben lang erzogen, und selbst wenn wir die Disziplin und die Selbstoptimierung internalisiert haben, fallen wir doch in Faulheit und Gewohnheiten zurück. Wenn wir heute schon in der Schule, nein, im Kindergarten beigebracht bekommen, dass wir schön strebsam sein müssen, um später unser Humankapital profitabel einzusetzen, es ständig durch Weiterbildung aufzuwerten und dort zur Arbeit anzutreten, wo der Markt es fordert, dann ist das ein kultureller Erziehungsprozess, dessen Grundlagen in der protestantischen Arbeitsethik liegen.

Wir sind Berufsmenschen durch und durch, und die Bedeutung des Berufs ist heute größer denn je, wie wir an dem wachsenden Wunsch der Erwerbstätigen gesehen haben, für ihre Arbeit Anerkennung zu bekommen. Für die Arbeitgeber ist das ein paradiesischer Zustand. Die Menschen kommen bereits hoch motiviert zu ihnen. BMW oder Google können als bei der Jugend angesagte Unternehmen aus dem Vollen schöpfen und müssen noch nicht einmal Höchstlöhne bezahlen.[30] Was treibt uns, Arbeit auch heute noch so sehr als Bedürfnis zu sehen?

Blick zurück: Von Pflichterfüllung und Sparen wollten die 68er nichts mehr wissen.

Vor vierzig Jahren alarmierte die Meinungsforscherin Elisabeth Noelle-Neumann die Wirtschaft: »Die Arbeitsmoral ist gesunken, in Deutschland sogar in einem unfassbaren Ausmaß.«[31] Auch Personalexperten konstatierten bei den Mitarbeitern »wachsende Wirtschaftsfeindlichkeit, abnehmende Leistungsbereitschaft, Abwertung des Berufs und allgemein eine zunehmende Arbeitsentfremdung«.[32] Der deutsche Fleiß war in Gefahr. Hatte es Daniel Bell, der amerikanische Soziologe, nicht genau so kommen sehen? Der Kapitalismus zerstöre sich durch seinen Erfolg selbst, hatte er prophezeit.[33] Denn die fleißigen Pflichtmenschen produzieren jede Menge Konsumgüter, und der Konsum lässt auch im Pflichtmenschen, Gott sei's geklagt, den Wunsch aufkommen, zu genießen. Der asketische Geist der Arbeitsethik schien in den 1960er Jahren zu entweichen. Die Boheme und die aufkommende Gegenkultur provozierten mit Spontisprüchen: »Erst schwach anfangen und dann ganz stark nachlassen.« Noelle-Neumann verkündete bereits das Ende der Leistungsgesellschaft. Die Industriebosse machten sich ernsthaft Sorgen.

Sollten langhaarige Hippies und die 68er, von denen sie als »Charaktermasken« beschimpft wurden, das System zu Fall bringen? Die traditionellen protestantischen Tugenden der Pflichterfüllung und des Sparens schienen auf dem Rückzug.

Die Menschen fanden die Drogenexzesse und das romantische Aussteigertum der Gegenkultur zwar seltsam, aber ein bisschen mehr *easy* konnte das Leben schon werden. Freie Liebe am Strand von Valparaiso, wer würde dazu Nein sagen? Gerade angesichts dieser selbstbestimmteren Lebensweise der 1960er Jahre ließ die Leistungsbereitschaft in den Betrieben nach. Vor allem die Leistung aus Pflichtgefühl, die dem ursprünglichen Bild des Berufsmenschen am meisten entsprach, geriet in die Krise. Es kam zu massenhaften inneren Kündigungen von Mitarbeitern, weil sie unzufrieden mit dem Befehlston und den Selbstentfaltungsmöglichkeiten in den Unternehmen waren. Die Mitarbeiter wollten mehr Eigenverantwortung und Selbstständigkeit.

Die Postmaterialisten entpuppen sich als ziemlich materialistisch.

Die 68er waren zunächst begeistert, das System schien ins Wanken zu geraten. Der amerikanische Wertewandelforscher Ronald Inglehart sagte Ende der 1960er Jahre gar eine »silent revolution«[34] vorher, eine leise Revolution, in der sich unsere Werte langsam, aber fundamental verändern würden – und zwar zum Besseren. Das 21. Jahrhundert werde den Postmaterialisten gehören, die, statt Luxusgüter und Statussymbole anzuhäufen, lieber ihre Persönlichkeit entfalteten. Die

Postmaterialisten würden eher jobben, als zu hart zu arbeiten, und die Natur sei ihnen wichtiger als Aktienkurse.

Inglehart wollte mit zahlreichen Werte-Umfragen beweisen, dass die leistungs- und einkommensbezogene »materialistische« Haltung der Nachkriegsgeneration durch »postmaterielle« Selbstentfaltungswerte der nachwachsenden Generation abgelöst werde.

Die Finanzkrise 2008 holte Ingleharts Träume vom postmateriellen Paradies auf den Boden der Tatsachen zurück: Denn ausgerechnet jene Generation, die in Wohlstand und Sicherheit groß geworden war und nach Inglehart eigentlich kontemplative Bedürfnisse hätte ausbilden sollen, gab sich in den Jahren vor der Finanzkrise 2008 einem einzigartigen Konsumrausch hin. Die vermeintlichen Postmaterialisten entpuppten sich als ziemlich materialistisch.

Es waren Millionen junger amerikanischer Mittelschichtfamilien, die seit Ende der 90er Jahre anfingen, ihre wachsenden Immobilienvermögen mit immer neuen Konsumkrediten zu beleihen, um davon noch größere Häuser, noch teurere Autos und noch exotischere Reisen zu kaufen. Bis die Immobilienblase platzte. Diejenigen, die das große Finanzrad drehten, waren überwiegend junge, smarte Investmentbanker, die von der Sozialisation her ideale Postmaterialisten hätten sein müssen. Aber ihnen stand mehr der Sinn nach hohen Boni. Sie wuchsen in wohlbehüteten Familien auf. Auf dem College lernten sie Toleranz und Solidarität. Sie gingen in Yogakurse und tranken laktosefreien Latte macchiato, stellten Buddha-Figuren im Wohnzimmer auf und betrachteten sich als Weltbürger. Verantwortung für das große Ganze und fürs globale Finanzsystem übernahmen sie trotzdem nicht. Inglehart hatte außerdem vorhergesagt, dass die Leistungsgesellschaft langsam, aber sicher erodiere: Postmaterialisten seien »Unterleister«, weil sie bewusst weniger leisteten, als sie könnten – schließlich hätten sie andere Präferenzen, als ständig das Bruttosozialprodukt zu erhöhen. Als Folge prophezeite Inglehart ein sinkendes Interesse an Wachstum und Reichtum.

In der Realität kam es genau umgekehrt: Unterleister blieben die Ausnahme. Der Arbeitsstress stieg, die Wochen- und Lebensarbeitszeit dito. Das protestantische Arbeitsethos ist ungebrochen robust, die McKinsey-Kultur sorgt für Effizienz, die Blackberry- und Online-Kultur für ständige Erreichbarkeit. Das Denken in Kategorien der Rendite, der Performance und der Leistungsanreize erreichte in der Finanzkrise einen traurigen Höhepunkt – ausgerechnet in jenen Alterskohorten, die laut Inglehart eigentlich zu den Unterleistern gehören müssten. In der aktuellen deutschen *Shell-Jugendstudie*[35] erzielen Werte wie Lebensstandard und Leistungswille hohe Zustimmung, allerdings darf auch die Lebensfreude nicht zu kurz kommen. Die junge Generation arbeitet heute härter als ihre Eltern, schon der Leistungsdruck im Studium ist mit dem vor fünfzig Jahren nicht zu vergleichen. Die deutsche Wirtschaft ist nicht untergegangen. Die von Inglehart und Noelle-Neumann vorhergesagte Erosion der Leistungsbereitschaft ist nicht eingetreten.

Wir alle sind Künstler.

Wie war das möglich? Wie konnte sich die Leistungsbereitschaft trotz Hippies, Konsum und Überfluss nicht nur halten, sondern sogar radikalisieren, wie der Stressreport belegt? Die Ursache liegt in einer Pointe der Geschichte: Ausgerechnet die Ideale der Alternativbewegung wie Unabhängigkeit, Kreativität und Spontaneität hielten in die Arbeitsethik Einzug und hauchten ihr einen neuen Geist ein. Eine aktuelle »Stellenanzeige« im *Spiegel* illustriert den Wandel ganz gut: Claus Peymann, der Intendant des Berliner Ensembles, sucht eine neue Assistentin und gelobt, die neue nicht mehr mit seinen Launen zu überziehen und bis 23 Uhr durchschuften zu lassen. Empörung gegen Peymann wegen Ausbeutung nach Gutsherrenart äußert der Artikel nicht. Der Künstler hat einen Sonderstatus, und wer für ihn arbeitet, gibt seinem Leben einen höheren Sinn, denn am Theater ist alles wahnsinnig sinnstiftend. Wer von Peymann drangsaliert wird, dient gleichsam der Kunst, und wenn Peymann jetzt altersmilde wird, ist das wirklich nett von ihm. So albern das im Grunde ist, es funktioniert.[36]

Wie wunderbar wäre es doch, wenn auch Unternehmen und nicht nur Theater von Künstler-Arbeitnehmern bevölkert würden, die in ihren Aufgaben sich selbst verwirklichen, die darin authentisch und ganz sie selbst sein wollen, ohne deren Kreativität nichts produziert würde und die keine festen Arbeitszeiten oder gar eine Aufsicht benötigen, um hart bis zur Selbstaufopferung zu arbeiten, damit enge Zeitpläne und (von wem auch immer gesetzte) knappe Budgets realisiert werden können.

»Wir alle sind Künstler« – Beuys' Slogan ist in der Unternehmenswelt angekommen. Aber anders als Beuys, der Romantiker, dachte. Die harte Arbeitswelt wurde nicht überwunden, wie jeder aus Erfahrung weiß. Es lief umgekehrt: »Der Aufstieg romantischer Ideale in der Arbeitswelt« bewirkte, so der Soziologe Carl Sasse, »eine Erneuerung der protestantischen Ethik.«[37]

Der Romantiker ist zwar auch schwermütig, und es kann keine Rede davon sein, dass er genießen will. Zudem steht er in Opposition zum bürgerlichen Gewinnstreben. Aber er ist ein noch größerer Individualist als der Berufsmensch. Er bezieht seine Aktivitäten noch mehr auf sich selbst. Bei Denkern wie Ralph Waldo Emerson und Henry David Thoreau begegnen uns die romantischen Selbstentfaltungsideale sowie ein Streben nach Autonomie und Ganzheitlichkeit. Der Künstler arbeitet bis tief in die Nacht hinein, aber nicht für Geld, sondern höchstens für sich selbst. Heute würde man von intrinsischer Motivation sprechen. Ein Musiker spielt die Sonate um ihrer selbst willen. Weil das eine Herausforderung darstellt, ist das Leistungsmotiv besonders groß. Der alte Berufsmensch hatte zwar auch eine hohe Arbeitsbereitschaft, aber die Arbeitswelt war doch stark von Belohnungen und Bestrafungen bestimmt.[38] Luc Boltanski hat in einem umfangreichen Vergleich der Managementliteratur gezeigt, wie Bedürfnisse nach »Autonomie, Spontaneität, Mobilität, Disponibilität, Kreativität« in die Arbeitsverhältnisse einzogen, die »direkt der Ideenwelt der 68er entliehen sind«[39]. Zur Richtschnur der neuen Unternehmenskultur werden gegenkulturelle Werte wie Authentizität, und auch die Ungewissheiten der künstlerischen Existenz sind auf einmal chic und nachahmenswert. Die Aussteiger selbst waren schnell vergessen, aber ihre Rhetorik eines freien, selbstbestimmten und kreativen Arbeitens ist lebendig. Die Gegenkultur hat die alten Arbeitstugenden der Pflicht und Treue mit den Idealen der Autonomie, der Kreativität und Flexibilität kombiniert, die heute in keiner Jobbeschreibung eines Industrieunternehmens mehr fehlen dürfen.

Ein intrinsisch motivierter Mitarbeiter ist ohne Murren bereit, Überstunden zu leisten, und identifiziert sich mit seinem Projekt. Er muss dafür nicht einmal besser bezahlt werden. Durch Geld kann seine Motivation sogar zerstört werden, weil dann das Gefühl der Selbstbestimmung unterminiert wird. Natürlich waren die Unternehmen begeistert, als sie das mitkriegten. Mit weniger Monotonie und humaneren Arbeitsbedingungen ließ sich die Produktivität sogar steigern. Empirisch zeigte sich, dass der Verfall der Arbeitsmoral schon in den 80er Jahren gestoppt worden war und die Arbeit kulturell an Bedeutung sogar gewonnen hatte. In Werbeagenturen, Redaktionen, Kunstgalerien, auf Filmsets und bei Internet-Start-ups sind die nonkonformistischen Kreativarbeiter diejenigen, die am meisten arbeiten, aber den geringsten Lohn und den schlechtesten Arbeitsvertrag haben und dennoch stolz sind, bei was für einem coolen Unternehmen sie sich einbringen dürfen.

»An die Stelle des verloren gegangenen Pflichtbewusstseins traten Werte des Selbst«, schreibt Sasse. »Gut ist nicht, was gottgefällig ist, sondern das, was sich gut anfühlt und Spaß macht.«[40] In Qualitätszirkeln tüftelten Arbeitnehmer an neuen Ideen. Innovation und Kreativität wurden zu wichtigen Ressourcen. Der Einzelne integriert sich quasi ständig selbst. Umgekehrt erfüllen die Unternehmen die Forderungen nach Freiheit. Dieser kreativen und selbstbestimmten Arbeitsweise kamen viele technologische Neuerungen (Software, Internet) entgegen. Seit Ende der 90er Jahre traf das alles besonders im Silicon Valley aufeinander: die Vereinigung von romantischem Selbst, Gott, Technologie und geldgetriebener Effizienz. Wer die hymnischen Erfolgsgeschichten von Google, Apple oder Facebook liest, glaubt sich in einem kalifornischen Märchen: Das Geschäftsmodell ist sozial, Dienste werden verschenkt (Google, Facebook), und es geht nur um das Gute, *to make the world a better place*, sie sind unheimlich ökologisch und politisch korrekt und als Arbeitgeber beliebt. Die CEOs sind ausnahmslos Gutmenschen und Milliardäre, und alle sind glücklich. Eine unendliche Win-win-Situation (Harvard-Prinzip!).

Sinn und Spaß beim Arbeiten – ein Märchen?

Es ist klar, dass gegen diese angelsächsische Idylle ein Franzose Einspruch erhebt: Luc Boltanski glaubt das Märchen einfach nicht. Das »stahlharte Gehäuse« hat sich nicht in Luft aufgelöst, und alle arbeiten verzückt bis spätnachts in den coolen Lofts. Die Selbstverwirklichung hat auch ihren Preis: Der flexible Mensch »opfert einen gewissen Aspekt seines Seelenlebens, seiner Beständigkeit sich selbst gegenüber«[41], schreibt er. Authentizität und Flexibilität passen einfach nicht zusammen. Wie soll jemand, der sich ständig anpasst, authentisch bleiben? Wenn alles so unheimlich sinnstiftend und motivierend sein muss, wer putzt dann die Toiletten und liefert die Pakete aus? Im Ergebnis sind die Leistungsanforderungen komplexer geworden und härter, denn für die intrinsische Motivation ist der Arbeitnehmer heute selbst verantwortlich. Er übernimmt mehr Risiko und bezahlt mit brüchigeren Karrierewegen und einer Beschleunigung der Abläufe. Wenn der Job bei Google so erfüllend ist, dann ist jede Kritik an den Arbeitsbedingungen unberechtigt. Im Grunde könnten die coolen Firmen auch noch Geld verlangen, dass man sich bei ihnen arbeitend selbst verwirklichen darf. Klar, dass sich ein echter Hippie im Grabe umdreht, wenn ihm vorgehalten wird, den Kapitalismus noch effizienter und in gewisser Weise auch attraktiver gemacht zu haben.

Aber genau so ist es. Die neue Generation Y, die nach 1980 Geborenen, passt da gut ins Bild: Sie möchte viel leisten, aber sie ist auch anspruchsvoll und will in der Arbeit Sinn und Spaß finden und dabei die Work-Life-Balance mit der Familie hinkriegen. Die Rechnung wird nicht aufgehen. Das beginnt schon mit dem Wunsch, alles zu vermeiden, was keinen Spaß macht und keinen Sinn stiftet. Doch 80 Prozent der Arbeit in jedem Job sind nun mal Arbeitsroutinen. Was ist so kreativ daran, für Google-Kunden Werbeanzeigen zu platzieren oder den Absatz von Smartphone-Verträgen um 10 Prozent zu erhöhen, oder für Bayer zwanzig Jahre lang Aspirin C zu vermarkten? Nichts gegen diese Jobs, sie zählen zweifellos nicht zu den schlechtesten, aber sie sind doch auch Routine, langweilig, und vor allem rechtfertigen sie es nicht, die anderen Glücksbringer wie die Familie, die Freunde, die Gesundheit und die Muße deshalb zu vernachlässigen. Wenn die Generation Y die Unternehmen dazu bringt, die Flexibilität in ihrem Sinn so zu öffnen, dass sie ihre Arbeitszeit verringern und Auszeiten für die Familie nehmen können, dann sind sie auf dem richtigen Kurs. Wenn sie es schaffen, die anschwellende Flut von Zielvorgaben und Reglementierungen (Compliance etc.) zurückzudrängen, wäre ihnen ein wichtiger Schritt zur Verringerung beruflicher Unzufriedenheit gelungen. Doch machtpolitisch sind sie dafür viel zu schwach (weil zu jung).

Bei Yahoo hat die smarte Marissa Mayer soeben, mit einem Federstrich die lockere Homeoffice-Kultur beseitigt. Die 14 000 Mitarbeiter müssen jetzt wieder in der Firma antanzen und Präsenz zeigen. Mayer war aufgefallen, dass sich die Externen zu spät in die internen Datennetzwerke einloggen. Schöne neue Transparenz! Die Mitarbeiter haben doch glatt von der Flexibilität Gebrauch gemacht und sich so ähnlich verhalten wie die New Yorker Taxifahrer. Der Schritt kam überraschend, denn das Homeoffice ist im Grunde ein wunderbares Beispiel, wie man die Kosten auf die Mitarbeiter abschiebt und das als Mitarbeiterfreiheit verkauft. Was auch immer sich Yahoo von dem Schritt verspricht, das Beispiel zeigt deutlich, wer das Sagen hat. Die Ansprüche der Generation Y interessieren die Gates, Zuckerbergs oder Mayers nicht die Bohne. Wenn die Zahlen nicht stimmen, dann wird das Homeoffice-System von einem Tag auf den anderen eingestellt, und die Arbeitnehmer können sich in der Nähe des Firmensitzes eine Wohnung suchen und einen Kindergartenplatz für die Kinder und eine neue Schule, und der Partner pendelt halt eine Zeit lang. Ist ja alles ein »System der Freiheit« (Smith) mit Verträgen, die beide Seiten kündigen können. Wer glaubt, dass er im kalifornischen Kapitalismus als Arbeitnehmer eine Chance gegen die Konzerne hat, der dürfte zu tief an einem alten Joint gezogen haben, den ein Hippie liegen gelassen hat.

Der Trend zu einer weitreichenden Flexibilisierung des Arbeitslebens wird die Menschen als Verlierer haben, die an einem Ort ihre Familie aufbauen und sich nicht vollständig der puritanischen Arbeitskultur unterwerfen wollen. Denn die flexible Welt bedeutet, dass Paare an getrennten Orten leben und arbeiten werden. Freiberufler stehen für prekäre Zuliefererjobs Gewehr bei Fuß, während die klassischen Festangestellten abgebaut werden. Viele Menschen werden mehrere Jobs zugleich haben. Der Auftrag auf Zeit ersetzt die feste Stelle. Möglich, dass man fünf verschiedene Arbeitgeber hat, die einen jeweils nur für ein paar Tage buchen. Schon in zwanzig Jahren, so eine Projektion der Bundesagentur für Arbeit, befindet sich »ein Großteil der Arbeitnehmer in unbeständigen Beschäftigungsformen und bildet eine flexible Randbelegschaft«. Arbeitsverträge werden nur noch Mindeststandards definieren, entlohnt wird erfolgsorientiert. Vorübergehende Arbeitslosigkeit wird nichts Ungewöhnliches mehr sein, da sie zur Alltagserfahrung der Menschen gehören wird. Alle anderen Glücksgüter haben da noch mehr das Nachsehen als heute schon.

»Die Europäer sind die Faulpelze der Welt«

Die Arbeitgeber sehen schon, dass das Leben für die Mannschaft im Hamsterrad nicht leichter wird, trotz der Eigenverantwortung und der Kreativität, an die besonders die jungen Beschäftigten glauben. Aber sie verweisen auf ihre Zwänge, denn sie sind auch nur »Sklaven« der Märkte. Sie geben den Druck weiter. Jeder Gedanke an Entschleunigung oder an eine Verlangsamung der Tretmühle ist eigentlich schon Meuterei. Die Politik sekundiert: »Die Deutschen müssen sich gewaltig anstrengen, um ihren hohen Lebensstandard auch in den nächsten Jahrzehnten halten zu können«[42], fordert der Vorsitzende der Unionsfraktion Volker Kauder in seiner Weihnachtsansprache, und Wirtschaftsminister Philipp Rösler ergänzt, noch sei »Zeit für eine Aufholjagd, die in den Kitas und in der Grundschule beginnen muss«. Für ihn kann der Optimierungsterror nicht früh genug anfangen, am besten schon im Mutterleib. Das hat die *FAS* dazu veranlasst, in einer Kolumne Arbeitgeberpräsident Hundt vorzuschlagen, doch eine Verkürzung der Schwangerschaft zu fordern. »Neun Monate, das muss doch heutzutage nicht mehr sein. Da könnte doch nach 38 Wochen Schluss sein. Dann ist das Kind fertig und macht es sich da drinnen nur noch unnötig gemütlich. Frauen könnten es zwei Wochen früher zur Welt bringen und zwei Wochen früher wieder arbeiten.«[43] Der Produktivitätsgewinn entspräche 1,3 Millionen Arbeitswochen! Die Kolumne illustriert ganz gut den Geist des neuen Kapitalismus, in dem wir leben. Das Gerede von der bunten und flexiblen Arbeitswelt verdeckt die Konflikte: Mütter und Väter, die arbeiten wollen, haben nicht die gleichen Interessen wie die Wirtschaft. Sie wollen nicht ununterbrochen verfügbar sein, aber genau dahin geht der Zug der kreativen und digitalen Wirtschaft. Es sieht nicht so aus, als ob die Zwänge abnehmen. Weber hat es ganz richtig beschrieben. Und diejenigen, die den Job als Teil ihrer Persönlichkeit sehen, brauchen nur länger, um das zu begreifen.

Für ein glückliches Leben dreht sich das Hamsterrad zu schnell, für Politik und Wirtschaft dreht es sich zu langsam. Die Läufer sollen schneller werden, und damit sie das tun, hilft gern ein bisschen Angst. Die Europäer sollen der guten alten »protestantischen Arbeitsmoral« neues Leben einhauchen, fordert der britische Historiker Niall Ferguson. Ferguson ist ein einflussreicher Intellektueller, der den Westen vor einer großen geopolitischen Gefahr sieht: China, die neue Supermacht, und andere Schwellenländer werden uns überflügeln, wenn wir nicht zu den alten Tugenden zurückkehren. »Die Europäer sind heute die Faulpelze der Welt«[44], schimpft Ferguson. »Wenn man die globalen Arbeitszeiten vergleicht und sieht, dass der durchschnittliche Südkoreaner 1000 Stunden mehr im Jahr arbeitet als der Deutsche, weiß man alles.«[45] Nämlich, dass der Niedergang des Westens bevorsteht.[46]

Den faulen Europäern hält Ferguson die fleißigen Amerikaner entgegen. Deren Jahresarbeitszeit sei nicht Ende der 1980er Jahre stark abgefallen, sondern sei mit 2000 Stunden bis heute relativ konstant geblieben. In den USA habe sich das puritanische Berufsmenschentum als »Killerapplikation«, die den Westen groß und überlegen gemacht habe, bis heute gehalten, weil die Amerikaner heute evangelikaler sind denn je. »Ihr Glaube lässt sie härter arbeiten, als sie es sonst würden.« Europa allerdings wird absteigen, so der konservative Historiker, weil die »Europäer nicht nur weniger arbeiten, sondern auch weniger beten« als früher.[47]

Wir verstehen die Botschaft: Ferguson will den faulen Europäern ein schlechtes Gewissen angesichts des niedrigen Arbeitsvolumens einreden und uns damit auf Trab bringen. Der Zusammenhang zwischen Religion und Arbeit besteht nach Ferguson unvermindert weiter. Die Amerikaner hätten sich nicht säkularisiert. Ihre christlichen Glaubenswahrheiten sind durch den Fortschritt in den Naturwissenschaften und in der Psychologie seltsam unberührt geblieben. Während sich ab 1968 in Deutschland die Kirchen leerten, ging die amerikanische Gegenkultur der Hippies mit einem »Boom des evangelikalen Protestantismus einher«. Billy Graham, das konservative »Maschinengewehr Gottes«, wetteiferte mit den Rolling Stones darum, wer die Stadien voller kriegte. Über die Zeit wuchsen beide Bewegungen zusammen. Die

Hippies gingen ursprünglich aus den Beatniks hervor, einer amerikanischen Ausprägung der säkularen Bohemien-Kultur, die in Galerien, Theater, Cafés und Clubs zu Hause war. Die Hippies protestierten zwar auch gegen die Spießer, aber eine anti-religiöse Stoßrichtung hatten sie nicht mehr. Als die Hippie-Kultur nach dem Sommer of Love von 1968 zur Massenkultur aufstieg, enthielt sie schon viele religiöse Elemente. Bereits in Woodstock trat mit »Tommy« von The Who der blinde Messias auf, und Ian Gillan von Deep Purple sang im Musical *Jesus Christ Superstar* den Jesus.[48] Inzwischen haben sich Gegenkultur, Pop, Gott, Konsum und Business wunderbar versöhnt. Ferguson schreibt, dass Bobby Troup, der einst (Get Your Kicks on) *Road 66* sang, dort »keine »Kicks« mehr bekäme, »sondern eher Kruzifixe«.[49] Und er zitiert einen der evangelikalen Erben der Jesus-Revolution, den Pfarrer John Lindell, der seinen Anhängern verspricht, dass »die Prinzipien der Bibel nicht nur euer spirituelles Wachstum befördern werden, sondern auch euch helfen werden, bei der Arbeit erfolgreich zu sein, in Beziehungen erfolgreich zu sein und in der Finanzwelt erfolgreich zu sein«.

»Die erfolgreichsten Sekten florieren gerade deswegen«, erläutert Ferguson, »weil sie eine Art von Konsum-Christentum entwickelt haben, das an einen Supermarkt-Gottesdienst erinnert.« Wie im Multiplex-Kino gibt es ein Drive-in, wo man Cola oder Starbucks-Kaffee bekommt, man hört religiöse Popmusik und wird bestens unterhalten: Spontanheilungen, sentimentale Erweckungserlebnisse, Familientragödien, die Gott durch sein Eingreifen kuriert. Gott, der strenge Vater, wurde ersetzt durch Gott, den Analytiker und Persönlichkeitscoach. Die Mega-Churches bieten einen Deal an: Der Gläubige muss beten und alles geben, dafür hat er im Gegenzug eine Forderung an Gott, die dieser einlösen muss. Gott soll ihn reich machen und gesund und glücklich.

Wir arbeiten zu viel.

Mir fällt es schwer, Fergusons Empfehlung auch nur ernst zu nehmen, auch wenn ich zugeben muss, dass die Verbindung von Gott, Geschäft und Gegenkultur im kalifornischen Kapitalismus blendend funktioniert: Die Wachstumszahlen sind robust, die Gewinne der Aktionäre sprudeln, das Land ist derart im Konsumrausch, dass es wie Griechenland schon öfters bankrott oder nahe daran war. Es versteht ein kreatives Lebensgefühl zu vermitteln und über die Kehrseite des Leistungsdiktats und der Dauerbetriebsamkeit das Lächeln des positiven Denkens zu legen (dazu mehr im 5. Kapitel). Ferguson empfiehlt uns Europäern tatsächlich, in der Tretmühle noch mehr aufs Tempo zu drücken – am besten mit einem freundlichen Morgengebet auf den Lippen. Außerdem gibt es da noch die Schulden der Euro-Rettungsschirme, die wir zurückzahlen müssen, und mit den Chinesen sollten wir auch mithalten können.

Viel naheliegender als die Sorge, was ich dafür tun kann, um die Euro-Schuldenberge abzutragen, erscheint mir die Frage, warum die Menschen nicht längst auf die Barrikaden gehen. Die Perspektiven sind nicht einladend: Mehr Tempo auf dem Hamsterrad, sonst schmilzt der Wohlstand. Obwohl die Produktivität technologiebedingt jährlich steigt, obwohl wir so reich sind wie nie zuvor, obwohl wir einen Teil des Konsums wegwerfen oder gar nicht benutzen, obwohl wir uns weniger Arbeit wünschen und lieber mehr Zeit hätten für andere Glücksgüter. Wenn wir jetzt nicht damit anfangen, den Zeittakt der Wirtschaft und des Lebens wieder zu entschleunigen, wann sollen wir dann damit beginnen? Müssen wir ununterbrochen verfügbar sein? Müssen wir jeden Hype mitmachen? Müssen wir uns täglich neu erfinden? Wenn wir angesichts des historisch unvergleichbaren Wohlstands nicht runterschalten können, wann dann?

Am gefährdetsten sind die Sinnarbeiter, jene, die im Beruf ihre Persönlichkeit verwirklichen wollen, die intrinsisch hoch Motivierten, denn sie haben am wenigsten Widerstandskraft gegen die Vereinnahmung durch die Arbeit, durch die »kalifornische Ideologie«. Nichts gegen das Glück, einen Beruf zu haben, aus dem man Befriedigung zieht. Aber gerade hier wird die aristotelische Idee der Balance wichtig: nur nicht übertreiben. Arbeit hat bei uns einen zu großen Stellenwert bekommen. Wir arbeiten zu viel. Es mag einmal eine Zeit gegeben haben, als die protestantische Arbeitsmoral dazu beitrug, trotz allen Zwangs, der Armut zu entkommen und eine geordnete Industriegesellschaft aufzubauen. Inzwischen sind wir nicht mehr arm. Wir befinden uns in einer Beschleunigungsspirale des Maximierens und Konsumierens. Wenn das Pferd tot ist, steig ab, lautet eine alte Indianerweisheit. Es ist Zeit, abzusteigen und den Puritaner in uns zu bekämpfen.

---

1 Sprenger 2012.
2 Baum 2012, S. 17.
3 Mika 2011.
4 Penny 2012.
5 Weber 1972, S. 709.
6 Weber 2006, S. 28.
7 Weber 2006, S. 28.
8 Weber 2006, S. 177.

9 Richard Barbrook nennt das Verschmelzen der Hippie-Romantik mit der Hightech-Industrie die »kalifornische Ideologie«. In Kalifornien entstanden die Pfingstler, die Hippies und das Silicon Valley. Kalifornien ist das letzte Update der puritanischen Prädestinationslehre: Gott will, dass du reich wirst. Den Bestseller *The purpose driven life* hätte ein Venture-Kapitalist, ein Internet-Gründer oder ein Mega-Church-Prediger schreiben können. Es war Rick Warren, Chef der Saddleback Church, den Jack Welch, einer der erbarmungslosesten US-Topmanager, mit dem Satz lobte: »Rick, du bist der größte Denker, dem ich je begegnet bin. Nur Rupert Murdoch denkt so global wie du.« Worauf Warren antwortete: »Ich bin Ruperts Seelsorger. Rupert hat mein Buch herausgebracht.« Gott, Geld und Bits, alles rechnet sich, weil es nützlich ist – purpose driven eben. Wo Geld und Mission ist, da ist auch Jesus: »And at the centre of it all, a bearded and barefoot Steve Jobs, whose singular vision …«, heißt es in Luke Dormehls *The Apple Revolution* (Dormehl 2013, siehe auch Barbrook und Cameron 1995).

10 Kloepfer, in *FAZ* vom 06.10.2012.

11 Stressreport Deutschland 2012.

12 Jesus war das Pflegekind eines Zimmermanns und hat nie gearbeitet. Seine Jünger hat er vom Handwerk in die Mission wegberufen. Doch schon Paulus befiehlt: »Wer nicht arbeitet, soll auch nicht essen.« (2. Thes 3, 10). Christen sollen arbeiten aus Buße für die Vertreibung aus dem Paradies: »Im Schweiße deines Angesichts sollst du dein Brot essen.« (1. Mose 3, 19) Calvin hat das leider sehr, sehr ernst genommen.

13 Luther 1523.

14 Charles Dickens schildert in *Oliver Twist* die Prügelorgien in Armenhäusern und bei Lehrherren.

15 Weber 2006, S. 176

16 Weber 2006, S. 177.

17 Calvin 1960, S. 454.

18 Weber 2006, S. 145.

19 Weber 2006, S. 154.

20 Umgekehrt war Armenfürsorge verpönt, denn sie belohnt die Faulen.

21 Die Gläubigen hatten keinen Halt in Institutionen oder in Sakramenten, die sie der göttlichen Erwählung näher hätten bringen können. Der »Fortfall kirchlich-sakramentalen Heils« unterschied den Calvinismus klar vom Katholizismus. Gottes Beschlüsse nachträglich zu beeinflussen, wurde von Calvinisten als »Aberglaube und Frevel« verworfen. Magisch-sakramentale Zeremonien etwa bei Beerdigungen, die andere Kulturen mit einem Ahnenkult verbinden, verabscheuten die Puritaner. Die »Lehre von der unbedingten Gottferne und Wert-

losigkeit alles rein Kreatürlichen« ist nach Weber der Grund »für die absolut negative Stellung des Puritanismus zu allen sinnlich-gefühlsmäßigen Elementen in der Kultur und subjektiven Religiosität«. So sei es zur grundsätzlichen »Abwendung von aller Sinnenkultur« gekommen (Weber 2006, S. 80).

22 Wen Gott erwählte und wen er verstieß, stand nach Calvin von Beginn der Zeit an fest, gute Taten zur Abwendung einer negativen göttlichen Entscheidung waren vergeblich. Gutes Handeln und wirtschaftlicher Erfolg konnten streng genommen nur ein Zeichen für, aber kein Weg zur Erlösung sein. So wurden die Calvinisten unermüdliche Zeichenmaximierer, um Gewissheit über ihr jenseitiges Schicksal zu erhalten. Dass der Mensch einsam und machtlos vor Gott steht, daran änderte sich nichts.

23 Weber 2006, S. 79.

24 Burton 2003; Nachdruck der Ausgabe von 1621.

25 Weber 2006, S. 176.

26 Weber 2006, S. 29.

27 Die große Historikerin des Kapitalismus, Joyce Appleby, schildert wie die fundamental neue Sicht des Puritanismus auf den Menschen bei Adam Smith zur »menschlichen Natur an sich« wird. Smith spricht von dem »uniform, constant, and uninterrupted effort of every man to better his condition«. Aber es ist nicht der Mensch, der sich ständig selbst optimieren will, es ist der Puritaner. Vgl. Appleby 2010, S. 20.

28 Weber 2006, S. 32.

29 Camerer, Babcock et al. 1997, S. 404–441.

30 In der neoklassischen Arbeitstheorie ist dies ein undenkbarer Zustand, denn die Unternehmen würden ihre Gehälter wegen der hohen Nachfrage sofort ganz nach unten senken.

31 Noelle-Neumann 1973, S. 19.

32 Dyllick/Probst 1983, S. 18.

33 Bell 1976.

34 Inglehart 1977.

35 Shell Jugendstudie 2010.

36 Es funktioniert auch im großen Maßstab: Bei Peymanns Inszenierung von Büchners *Dantons Tod* 2012 wies das Publikum lautstark auf die prekäre Situation der nicht-künstlerischen Beschäftigten am Berliner Ensemble hin. Damit sollte die Diskrepanz zwischen der Gesellschaftskritik auf und den ausbeuterischen Verhältnissen hinter der Bühne deutlich werden. Peymann bezeichnete die Proteste als »Kampfansage« und drohte mit rechtlichen Schritten.

37 Sasse 2006, S. 286.

38 Im englischen Schulsystem wurde die Prügelstrafe erst 1998 abge-

schafft, bei den Evangelikalen ist das Paddeln noch heute üblich, da hält man sich streng an die Bibel. »Wer seine Rute schont, der hasst seinen Sohn; wer ihn aber lieb hat, der züchtigt ihn bald«, heißt es in Sprüche 13, 24.

39 Boltanski und Chiapello 2003, S. 143 f.

40 Sasse 2006, S. 295.

41 Boltanski und Chiapello 2003, S. 171 f.

42 Kauder 2012.

43 Hoffmann 2012.

44 Ferguson 2011, S. 393.

45 Niall Ferguson zitiert von Andrea Seibel (Seibel 2011).

46 Das ist die typische Angstmache. Auch Griechenland hat laut OECD-Statistik längere Jahresarbeitszeiten als Deutschland, aber dennoch viel weniger Wohlstand. Unterschiede in den Arbeitsvolumina gibt es schon lange, und obwohl die Koreaner viel länger arbeiten, sind die Deutschen produktiver und halten ihre Exportmarktanteile auf hohem Niveau. Deutschland liefert an die boomenden Schwellenländer hochwertige Investitionsgüter. Wir müssen unsere Arbeitszeit deshalb nicht erhöhen. Es könnten mehr Arbeitskräfte ausgebildet und eingestellt werden, wenn die Umsätze wachsen sollen.

47 Ferguson 2011, S. 395.

48 Die Glaubensinhalte der Gegenkultur lassen sich auf pietistisch-romantische Kernanliegen zurückführen: Keine Vereinnahmung durch die »herrschende« Gesellschaft, die den biblischen »alten Menschen« repräsentiert, stattdessen eine eschatologische Utopie der »neuen Menschen«, die der Habgier und dem Egoismus entsagen, dazu Predigten des Teilens und des Weltfriedens sowie apokalyptische Visionen nach dem Vorbild der christlichen Urgemeinde. Die Einladung zur Umkehr, die apokalyptische Naherwartung und die ideale Gesellschaft gehören zum Standardrepertoire seit 2000 Jahren, von Franz von Assisi über Savonarola bis zu Calvin. Der Säkularismus ist in den USA schwach, die Bohemiens waren religionsskeptisch, die Hippies nicht mehr, sie deklinierten die evangelikalen Grundprinzipien mit der Elektrogitarre.

49 Ferguson 2011, S. 406.

2
Immer mehr Konsum

*»Denn sie wissen nicht,
was sie brauchen…«*

Seinen letzten großen Triumph feierte der Konsum beim Fall der Mauer. Die Menschen hatten über den Sozialismus mit den Füßen abgestimmt und sich für die westliche Konsumgesellschaft entschieden. Der Kapitalismus hatte gewonnen. Aber auch die linke Konsumkritik bäumte sich noch mal auf. Unvergessen, wie der Grüne Otto Schily die DDR-Bürger mit einer Banane in der Hand verunglimpfte: Die Südfrucht stand für die hohlen Verlockungen des Konsumkapitalismus, dem die ahnungslosen Ostdeutschen auf den Leim gegangen waren, im Tausch gegen das unvollendete Projekt des Sozialismus. Es war ein trotziges Bekenntnis, nicht nur, weil Schily anschließend in seinen Porsche stieg – er war wohl selbst ein Opfer kapitalistischer Verlockungen. Sondern weil an der Tatsache nicht zu rütteln war, dass ganz Osteuropa die Warenvielfalt gewählt hatte. Seither hat die Euphorie nachgelassen, obwohl wir heute mehr Dinge besitzen als je zuvor. Noch nie wurden mehr Käsesorten, Schuhmodelle oder Badezimmerfliesen angeboten, und übers Internet werden täglich Unmengen an neuen Produkten gekauft. Es gibt kaum jemanden, der in Abrede stellen würde, dass die Güterfülle ein angenehmes Leben ermöglicht.[1] Wer will schon auf das Auto verzichten, um mal eben ein paar Tage an die Ostsee zu fahren, oder auf die Waschmaschine oder das Smartphone?

Luc Boltanski adelt die Konsumvielfalt geradezu, wenn er hervorhebt, dass viele Erfindungen mit Emanzipationschancen verbunden sind. Sie bedeuten einen Gewinn an Autonomie und Mobilität, erhöhen entweder Tempo und Möglichkeiten der Ortsveränderungen (Tourismus) oder sorgen für die Illusion eines Ortswechsels (exotische Lebensmittel) oder befreien uns von räumlichen und zeitlichen Zwängen (Handys, iPads etc).

Aber was uns verwöhnen soll, das stresst uns auch. Was uns Autonomie verschafft, bringt auch neue Zwänge. Der Freude über Facebook folgt die Klage über die Facebook-Sucht, statt freier Fahrt nervt uns der Stau. Jetzt gibt es chinesische Nudeln – aber wurden sie mit Melamin gestreckt? Es ist heute nicht mehr so klar, was überwiegt, der Zugewinn an Bequemlichkeit oder der Frust: Lohnt es sich überhaupt, für marginale Bequemlichkeitsgewinne so viel zusätzliche Kraft aufzuwenden? Ich habe ein Paar Outdoor- und ein Paar Indoor-Tennisschuhe, zwei Paar Laufschuhe sowie alte Basketballschuhe und Freizeitschuhe, die wie Sportschuhe aussehen, und stehe vor dem Nike-Tower in Berlin und frage mich ernsthaft, ob ich mir Cross-Country-Schuhe kaufen soll, weil ich das im Urlaub ausprobieren will. Zum Glück schreckt mich der Preis ab, denn brauchen tue ich die Schuhe nicht. Ein »Verbraucher« bin ich eigentlich genauso wenig wie die meisten Deutschen, denn Konsum bedeutet wörtlich »verzehren«, und wir verbrauchen die Dinge kaum noch, die wir kaufen. Vieles liegt zu Hause herum, vieles schmeißen wir – kaum gebraucht – weg, darunter 800 000 Tonnen Kleidung, 6,7 Millionen Tonnen Lebensmittel und eine Million Tonnen noch funktionsfähige Elektronik im Jahr.[2]

Lohnt es sich, dafür länger und härter zu arbeiten? Für das

bisschen Zusatznutzen, den wir im neuen Trendprodukt erwerben? Viele stellen sich ab und an diese Fragen, und dann greifen sie doch wieder zu. Für die Vulgärökonomen ist damit die Sache erledigt: Konsum ist Konsum. Die Leute kaufen es, also wollen sie es. Jede Kritik an Marketing und schon gar an der Präferenzentscheidung für irgendeine Ware, und seien es neonrosafarbene Plüschbären oder Monster-Backe-Knister-Zungenfärber, ist eine Anmaßung und versuchte Freiheitsberaubung des mündigen Verbrauchers. Aus der Sicht des Konsumkapitalismus ist der Konsument der freieste Mensch, der je diesen Planeten bevölkert hat, und er wird auch mit jedem Tag freier, weil die Warenvielfalt schließlich zunimmt. Die Welt wie sie ist, ist die beste aller Welten: Konsumentscheidungen sind insgesamt Ausdruck der kollektiven Sehnsucht der Menschen. Besser kann die Welt nicht sein, denn sonst hätten sich die Menschen anders entschieden.

Zugegeben, das ist die reine Marktlehre, die in der Wirtschaft so kaum einer vertritt, weil sie zu offensichtlich Unsinn ist. Dafür liegt in den Läden zu viel Ramsch und in den Kaufhäusern zu viel Schrott, dafür gibt es zu viel irreführendes und dämliches Marketing und insgesamt zu viel Käuferfrust. Aber in der großen Erfolgsgeschichte des Kapitalismus ist das gute alte Argument von der Güterfülle, auf die wir nicht verzichten wollen, immer noch eine Trumpfkarte, die sticht. Nein, verzichten wollen wir nicht, die Auswahl ist wichtig, auch wenn die Binnennachfrage kaum noch wächst, weil die Märkte gesättigt sind, obwohl es in der reinen Marktlehre gar keine gesättigten Märkte geben kann.

Sage mir, was du konsumierst, und ich sage dir, wer du bist.

Als sich die Einführung der Sozialen Marktwirtschaft 2009 zum sechzigsten Mal jährte, wollte die INSM den realisierten »Wohlstand für alle« gebührend feiern. Die Marktwirtschaft konnte, mitten in der Finanzkrise, lobenden Zuspruch dringend gebrauchen. Aber sich selber auf die Schulter zu klopfen, hielten wir für unglaubwürdig. Wer von seinem »Produkt« überzeugt ist, kann auch andere darüber urteilen lassen. Also schickten wir drei unabhängige Journalisten auf eine Reise quer durch die Bundesrepublik, zu Bauern, Hartz-IV-Empfängern, zu Unternehmern, Arbeitern und Promis, um ein facettenreiches Bild über die Soziale Marktwirtschaft zu zeichnen. Die Filmclips der Reisestationen stellten wir ins Internet, frei zum Kommentieren. Die Tour war abwechslungsreich, die Journalisten machten ihren Job gut, und das Ganze war alles andere als Lobhudelei. Nur ein Beitrag war wirklich vernichtend: der über den Konsum. Er hieß: »Tag 17: Denn sie wissen nicht, was sie brauchen …« Ob es Überdruss am Thema war oder ein Statement journalistischer Unabhängigkeit, der Film ließ jedenfalls kein konsumkritisches Klischee aus. Das Team war nach Haßloch gefahren, ein beschauliches Städtchen im Südwesten, das der Gesellschaft für Konsumforschung (GfK) als Testmarkt für die Neueinführung von Produkten und die Wirkung von Fernsehwerbung dient. Ort und Sujet waren gut gewählt, aber wie die Unterzeile war dann der ganze Beitrag: »Ist Werbung überhaupt mit der Menschenwürde vereinbar?« Er war eine Ansammlung spätmarxistischer Gemeinplätze. Die Werbung rege Bedürfnisse an, »die es von Natur aus gar nicht gibt«, was mich zur Frage veranlasste, ob es das Klavier »von Natur aus« gibt und wenn nicht, ob dann für Klavierkonzerte konsequenterweise nicht geworben werden dürfe. Der Vertreter der GfK bestätigte im Film den generellen Manipulationsverdacht, indem er sich zur Aussage verstieg, dass »alle Grundbedürfnisse gestillt« seien. Folglich werden wir zu einem Konsum verführt, den wir eigentlich gar nicht wollen. Rousseau ließ grüßen: Die böse Zivilisation zerstört das reine Selbst. Tief im Inneren ist der Mensch tugendsam und bedürfnislos, und er bliebe es, gäbe es bloß die böse Werbung nicht. Rauswerfen konnte ich den Beitrag nicht. Damit hätte ich die journalistische Unabhängigkeit des Projekts gefährdet. Ein wenig fürchtete ich aber auch, dass die *taz* den Beitrag bemerken und süffisant darauf hinweisen würde, dass jetzt auch schon die INSM die Exzesse der Werbeindustrie anprangere und wann wir bitte schön unsere kritische Haltung auf die Metallindustrie ausdehnen würden. Die bezahlte uns schließlich.

Der Film blieb drin, nichts passierte.

Später sah ich ihn mir noch mal an und kam zu dem Urteil: Gerade jene Konsumkritik, die den Menschen als Opfer von Werbeprofis und Konzernstrategen darstellt, untergräbt den Konsumismus nicht, sondern begünstigt ihn. Indem sie uns davor warnt, ein werbemanipulierter Massenkonsument zu sein, fordert sie uns auf, keinen massenkonformen, sondern einen individuellen Konsum anzustreben. Aber genau darauf zielt die Werbung des 21. Jahrhunderts. Massengeschmack ist passé, der moderne Konsumismus verspricht uns die Entfaltung des Außergewöhnlichen und die Inszenierung des Selbst. Er ist längst einen entscheidenden Schritt weiter: Der moderne Konsumismus redet uns nicht wie der alte ein, dass wir ein E-Bike, ein iPad oder ein Paar Schuhe von Christian Louboutin kaufen müssen, weil andere das auch haben. »Keeping up with the Joneses«[3], also das Mithalten mit den Nachbarn, das Imponieren mit dem neuen, größeren Auto, Fernseher oder Italienurlaub, das gehört in die Wirtschaftswunderzeit. Damals waren die Güter »nützlich« und definierten sich über ihren Gebrauchswert. Die Waschmaschine erleichterte der Hausfrau die Arbeit, mit dem Motorrad konnte man an den Bodensee fahren. Der Konsument wählte Güter aus, die in seine Lebenswelt passten – und natürlich »verführte« ihn die Werbung dazu, auch mal mehr zu kaufen als nötig.

Heute haben wir so viel, dass Künstler mit der akribischen Auflistung von Tausenden Einzelteilen ihres Hab und Guts Aufmerksamkeit erregen.

Brauchen wir das alles? Natürlich nicht. Aber warum kaufen wir es dann? Nicht, weil uns die Werbung dazu zwingt, sondern weil wir in einer Zeit leben, in der der Konsum unser Leben zu einem Gutteil ausmacht.[4] Der Konsumismus ist nicht auf den Gebrauchswert von Gütern gerichtet, das ist vorbei. Klamotten hängen genug im Schrank. Jeder zweite Haushalt hat zwei Fernseher, sollen es vier sein? Konsum ist heute ein Mittel der Selbstgestaltung. Waren haben zwar immer noch einen funktionalen Wert, sie dienen aber immer mehr der Selbstinszenierung. Sag mir, was du konsumierst, und ich sage dir, wer du bist und welche Träume du hast. Der BMW zeigt den sportlichen, der Audi den technikbegeisterten Autofahrer. Der Drei-Tage-Shoppingtrip nach New York vermittelt das Selbstwertgefühl einer Sarah Jessica Parker in *Sex and the City*. In den 1950er Jahren hätten alle noch schallend gelacht, hätte ein Telefonnetzanbieter versprochen: »Ändere dein Schicksal!« (Vodafone) – nur weil er eine billigere Flatrate anbietet. Heute lacht keiner mehr, denn alles ist möglich, und alles muss auch anders sein können. Dazu dienen immer neue Produkte und Features, und wenn die Versprechen auch oft nur Illusion bleiben, so schaffen sie doch neue Räume der Möglichkeiten und Optionen. Die Produktindividualisierung suggeriert, dass man sich alles maßschneidern lassen kann. Ein Brillenproduzent verspricht über drei Milliarden Modellvarianten, Apple bietet Millionen Apps an. Für alles gibt es eine App. Je intensiver einer »Ich« sagt, desto stärker erfasst ihn der Sog des Konsumismus. Alles ist wähl- und abwählbar, und es hört nie auf. Die Steigerung ist programmiert, wir warten schon auf die nächste Generation, die noch besser und cooler sein wird. Wie jedes Produkt einen Unique Selling Point hat, so muss sich auch jeder Konsument vom anderen absetzen durch seine Besonderheit, und sei es durch so etwas Läppisches wie den Haarschnitt, das Tattoo, die Brillenfassung, das Parfüm, die Designerjacke. Das Produkt steht für eine Identitätskonstruktion, eine Pose, die morgen wieder geändert werden kann, am besten jeden Tag, denn umso interessanter ist man und umso mehr kann die Industrie verkaufen.

Nichts wäre falscher, als dem Einzelnen zu unterstellen, seine Präferenzen wären manipuliert. Das geht gar nicht, denn jeder stellt sich aus den Millionen Optionen seine eigene Mischung zusammen. Die alte Konsumkritik geht völlig an der Sache vorbei. Der heutige Konsument ist eben nicht entfremdet, denn die Produkte bilden ja geradezu einen Teil seiner Identität. Niemand wird gezwungen, etwas zu konsumieren und sich so zu inszenieren, wie er es tut. Andererseits ist der Zwangscharakter nicht zu leugnen: Keiner kann Nein sagen zur Individualisierung und zum Konsumismus. Wir haben einen hohen Konformismus bei gleichzeitig hoher Individualität: Alle versuchen, sich von den anderen abzuheben, womit sie sich zwar nach außen hin stark unterscheiden, aber ihr Denken ist ziemlich konform: Ich will anders sein und einzigartig. Der Zwang zur Anpassung an Trends erzeugt also einen überraschenden Konformismus, der logisch im Widerspruch zur viel beschworenen Individualität steht. Allerdings ist kaum anzunehmen, dass sich plötzlich Millionen Menschen völlig unabhängig voneinander in rationaler Abwägung gleichzeitig für Facebook, Wii oder Skateboarding entschieden haben. Als ich die Gästeliste der Oscar-Verleihung im Internet durchscrollte, fiel mir auf, wie viele Männer jetzt ihren Bart und ihre Haare trugen wie Brad Pitt. Der viel beschworene Individualismus ist ein Bluff. Als ich auf die Idee kam, die Wohnung mit stilvollen Tapeten zu tapezieren, weil ich die weißen Wände leid war, hielt ich mich für unheimlich originell, bis mir der Verkäufer erklärte, dass der Trend momentan sehr angesagt sei. Das geht jedem so. Aber in einer Gesellschaft, der das Ego heilig ist, ist es eine schwere Beleidigung, wenn man feststellt, eigentlich recht durchschnittlich zu sein, einer, der bei jedem Trend dabei ist. Den Trendvermeidungstrend gibt es natürlich auch schon längst. Die Pointe ist, dass genau jene emanzipatorischen Werte, die einst von der linken Konsumkritik gegen die Konsumgesellschaft in Stellung gebracht wurden, heute die Kernideologie der Werbung bilden: »Ich will so bleiben, wie ich bin« (Du darfst), »Nichts ist unmöglich« (Toyota), »Wohnst du noch oder lebst du schon? (Ikea), »Wir erfinden das Normale neu« (Amazon), »Das wird dein Leben verändern« (Wella) und so weiter. Eine intelligente Konsumkritik müsste darauf eingehen und sich die Frage stellen: Warum macht uns gerade die Selbstinszenierung nicht glücklich, sondern ist zu einem Überbietungswettlauf geworden? Und wie kommen wir da wieder raus?

Die Maximierung aller Glücksgüter würde uns kein bisschen glücklicher machen.

Die Wirtschaft verweigert diesen Dialog. Sie erhebt nicht mal den Anspruch, auf den Inszenierungskonsum und dessen frustrierende Folgen einzugehen. Doch wenn es stimmt, dass der Konsumismus zu einer Art »Glücksvorstellung« wurde und das wirtschaftliche Wachstum seine »Funktionsbedingung« ist, wie der Soziologe Manfred Prisching schreibt, dann kann sich die Wirtschaft nicht hinstellen und sagen: Wir freuen uns, dass unsere Produkte so gut bei den Menschen ankommen, und werden die Nachfrage gern weiter befriedigen. Es geht um mehr, als Waren auszuliefern und Kunden freundlich zu bedienen. Kaufen erfüllt heute eine identitätsbildende Funktion. Kaufen soll dem Glück dienen und verfehlt dieses Ziel offensichtlich. Da ist es ein bisschen wenig, wenn die Wirtschaft nur auf die Freuden eines reichhaltigen Warenangebots hinweist und sich aus dem kulturellen Diskurs über die Frage »Wie wollen wir leben?« schlicht ausklinkt. Ich muss zugeben: Mehr als das Lob der Güterfülle hätte ich damals von den Journalisten bei ihrem Bericht über die Soziale Marktwirtschaft auch nicht verlangt, und es wäre eindeutig zu wenig gewesen.

Denn das Lob der Güterfülle ist nicht mehr als die schlichte Botschaft: »Nie ging es uns so gut wie heute« – und lasst uns bitte mit Sinnfragen in Ruhe. Aber kann die Wirtschaft auf der einen Seite mit Werbung in jedes Kinderzimmer eindringen und jeden Bürger über digitale Tracking-Verfahren total ausforschen und dann so tun, als sei Konsum Privatsache? So als ob sich souveräne Konsumenten im wachsenden Warenparadies schlicht das aussuchten, was sie brauchen? Die Apple-Werbung trifft den Bluff am besten: Da ist alles so easy. Die Welt wird einfacher und leicht bedienbar, die Produkte helfen uns ein bisschen, die Arbeit schneller zu erledigen, wir haben Spaß mit Freunden und tragen dazu bei, die Welt zu einem besseren Ort zu machen. Schon bei Foxconn in China glaubt das keiner, und die User, die in einer geschlossenen Kaufumgebung abgezockt werden, auch nicht (mehr lange) …

»Wohlstand für alle« war das Ziel. Den haben wir. Seit 1930 hat sich das Bruttoinlandsprodukt versiebzehnfacht, seit 1960 verfünffacht. Was wollen wir also noch? Diese Frage beantwortet die Wirtschaft nicht. Auch nicht die Werbung oder die Politik. Sie machen sich's einfach und sagen: Alle haben noch nicht genug Wohlstand. Mehr ist besser als weniger. Die Armen müssen noch aufholen. Es gibt noch so viel Neues zu entdecken und zu produzieren. Die Steigerung des Konsums darf nicht aufhören.

Der Markt kann mit völlig zufriedenen Kunden nichts anfangen. Wären die Menschen mit dem zufrieden, was sie haben, drohte der Stillstand. Was, wenn sie anfangen würden, die Güter wie früher an die nächste Generation weiterzugeben? Wie absurd ist das denn! Würden die Verbraucher verstärkt auf Haltbarkeit achten statt auf Mode und Innovation, brächen die Umsätze ein. Dieser Zusammenhang liegt jedem Jahreswirtschaftsbericht zugrunde, der die Chancen auslotet, das Wachstum zu erhöhen und die Binnennachfrage anzukurbeln: Ohne Steigerung fliegt uns der ganze Laden um die Ohren.

Wir müssen uns klarmachen, was das bedeutet: Der Konsumismus ist die Abkehr von einer Praxis des »guten Lebens«, wie sie durch die aristotelische Tradition in Europa oder in der asiatischen Philosophie über Jahrtausende gelehrt und gelebt wurde. Er ist die Abkehr von einem Leben nach menschlichem Maß, das ein Gleichgewicht sucht und eine Balance finden will zwischen einem Zuviel und einem Zuwenig an Bedürfnissen und Genüssen. Begierden und Lust sind gut, wenn das Maß eingehalten wird. Und ein gelungenes Leben besteht darin, dieses Maß für sich selbst gefunden zu haben. Die Mitte ist ein Gleichgewicht. In einem gelungenen Leben reift die persönliche Identität, sie erfindet sich nicht ständig neu. Genuss wird kultiviert, was Kennerschaft voraussetzt, also Überzeugungen und Standpunkte, die unabhängig davon sind, wie viel produziert oder konsumiert wird. Ein Übermaß an Reichtum ist genauso schädlich wie ein Mangel an Wohlstand. Glück bedeutet, ein gutes Leben führen zu können. Es ist nur zu einem geringen Teil steuerbar, denn das Schicksal kann einem wichtige Glücksgüter wie Vermögen, Gesundheit oder Kinder vorenthalten. Es hängt auch an der eigenen Persönlichkeit, an der Fähigkeit zur Kontemplation. Auch diese ist nur in Grenzen veränderbar.

Das gute Leben ist weder ein Aufruf zur Askese noch ein Jammern über Leute, die Spaß haben. Beides wäre ganz falsch. Ein gutes Leben schließt zwar auch oberflächliche Genüsse nicht aus, aber es zieht verfeinerte Genüsse vor. Es fordert lediglich Klugheit ein: Wir sind auf Dauer mehr befriedigt, wenn wir die Dinge nicht ausreizen, sondern maßhalten. Das Glück ist nicht verfügbar. Wenn man ihm nachjagt, verfehlt man es, und die Maximierung aller Glücksgüter würde uns kein bisschen glücklicher machen. Die Überbietungslogik, die den heutigen Konsumismus treibt, ist der direkte Weg in die Unzufriedenheit. Denn wenn ich erst einmal damit beginne, meine Persönlichkeit durch den Wechsel von coolen Designs, Stilen und Images oder durch die Auswahl eines gerade passenden Habitus ständig neu zu erfinden, tappe ich in die Sättigungsfalle: Schon morgen ist das Neue veraltet und normal. Wer will schon normal sein? Also muss es ständig überboten werden. Es gibt kein Ende der Optionen, und je schneller die anderen sich drehen, desto schneller muss ich mich mitdrehen. Das macht Stress: Sind wir noch up to date, haben wir die richtige Identität gewählt, oder sollten wir den Musikgeschmack, den Lieblingsschauspieler, die Sportart wechseln? Darf man noch Fleisch essen und Bagels, oder ist es cooler, auf Sushi und Rohkost umzusteigen? Der Buddhakopf auf dem Sideboard signalisiert multikulturelle Offenheit, die gut mit dem antiken Bauernschrank korrespondiert, Opa war doch Bauer. Aber morgen muss die Terrasse vergrößert werden, denn Urban Gardening wollten wir doch schon immer mal ausprobieren.[5]

Nutzenmaximierung und Überbietung sind das Gegenteil von Balance und Maß. Der Konsumismus ist auf Nutzenmaximierung und Steigerung angewiesen, sonst implodiert er, und der Traum vom ewigen Fortschritt der Innovationen, neuen Möglichkeiten und der schrankenlosen Selbstentfaltung platzt. Der Konsum befindet sich, ähnlich wie die Arbeitsproduktivität, in einer ständigen Steigerungsspirale. Wo soll das enden? Lediglich die Ökologen fragen, ob die Ökosysteme ein Konsumniveau für neun Milliarden Menschen auf der Höhe der deutschen Oberschicht aushalten. Nachhaltigkeit ist aber etwas anderes als eine Diskussion darüber, wie wir eigentlich leben wollen. Diese Frage ist merkwürdig tabu. Wer sie stellt, beeilt sich, gleich zu versichern, er wolle um Gottes willen nicht bestimmte Lebensentwürfe kritisieren oder die freie Entfaltung der Persönlichkeit behindern. Die Zeitungen sind voll von Artikeln, die beispielsweise den hohen Fleischkonsum oder billige T-Shirts kritisieren, weil damit Ressourcen vergeudet oder Kinder in Indien ausgebeutet werden.

Man hört aber kaum, dass Billigfleisch einfach schlecht schmeckt und es klüger wäre, seltener, aber dafür besseres Fleisch zu essen, und dass hochwertige Kleidung einfach besser aussieht, länger hält und in Form bleibt. Sämtliche Produkte lassen sich sowohl nach ihrer Nachhaltigkeit befragen als auch nach ihrer Eignung für ein gutes Leben. Die Antworten werden da je nach Geschmack und Lebensentwurf anders ausfallen, aber gerade das ist doch das Spannende. Warum kauft einer ein Smartphone, von dessen zig Funktionen er nur fünf Prozent nutzt? Warum reisen wir drei Tage nach New York oder zwei zum Skifahren nach Zermatt? Die Antworten sind für die eigene Persönlichkeitserkenntnis erhellender, als man glaubt. Wovor laufen wir davon? Wem wollen wir etwas beweisen? Drücken wir eine Sehnsucht aus oder kompensieren wir ein uneingestandenes Gefühl? Weshalb diskutieren wir so selten darüber, wie wir unser Einkommen überhaupt verwenden: Warum wir nicht mehr Geld für hochwertigen Konsum ausgeben oder mehr für Sport, Musik, Kultur, und dafür Dinge aufgeben, die sich als wertlos herausgestellt haben? Warum ist es uns so unwichtig, ob die Produkte die identitätskonstituierende Bedeutung, die ihnen zugeschrieben wird, auch tatsächlich einlösen, und wie weit die Ich-Inszenierer damit kommen? Macht die Harley mit 55 tatsächlich frei? Unterstreicht das Tattoo meine Einzigartigkeit oder ist es nur Ausdruck einer schwer abwaschbaren Laune? Dass die Antworten nicht für jeden gleich ausfallen, spricht nicht gegen die Frage. Die Lebensaufgabe besteht ja gerade darin, das Maß und das gute Leben für sich selbst zu finden.

Immer intensiver, extremer, geiler – und immer unzufriedener.

So hat der Sieg der Selbstentfaltungswerte die Kritik am Konsumismus mundtot gemacht. Das romantische Selbst ist heute dann ganz bei sich, wenn es ausruft: »It really changed my life« – es hat mein Leben verändert. Vom Erweckungsgottesdienst über die Castingshow bis zum Beitritt zu Facebook – *it really changed my life.* Etwas Großartigeres kann man von einem Event nicht sagen. Besonders in der amerikanischen Öffentlichkeit wird dieser Satz in extenso zelebriert. Das Romantische daran ist die Idee der totalen Verwandlung in etwas Außergewöhnliches. Als ob Jesus in mein Leben tritt und mich in einen »neuen Menschen« verwandelt (Kol 3,9). Das romantische Selbst fragt, was ein Produkt zu seiner Selbsterschaffung beiträgt. Wenn sich dieses Selbst ständig wandeln muss, weil es doch kreativ ist und immerfort außergewöhnlich, dann benötigt es dazu viele Produkte. Das romantische Selbst braucht die Konsumkultur, wie die Konsumindustrie von der immensen Nachfrage des romantischen Selbst profitiert. Die stille Übereinkunft beider lautet: Egal, was du kaufst, kaufen ist nie falsch.

Dagegen geht es aus der Perspektive des guten Lebens darum, die Steigerungsspirale anzuhalten, denn sie erhöht die Unzufriedenheit. Die Unzufriedenheit hat viele Ursachen:

Eine ist der Überbietungswettbewerb. Weil für die Inszenierung der kreativen Einzigartigkeit jedes Menschen nichts schlimmer ist als Normalität, muss sie ständig überboten werden. Das, was eben noch cool war oder zu sein vorgab, läuft schnell in Sättigungseffekte hinein und muss ausgewechselt oder gesteigert werden. Die Angebote müssen reizvoller, intensiver, extremer, »geiler« werden. Die Welt wird zu einer Vorläufigkeit, zu einem Provisorium, denn im Modus der Steigerung kann das Ziel nie erreicht werden. Das Leben fängt immer erst in der Zukunft an.[6] Die Überbietung produziert die permanente Unzufriedenheit.

Die Glücksforschung zeigt demgegenüber, wie wichtig Konstanz im Leben ist. Sie unterscheidet sogar zwischen kurzfristigem Glück (der sonnige Frühlingsmorgen), Flow, der uns überflutet, wenn ein Ziel über längere Zeit hinweg verfolgt wird (Bergbesteigung), und langfristigem Lebenssinn, der sich einstellt, wenn der Mensch auf Erreichtes zurückblickt und Stolz entwickelt auf das, wofür er bindende Verantwortung übernommen hat (Bäckermeister). Konstanz hindert einen jedoch im Überbietungswettbewerb um Positionierungen. Wie viele Ich-Inszenierungen versäume ich, wenn ich mich mal auf eine festgelegt habe? Wer so denkt, hat viel Frust. Er läuft in einer hedonistischen Tretmühle.[7]

Die vielen Wahlmöglichkeiten sind einerseits sicherlich ein Gewinn an Freiheit, der sich glücksfördernd auswirkt. Andererseits schreibt Peter Sloterdijk: »Die Welt ist eine Speisekarte, da heißt es bestellen und nicht verzweifeln.«[8] Die Zahl der Möglichkeiten steigt und damit auch die Angst, nicht die richtige Wahl getroffen zu haben. Es gibt immer noch eine bessere Alternative. Das gilt für den Konsum, aber auch für alle anderen Bereiche des Lebens: die Wahl des Berufs oder des Partners.[9] Alles kann so, aber auch anders gehen. Weil alles machbar und revidierbar erscheint – bis hin zu Alter und Geschlecht –, stellt sich die Frage beim Blick in den Spiegel: Wieso siehst du denn so alt aus? Und verschärfend: Warum tust du nichts dagegen? Oder beim Blick auf den Kontoauszug: Wieso verdienst du so wenig?

Wer selbst wählt, ist auch selbst schuld.

Da der Einzelne selbst wählt, ist er auch selbst schuld an den Resultaten. Geht die Sache schief, hat er es selbst vermasselt. Eigenverantwortung nennen wir das. Ihre Kehrseite sind Schuld- und Ohnmachtsgefühle. Viele leiden unter dem Druck, die Erwartungen, die sie an sich selbst stellen, nicht zu erfüllen. Ein zufriedener Konsument zu sein, ist das Glücksversprechen, das der Einzelne einlösen muss, um in der Gesellschaft respektiert zu werden. Sie haben richtig gelesen: Der Einzelne hat das Glücksversprechen der Konsumindustrie einzulösen. Apple, Hollywood und der neue BMW M6 haben ihren Teil dazu schon getan. Jetzt sind Sie dran! Der Konformitätsdruck ist hoch. Es wird mehr denn je erwartet, dass man sein Glück selbst schmiedet und dafür seine Lebensführung kontrolliert. So tolerant ist die Selbstentfaltungskultur auch wieder nicht. Eine Studie zeigte jüngst, die Gesellschaft erwarte, dass sich Magersüchtige oder Fettleibige einfach mehr am Riemen reißen sollten.[10] Selbstvorwürfe und schlechtes Gewissen begleiten den Konsumenten auf Schritt und Tritt, und er erfährt kaum Entlastung durch andere, sei es durch die Familie oder Institutionen, denn diese sind instabiler geworden. So mindern die Ängste, etwas falsch gewählt zu haben, etwas zu verpassen und die Schuld für das eigene Scheitern zu tragen, die Vorteile der vielen Wahlmöglichkeiten.[11]

Im Überbietungswettbewerb, in dem sich die Konsumgesellschaft befindet, verkümmert auch unsere Fähigkeit zu genießen. Obwohl Genussangebote nahezu immer und überall verfügbar sind, verlernen die Deutschen das Genießen immer mehr. Die empirischen Befunde sind eindeutig: Zwar macht der Genuss für 91 Prozent der Deutschen das Leben erst lebenswert, aber ganze 46 Prozent geben an, dass es ihnen im stressigen Alltag immer seltener gelingt, wirklich etwas zu genießen, bei den Jüngeren sind es sogar 55 Prozent.[12] Die Menschen stehen unter »Genuss-Druck«, weil sie unbedingt an den multiplen Genussoptionen partizipieren möchten, und es kommt zu »Genuss-Neid« auf diejenigen, die in der Lage sind, die Genussangebote auszukosten. »So bekommt Genuss schon fast etwas Zwanghaftes und hemmt in der Folge die eigene Genussfähigkeit«, heißt es in der Studie des Rheingold Instituts. Es wundert nicht, dass die Steigerungslogik gerade beim Glück und beim Genuss versagt. Beides benötigt Zeit und Hingabe und die Fähigkeit, sich dem Geschehen zu überlassen. Man kann den genussvollen Moment und das Glück nicht erzwingen, man kann versuchen, die Chancen für beides zu erhöhen, aber ob man sich verliebt, ob der Abend gelingt, ob die erhoffte Entspannung sich einstellt, ob der neue Kollege ein Freund wird – es lässt sich nicht beliebig herstellen, es kann nicht willkürlich ausgedehnt werden, es ist in seiner Dauer unweigerlich begrenzt. Es entzieht sich der Steigerungslogik. Geschmacksbildung ist keine Maximierung, sondern ein Balancieren. Ausgerechnet beim Genuss sind Leistungsethik und Konsumismus eine glücksfeindliche Verbindung eingegangen: 81 Prozent der Deutschen sagen, dass Genuss nach einer Legitimation verlangt: Vor dem Genuss muss eine Leistung erbracht werden, sonst erlaubt man sich den Genuss nicht. Nur 1 Prozent der Befragten hatte nicht das Gefühl, sich Genuss »verdienen« zu müssen. Selbst beim Genuss verhalten sich die meisten Deutschen kontrolliert.

Der Urpuritaner kann sich freuen: Auch heute können wir nicht unbefangen genießen.

Max Weber hatte den puritanischen Geist, der dem westlichen Kapitalismus zugrunde liegt, beschrieben als das Streben nach »Geld und immer mehr Geld ... unter strengster Vermeidung alles unbefangenen Genießens«.[13] Das Leben des Puritaners sei »gänzlich aller eudämonistischen oder gar hedonistischen Gesichtspunkte entkleidet«, sodass Weber deren Lebensauffassung als etwas »schlechthin Irrationales« bezeichnet. Die radikale Genuss- und Glücksfeindschaft der Puritaner war insofern irrational, als in anderen Kulturen oder auch in der Antike und Renaissance die Menschen arbeiteten, um zu leben – und nicht lebten, um zu arbeiten. Menschen, die in Zeiten existierten, als ein »gutes Leben« noch angestrebt wurde, wären nicht stolz darauf gewesen, 14 Stunden am Tag zu arbeiten oder darauf, Genuss als Sünde zu betrachten. Trotz aller Luxusfeindlichkeit des Katholizismus war zumindest der Gedanke eines guten Lebens verbreitet. Katholische Kulturen haben Tänze entwickelt, in denen Erotik gewollt ist und kultiviert wird: Tango, Samba, Cha-Cha-Cha, Rumba, Bossa nova. Protestantische Kulturen haben Tänze entwickelt, die auf Ausdauer und Leistung setzen und Erotik an den Rand drängen: Boogie-Woogie, Rock 'n' Roll, Disco. »Die innerweltliche protestantische Askese« wirkte, wie Weber treffsicher analysierte, »mit voller Wucht gegen den unbefangenen Genuss des Besitzes, sie schnürt die Konsumption, speziell die Luxuskonsumtion, ein.«[14]

Angesichts des herrschenden Konsumismus scheint es offensichtlich, dass von dieser »Einschnürung der Konsumption« nichts mehr übrig geblieben ist. Das war in den 1960er Jahren die Befürchtung von Daniel Bell, den wir schon im ersten Kapitel kennengelernt haben. Bell meinte zum einen, dass die Arbeitsmoral vom Konsumismus zerstört werde, denn niemand könne im Betrieb diszipliniert und in der Freizeit hedonistisch sein. Diese Angst hat sich nicht bestätigt. Der psychische Arbeitsdruck ist heute härter als je zuvor. Zum anderen prophezeite Bell mit Blick auf die Hippies, dass die Gesellschaft sich der Faulenzerei und dem Wohlleben hingeben werde. Doch auch diese Angst hat sich (leider) nicht bestätigt. Unser Konsumstil hat keine Gesellschaft der Freude, des unbefangenen Genießens und des guten Lebens geschaffen. Die Urpuritaner wären zweifellos entsetzt, wenn sie den Luxus unserer Tage sehen würden. Aber ihre Mienen hätten sich aufgehellt, wenn sie die sozialwissenschaftlichen Befunde dazu gelesen hätten, wie unzufrieden die Menschen mit dem Konsum sind: Dass sie immer schlechter genießen können, dass sie keine Zeit zur Ruhe und Muße haben, dass der Konsum etwas Zwanghaftes hat, dass die Überbietungs- und Steigerungslogik unzufrieden macht, dass die Menschen andauernd vom schlechten Gewissen und von Schuldgefühlen[15] geplagt werden. In dieser Hinsicht haben die Puritaner ihr Ziel erreicht: Der Konsum macht nicht glücklich.

Die vormalige asketische »Einschränkung des Konsums« konnte aufgegeben und ein sogar hemmungsloser Konsum erlaubt werden, als sich herausstellte, dass die »romantische Konsumption«, die permanent nach dem Außergewöhnlichen sucht, in Übersteigerung und Erschöpfung mündet und das von den Puritanern gefürchtete gute Leben nicht eintritt, also das »unbefangene Genießen«. Zudem hält die Konsumnachfrage die Produktion hoch und erreicht sogar, dass dort noch härter gearbeitet wird als früher. Die von Weber dem Puritanismus zugeschriebene »Irrationalität« besteht radikalisiert fort. Auch heute leben wir, um zu arbeiten, und der Megakonsum erschöpft uns. Während es dem menschlichen Naturell und der Rationalität mehr entsprechen würde, wenn wir arbeiten, um gut zu leben, und konsumieren, was uns stärkt.

Diese Irrationalität findet sich auch in den beiden Hauptmotoren des aktuellen Konsumkapitalismus wieder: Die Ökonomie ignoriert völlig, dass wir in einer Überflussgesellschaft leben, und tut so, als bestünde das größte Problem der Wirtschaft darin, Knappheit zu vermeiden. Ihr Leitprinzip ist unverändert: Mehr ist besser als weniger. Das passte zu Adam Smiths Zeiten, als ein Großteil der Menschen tatsächlich nicht mehr als ein Hemd und eine Hose besaß und viele hungerten. Heute ist es eine einzige Apologie des Wachstums und der Beschleunigung.[16]

Dagegen besteht die Irrationalität des »romantischen Selbst« als dem vorherrschenden Sozialcharakter in der Sehnsucht, der Festlegung und der Konformität in eine imaginierte Einzigartigkeit und Außergewöhnlichkeit entfliehen zu können. In dieser Illusion wird es von der Kultur und der Werbung bestärkt. Die Enttäuschung ist vorprogrammiert, denn selbst der narzisstischste Charakter weiß nur zu gut, dass es mit der eigenen originellen Individualität nicht so weit her ist und die Selbstinszenierungen doch recht konventionell ausfallen. In diesem Scheitern liegt ein Hauptgrund für die »Erschöpfung des Selbst«. Damit setze ich mich im 5. Kapitel näher auseinander.

Ein Supermarkt führt im Schnitt über 40 000 Einzelprodukte, doch die Ökonomen behaupten immer noch, es reichte nicht für alle.

Richtung und Tempo bestimmen im Konsumismus also zwei Triebkräfte: die Produzenten, hinter denen renditehungrige Finanzmärkte Druck machen, und der romantische Sozialcharakter, der sich aus den Selbstentfaltungswerten der Kreativkultur speist. Ich habe beiden Irrationalität zugesprochen, weshalb ich beide Triebkräfte noch etwas genauer untersuchen will.

Aufseiten der Industrie wurden die ursprünglichen Ideen des Puritanismus am reinsten übernommen, sie wurden weiter radikalisiert, und es wird auch am zähesten an ihnen festgehalten. Ein Grundgesetz der Ökonomie lautet: »Mehr ist besser als weniger.« Das ist die Formel zur unbegrenzten Steigerung. Wir entscheiden uns, so die Annahme, vor die Wahl zwischen mehr oder weniger gestellt, immer für mehr. Ohne diese Annahme funktionieren die Nachfragegleichungen der Ökonomen nicht. Begründet wird das zum einen damit, dass unsere Bedürfnisse völlig unbegrenzt sind. Zum anderen damit, dass die Ressourcen, die uns zur Verfügung stehen, bei Weitem nicht ausreichen, um alle Bedürfnisse zu befriedigen. Es reicht nicht für alle.

Aber sehen wir uns mal um: Ein Supermarkt führt im Schnitt über 40 000 Einzelprodukte, ein Kaufhaus dreimal so viele. Die Regale in den Geschäften sind übervoll, und nur der »Sale« leert sie, damit die nächste Garnitur Platz hat. Wir leben, wie schon John Galbraith feststellte, in einer Überflussgesellschaft.[17] Haben wir wirklich einen Mangel an Arbeitskräften oder nicht doch eher das Problem, wie man die Arbeitslosen beschäftigt?[18] Auch die Produktionskapazitäten sind nicht knapp, sondern im Schnitt nur zu 80 Prozent ausgelastet. Es gibt wohl nur wenige Unternehmen, die Aufträge ablehnen, weil sie keine Kapazitäten mehr haben. Preise drücken nicht immer die Knappheit von Gütern aus, oft sind sie strategisch gewählt. Viele Güter werden künstlich verknappt, um den Preis zu diktieren. Der Ölpreis ist ein Preisdiktat, kein Gleichgewichtspreis im »System der Freiheit«. Preispolitik ist eine zentrale Managementaufgabe, wofür es spezialisierte Unternehmensberatungen gibt, niemand überlässt sie dem freien Spiel der Kräfte. Die wenigsten Preise, denen wir in unserem Konsumentendasein begegnen, sind das automatische Ergebnis eines freien Spiels von Angebot und Nachfrage.[19]

Genauso falsch ist die andere Seite der Annahme, dass unsere Bedürfnisse grenzenlos sind. Das wird besonders deutlich im Gesundheitsmarkt: Es gibt kein unendliches Bedürfnis der Menschen nach Zahnbehandlungen oder Herzschrittmachern. Wer auch bei Darmspiegelungen meint, hier würden die Menschen nach dem Prinzip »mehr ist besser als weniger« handeln, muss entweder Hypochonder sein oder Ökonom. Die wenigsten Menschen wollen ständig alles maximieren, die meisten sind mit einem bestimmten Optimum zufrieden und pflegen ihre privaten Bedürfnisse und Gewohnheiten.[20]

Wären wir von unendlichen Wünschen getrieben, müsste uns eine gigantische Marketingmaschine nicht ständig neue einreden.

Säßen wir ohne den Immer-mehr-Motor noch auf den Bäumen?

Neuerdings soll die Hirnforschung dazu herhalten, um den wissenschaftlichen Beweis zu führen, dass wir praktisch ununterbrochen nach neuen Reizen verlangen und »unendliche Bedürfnisse« deshalb unserer Natur entsprechen. »Bewiesen« wird das mit Hirnscans aus dem Magnetresonanztomographen, die das Feuern von Hirnarealen zeigen, wenn uns ein leckeres Steak oder eine attraktive Blondine vorgeführt wird. Seriöse Neuropsychologen geben freilich zu, dass die Lokalisation eines Vorgangs im Gehirn noch längst nicht erklärt, wie er funktioniert. Nach welchen Regeln das Gehirn Aktionen plant, wissen wir noch nicht einmal in Ansätzen. Das schreckt manche »Neuroökonomen« aber nicht von weitreichenden Behauptungen ab. Eine ist, dass unser Belohnungssystem, also das System, dass uns am Ende des Tages zur Brieftasche greifen lässt, besonders viel Dopamin (Glückshormone) freisetzt, wenn wir Neues wahrnehmen. »Ein neues Signal bedeutet immer Veränderung.« Daraus wird der Schluss gezogen, dass wir das Bestehende geringer schätzen als das Neue und angeblich ständig nach neuen und gesteigerten Reizen Ausschau halten. Ohne unser Belohnungssystem, heißt es in einem Bericht, lebten wir immer noch auf den Bäume, und »der Marsflug wäre keine Überlegung für uns«.[21] Einige Absätze später wird erklärt, dass das Belohnungssystem der Affen im Grunde nicht viel anders als unseres funktioniert. Da die Affen aber noch immer auf den Bäumen leben, könnte es sein, dass der Flug des Menschen zum Mond nichts mit dem neurologischen Belohnungssystem zu tun hat, sondern mit unserer Kultur. Das liegt auch nahe, denn die Amerikaner haben dasselbe angeborene Belohnungssystem wie die Nigerianer, die Brasilianer oder die Deutschen, und dennoch waren sie die bislang Einzigen auf dem Mond. Dasselbe menschliche Gehirn war im Mittelalter vergleichsweise faul und neuerungsfeindlich. Verhaltensökonomen behaupten, dass wir auch heute noch das sichere Bestehende dem unsicheren Neuen vorziehen.[22] Die Neuromarketing-Autoren neigen dazu, den Konsumenten des 21. Jahrhunderts mit dem »Naturzustand« gleichzusetzen. Das soll den Thesen universale Gültigkeit geben. Unendliche Bedürfnisse »des Gehirns« belegt die Hirnforschung jedenfalls nicht. Der welthistorisch sicherlich einmalige Konsumrausch, den wir derzeit erleben, ist nicht Ausdruck unserer menschlichen Natur, die jetzt erst so richtig zu sich selbst kommt, sondern ein Extremzustand. Hier waltet nicht die reine Vernunft oder eine ökonomische Rationalität, sondern eine kulturelle Mentalität, nämlich das puritanische Maximierungsgebot, die sich auf einem dynamischen Steigerungstrip befindet, den wir stoppen sollten, gerade wenn wir an unser Naturell, an ein gutes Leben und ein nachhaltiges Verhältnis zur Natur denken.

Man fragt sich, warum die Ökonomen mitten im Überfluss vom Knappheitstheorem nicht lassen können. Ein Grund ist historisch. Bei Adam Smith, dem Vordenker des modernen Kapitalismus, ist die Knappheit der Güter ein zentraler Baustein seiner Gleichgewichtstheorie. Wie Newton in der Physik bewies, dass Gott nicht ins Uhrwerk der Schöpfung eingreifen muss, weil sie nach klaren Gesetzen perfekt funktioniert, so schuf Smith die »invisible hand«, die in einem vollkommenen Markt die knappen Güter nicht nur am effizientesten, sondern auch am gerechtesten zuteilt. So ein Modell der perfekten Welt gibt man nicht gern auf. Generationen von Ökonomen von Léon Walras bis Eugene Fama haben seine Vollkommenheit mit allen mathematischen Tricks zu beweisen versucht. In der heilen Welt der Makroökonomie pendeln sich Angebot und Nachfrage von selbst im Optimum ein. Es ist die beste aller Welten, in die der Staat oder die Gesellschaft nicht eingreifen sollen. Natürlich ist diese blinde Marktgläubigkeit[23] naiv, das sagte schon Ludwig Erhard mit Blick auf die Finanzkrise 1929, und das gilt erst recht für die von 2008. Aber solange nichts Besseres da ist, halten die Ökonomen am Knappheitstheorem fest.[24]

Die Ökonomen lieben den die Knappheiten selbstregulierenden Markt aber noch aus einem anderen Grund: Der Markt hat immer recht.[25] Im Konsum offenbaren die Menschen ihre persönlichen Präferenzen. Sie kaufen, was sie zufrieden macht, sonst würden sie dafür kein Geld ausgeben. Wenn das Bruttoinlandsprodukt wächst, dann wachsen auch die Freiheit, das Glück, die Gestaltungsmöglichkeiten, die Gesundheit, der Wohlstand, alles – in der geschlossenen Welt der »offenbarten Präferenzen«[26] kann es per definitionem gar nicht anders sein. Die meisten Ökonomen sind unglaublich stolz darauf, dass sie als Wissenschaft vom menschlichen Verhalten (!) »vollkommen psychologiefrei«[27] über die Gründe und Dispositionen des wirtschaftenden Menschen spekulieren. Woher die Präferenzen kommen, welche Motive, Emotionen, Intuitionen es gibt, alles uninteressant!? Wie will ich leben? Wer will ich sein? Wer ist mir wichtig? Dort, wo die

Gründe für unser Verhalten anfangen, hört die Neugier des Ökonomen schon auf. Der Ökonom muss keine Werturteile fällen, für ihn darf es gar keinen »guten« oder »schlechten« Konsum geben, also auch gar keinen Begriff vom »guten Leben«. Über das gute Leben muss sich die Wirtschaft daher keinen Kopf machen, weil der Marktmechanismus ohnehin zum Optimum führt. Die Menschen treffen die Kaufentscheidungen, die sie glücklich machen. Wir leben also bereits in der besten aller Welten und je mehr die Wirtschaft wächst, desto besser wird die Welt.

Der Markt hat immer recht.

Genauso borniert denkt der deutsche Sachverständigenrat, eine Art oberstes Ökonomengremium. Es hält nichts davon, dass man Menschen nach ihrer Meinung fragt, wie das die Glücksforschung seit vielen Jahren tut und auch die französische Stiglitz-Sen-Fitoussi-Kommission empfiehlt, um von der einseitig auf Konsumwachstum orientierten Messung des Bruttoinlandsprodukts wegzukommen. Der Sachverständigenrat besteht dagegen darauf, »dass nämlich Fakten überzeugender sind als Worte und dass nichts die wahren Präferenzen mehr offenlegt als aktuelle Wahlentscheidungen. Aussagen über Präferenzen sind immer nur ein unzureichender oder gar in die falsche Richtung führender Ansatz für derartige Offenlegungen.«[28] Mit einem Wort: Nur Cash zählt. Jede Kaufentscheidung ist identisch mit Zufriedenheit. Wenn die Leute in Umfragen sagen, sie wollen weniger essen und weniger fernsehen, dann glaubt ihnen das der deutsche Sachverständigenrat einfach nicht. Denn sie haben ja den Fernseher gekauft. Und wenn sie meinen, zu viel zu essen, dann sollen sie einfach weniger einkaufen. Was keinen Preis hat, kann gar keinen Wert haben – Kindererziehung hat erst dann einen Wert, wenn die Kindergärtnerin dafür bezahlt wird. Wenn die Arbeiter nicht nach München-Grünwald ziehen, dann haben sie für solche Wohnlagen eben keine Präferenzen, nicht etwa zu wenig Geld, denn aus der Präferenz lässt sich ja nicht ableiten, welches Budget einer hat, da müsste man die Person schon kennenlernen und wissen wollen, wie Präferenzen geformt werden. Etwa, warum viele zwei Fernseher haben, wenn sie nur einen benutzen, oder warum sie x T-Shirts besitzen, von denen sie y nie anhatten. Aber all das will der Sachverständigenrat gar nicht wissen, denn es könnte ja herauskommen, dass die Wirtschaft unheimlich viel unnützes Zeug produziert und die Menschen vieles konsumieren, ohne zufrieden zu sein. Es könnte herauskommen, dass das Marktsystem doch nicht so effizient ist, wie es die Ökonomen gern hätten, und dass sie diese Ineffizienz mit ihren Methoden gar nicht erklären können. Da fragen sie lieber erst gar nicht. Der Markt legitimiert alles, und eine Diskussion der Menschen miteinander, wie sie leben wollen und wie sie sich fühlen, ist unzulässig, sie »führt in die falsche Richtung«. Die Menschen, so der Sachverständigenrat, sind einfach zu blöd: »Viele verleugnen, dass sich ihre Lebensqualität in den vergangenen Jahrzehnten deutlich erhöht hat, obwohl die Wertschöpfung und die damit verbundenen Konsummöglichkeiten ebenso zugenommen haben wie andere objektiv messbare Faktoren. Vor dem Hintergrund derartiger Fehleinschätzungen kann kaum dazu geraten werden, Maße des Wohlbefindens zu entwickeln und aus subjektiven Äußerungen sogar politische Handlungsempfehlungen abzuleiten.«[29] Mit einem

Wort: Was die Menschen fühlen und denken, sollte die Politik einfach ignorieren.[30] Sie hat ja die Ökonomen, und die sagen: Mehr ist besser als weniger. Was sonst?

Da gibt es keine Fragen mehr: Dass die heutige Überflussgesellschaft so viel ungenutzt wegwirft – sie wird schon wissen, warum. Dass die Lebenszyklen der Produkte immer kürzer werden, um den Durchlauf zu erhöhen – das ist Fortschritt. Dass so viel Ramsch hergestellt wird – über Geschmack lässt sich nicht streiten? Der Ökonom sträubt sich mit Händen und Füßen dagegen, auch nur ein einziges Qualitätsurteil abzugeben, das dem Markturteil widerspricht. Ob Brot und Brötchen täglich von Tausenden Bäckern frisch gebacken auf dem Frühstückstisch landen oder von drei Großfilialisten aus osteuropäischen Kühlhäusern zum Aufbacken importiert werden – das sind Sentimentalitäten. Privat, ja da schmecken dem Sachverständigenrat die Wattebrötchen auch nicht und das TV-Programm findet er grottenschlecht, aber als Ökonom kann er sich kein Urteil erlauben. Ob eine Gesellschaft geschlossen bei McDonald's isst oder Slow Food genießt, das eine ist so richtig wie das andere. Ob die Schüler ihr Pausenbrot verzehren oder Crack rauchen – »revealed preferences«, was sonst.

Ein bisschen armselig ist dieses »Mehr ist besser als weniger« schon. Es ist ja schön, dass uns die Ökonomen nicht bevormunden wollen, aber erstens stimmt das nicht, und zweitens klinken sich die Ökonomie und erst recht die Wirtschaft durch das Denkverbot über das, was ein gutes Leben ausmacht, aus der gesellschaftlichen Debatte aus. Ich habe den Eindruck, dass die Wirtschaft Angst hat, diese Debatte zu verlieren, weil sie auf der Anklagebank sitzt. Statt nett gelobt zu werden, was für schöne und brauchbare Sachen sie produziert, muss sie sich im Nahkampf mit der Wegwerfgesellschaft und dem Sinn und Unsinn von Produkten auseinandersetzen. Da scheint es einfacher, die Konsumentensouveränität hochzuhalten und den Verteidiger der Freiheit zu spielen. Die Wirtschaft wird sich der Debatte um Entschleunigung, um Slow Food, Slow Citys, um das, »wie wir leben wollen«, nicht entziehen können. Wenn sie nicht aufpasst, ergeht es ihr wie bei der Frauenquote. Wie Schuljungen haben sich die stolzen DAX-Vorstände von einer Ministerin wegen des geringen Frauenanteils in den Chefetagen abkanzeln lassen. Eine eigene Position dazu haben sie nie kommuniziert, sie folgten dem Mainstream und hofften, dass die Männerdominanz irgendwie übersehen wird. Die Debatte über die Entschleunigung und über das »gute Leben« kommt jetzt in Gang. Wenn sie schlecht läuft, wird sie zum Vorwand für Staatsinterventionismus, wenn sie gut läuft, dann gestaltet die Gesellschaft die Entschleunigung selbst, durch Verhaltensänderungen und neu designte Märkte. Um da mitreden zu können, muss man aber erst mal wissen, was man will. Es wäre im eigenen Interesse der Wirtschaft, wenn sie sich nicht hinter der Konsumentensouveränität und dem Marktoptimum verstecken würde.

Eine liberale Gesellschaft kann auch den Markt korrigieren.

Eine liberale Gesellschaft ist etwas anderes als eine wirtschaftsliberale Gesellschaft. Sie setzt sich auch Ziele, die nicht durch den Markt formuliert wurden, sondern in einer demokratischen Öffentlichkeit. Schauen wir nur auf die Kaufentscheidungen, dann gibt es beispielsweise Millionen Raucher, Millionen Übergewichtige und Millionen vor dem Fernseher verschnarchte Freizeitstunden. Schauen wir auf Meinungsumfragen, wollen Millionen Deutsche weniger rauchen, gesünder leben und weniger fernsehen.[31] Zwischen Markt und Umfragen gibt es offenbar eine Diskrepanz. Warum aber sollten wir nur das als Meinung gelten lassen, was sich in Form von Geld an der Supermarktkasse ausdrückt? Der Mensch handelt nicht konsistent und braucht das auch gar nicht. Das Leitbild des total emotionslosen vernunftgesteuerten Kopfmenschen ist doch selbst nur eine realitätsferne Konstruktion. Der Psychologe Gerd Gigerenzer hat gezeigt, dass intuitive Bauchentscheidungen oft klüger und praktischer sind als Entscheidungen mit dem Logikschieber.[32]

Es geht also nicht darum, ob wir beispielsweise die Qualität des Fernsehprogramms oder die Verweildauer vor dem Fernseher als Gesellschaft beeinflussen dürfen – das tun wir ohnehin, indem Firmen bestimmte Sendungen mit Werbung fördern oder der Staat Filme subventioniert.[33] Das eigentliche Problem ist, wie man Verhaltensbeeinflussungen ohne Schaden an der Souveränität der Verbraucher und der Sendereigentümer durchsetzt. Wer länger als dreißig Minuten täglich vor dem TV sitzt, ist nachweislich weniger zufrieden als Menschen mit weniger Fernsehkonsum. Das Problem darf die Gesellschaft interessieren. Vielleicht ist die Subventionierung der TV-Gebühr für Hartz-IV-Empfänger gar kein so fürsorglicher Akt, sondern ein Beitrag zum Unglücklichsein.

Eine liberale Gesellschaft kann auch den Markt korrigieren. Warum soll sie sich nicht für eine mittelständische Wirtschaftsstruktur aussprechen und die Rahmenbedingungen so gestalten, dass diese bessere Chancen auf dem Markt hat als globale Konzerne? Deutschland hat 1533 mittelständische Weltmarktführer, denen es seinen Wohlstand und seine Anerkennung als Industriestaat verdankt. Dennoch werden derzeit globale Konzerne bevorzugt.[34] Amazon und Apple zahlen beispielsweise kaum Steuern, Mittelständler schon. Das kann die Gesellschaft doch umdrehen und beschließen, den Mittelstand zu bevorzugen – im vollen Bewusstsein, dass wenige Großanbieter durchaus »effizienter« sein können als Hunderte kleine. Aber Effizienz ist eben kein Höchstwert, sie ist nur ein Höchstwert der reinen Marktökonomie. Klar, für solche »Ineffizienz« muss es schon gute Gründe geben, sie ist selbstverständlich nicht per se schützenswert.

Eine liberale Gesellschaft kann eine hohe Produktqualität zum Ziel erheben und die Märkte so konstruieren, dass Ramschanbieter Schwierigkeiten haben. Das wird nicht immer leicht sein, denn das Design von Märkten erfordert viel Erfahrung und Konsequenz[35], aber im Grunde schwebte das auch den Gründungsvätern der Sozialen Marktwirtschaft vor. Wilhelm Röpke, einer ihrer Vordenker, sagte, dass das Geschäftsleben auf moralischen Grundlagen beruht, die außerhalb seiner selbst liegen: »Markt, Wettbewerb und das Spiel von Angebot und Nachfrage erzeugen jene sittlichen Reserven nicht. Sie setzen sie voraus und verbrauchen sie.«[36] Der Markt ist vor allem ein gutes Instrument, um über den Preis Angebot und Nachfrage optimal zu verteilen. Da ist er unschlagbar.

Doch jeder Markt benötigt ein anderes Design: der Strommarkt ein anderes als der Immobilien- oder Kapitalmarkt. Weil die Verhältnisse dort je andere sind. Die Gesellschaft verfolgt bestimmte soziale Ziele und gibt diese der Marktarchitektur vor. Auf dem Wohnungsmarkt wollen wir einen bestimmten Grad an Mieterschutz, weil ein freier Wohnungsmarkt Wohnraum für Geringverdiener nicht ausreichend anbietet. Es lohnt sich für Vermieter nicht. Also greift der Staat mit der Förderung für Geringverdiener ein.[37] Im Strommarkt muss der Staat ein Verbot von Energieversorgungsausfällen vorschreiben, sonst könnte es sich für Kraftwerke rentieren, kleine Ausfälle in Kauf zu nehmen, weil die Abdeckung von Verbrauchsspitzen zu viel kostet. Banken muss der Staat das Zocken verbieten und sie zu einer hohen Eigenkapitalquote zwingen, sonst wiederholt sich der Crash von 2008. Statt hoher Gebühren für den Staatsrundfunk könnte die Gesellschaft umgekehrt dem Privatfernsehen Qualitätsvorgaben machen. Wenn wir uns in Zukunft dem guten Leben zuwenden und den Turbokapitalismus entschleunigen wollen, dann werden wir einigen Schrott und Überflüssiges entrümpeln und auf Qualität setzen müssen, auf längere Produktzyklen, auf bessere Haltbarkeit, weniger Scheininnovationen. Es geht vor allem darum, dass wir das Prinzip »Mehr ist besser als weniger« durchbrechen. Es ist eine zentrale Grundlage der Steigerungslogik und eine Hauptquelle unserer Unzufriedenheit.

»Carpe diem« oder »Zeit ist Geld«.

Dazu ist es nötig, auf die puritanische Herkunft des Glaubenssatzes »Mehr ist besser als weniger« hinzuweisen. Denn wenn wir erst mal wissen, dass dieses ökonomische Prinzip weder eine empirische Tatsache noch eine natürliche Verhaltenskonstante ist, wie die Ökonomen gern behaupten, dann fällt der Abschied vielleicht leichter. So bietet die Völkerkunde keinerlei Anhaltspunkte, dass Nutzenmaximierung in traditionellen oder Agrargesellschaften je eine größere Bedeutung gehabt hätte. Bei den Kwakiutl-Indianern im amerikanischen Nordwesten geben die Wohlhabenden in periodischen Abständen Potlatch-Feste, deren Höhepunkt darin besteht, dass der Veranstalter sein gesamtes Eigentum verschenkt und so seine Zugehörigkeit zur Gemeinschaft und seinen Status dokumentiert. Es ist klar, dass die US-Behörden die Sitte verboten haben, weil sie ökonomisch ruinös ist und nicht dem puritanischen »Mehr ist besser als weniger« gehorcht.

In der Antike galt der Spruch »carpe diem«, wörtlich übersetzt »pflücke den Tag«. Er verwies auf ein gelingendes Leben und mahnte, das Leben zu genießen und im Hier und Jetzt zu leben. Die Zeit hat ihren Wert für sich, egal ob ich sie mit Freunden, mit Musik oder mit Arbeit verbringe oder einfach nur vertrödele, es ist angesichts unserer Vergänglichkeit klug, den Augenblick zu genießen. Die deutsche Übersetzung »Nutze den Tag« (etwa beim Preußen Fontane) gibt schon die protestantische Interpretation wieder. Sie entspricht Benjamin Franklins Spruch »Zeit ist Geld«, den er jedem »jungen Geschäftsmann« dringend als Handlungsimperativ anempfiehlt. In Max Webers *Protestantischer Ethik* ist Franklins Maxime der Inbegriff des kapitalistischen Geistes. Denn die Zeit wird ausschließlich nach dem Gesichtspunkt der Opportunitätskosten betrachtet. Nur Zeit, die in Geld verwandelt werden kann, zählt. Zeit, in der gefaulenzt wird, so Franklin, ist verlorene Zeit, und die Zinsen, die das so nicht erarbeitete Geld hätte abwerfen können, sind verloren. »Die Zeit ist der nicht erwirtschaftete, geldwerte Zins für Arbeit, welche hätte geleistet werden können und sollen! Nicht das gelingende Leben ist erstrebenswert, sondern die Nutzenmaximierung im Sinne von Profitmaximierung gilt fortan als normative Verhaltensmaxime.«[38] Der Mensch hat jetzt »nur noch Bedürfnis nach Nutzen«, schreibt Adelheid Biesecker, »er hat jetzt kein Bedürfnis nach Zeit mehr«.[39] Das Bedürfnis nach Zeit widerlegt die neoklassische Grundannahme unendlicher Bedürfnisse. Wer das Bedürfnis hat, nichts zu tun, hat offenbar keine unendlichen Bedürfnisse und keinen Mangel. Wer sich hinlegt, um zu schlafen, hat keine Opportunitätskosten, er muss und er will schlafen und sonst nichts.

Damit wäre allein ein Drittel der Lebenszeit ausgefüllt durch eine »Tätigkeit« völlig ohne Opportunitätskosten. Kein Wunder, dass der Schlaf, der dem müßiggängerischen Faulenzen so ähnlich ist, dem Puritaner seit jeher höchst verdächtig ist, denn er stellt die totale Nutzbarmachung der Zeit fundamental infrage. Die Amerikaner leiden heute unter chronischem Schlafmangel, und das hat seine kulturellen Gründe, die schon Max Weber beschrieb: »Zeitvergeudung ist also die erste und prinzipiell schwerste aller Sünden. Die Zeitspanne des Lebens ist unendlich kurz und kostbar, um die eigene Berufung festzumachen. Zeitverlust durch Geselligkeit, ›faules Gerede‹, Luxus, selbst durch mehr als der Gesundheit nötigen Schlaf – 6 bis 8 Stunden – ist sittlich absolut verwerflich.«[40] Zeit ist nur wertvoll, wenn sie in Geld messbaren Nutzen bringt. Wer täglich zehn Schillinge verdienen könne und den halben Tag spazieren gehe, verschwende die fünf Schillinge, die er in dieser Zeit hätte verdienen können, schrieb Franklin: »Wer ein Fünfschillingstück umbringt, mordet alles, was damit hätte produziert werden können, ganze Kolonnen von Pfund Sterling.«[41] Wer auf Rendite verzichtet, sündigt gegen Gott. Wer nicht ruhelos arbeitet, ist ein unproduktives Element der Gesellschaft.

Charakteristisch für die Einstellung der Puritaner zur Sinnlichkeit war, wie Max Weber ausführt, dass »die Freude an den rein ästhetischen oder sportlichen Genüssen« eine entscheidende Grenze hat: »Sie dürfen nichts kosten.«[42] Was sowohl finanziell als auch zeitlich gilt. Da der Mensch nichts wirklich besitzt, sondern alles lediglich (auf Zeit!) von Gott überlassen bekommt, droht die Gefahr, dass Gott den Sünder verdammt, der seine Zeit zum eigenen Genuss verausgabt. Daher der puritanische Drang, alles irgendwie nützlich erscheinen zu lassen: Sport dient der Ertüchtigung des Körpers für noch mehr Leistungsfähigkeit im Beruf. Coaching für mehr Arbeitszufriedenheit macht die Gecoachten noch produktiver. Charity ist dann gut, wenn es sich rechnet und dem Ansehen des Sponsors nützt. Compliance-Regeln etwa zur Korruptionseindämmung erschweren nicht etwa das Geschäft, sondern nützen ihm. Eine Tätigkeit, die den Nutzen nicht steigert, ist eine unerlaubte Tätigkeit.

In der Tat sind es die Puritaner, die mit dem »gelingenden Leben« als Lebensprinzip radikal Schluss machten. Zwar lag auch den Kirchenvätern nicht viel daran und sie diffamierten die Epikureer, wo sie nur konnten, aber in der mittelalterlichen Scholastik war ein aristotelisches, auf Gott bezogenes Leben vorstellbar, erst recht in der Renaissance oder bei Montaigne. Den Puritanern war das nicht asketisch genug. Sie hatten sich ja nicht gegen die katholische Kirche gewandt, weil diese zu streng war, sondern weil die üppige Renaissance-Kirche zu genießen verstand und militante Glaubenseiferer wie Savonarola als Ketzer verbrannte. Doch gegen Calvin war Savonarola ein Waisenknabe. Die Puritaner wollten vom genießerischen Hier und Jetzt nichts wissen, sondern konzentrierten sich ganz auf das Jüngste Gericht und auf die sie zermarternde Frage, ob sie Gottes Gnade finden würden.

Sünden sind ein Zeichen mangelnder Gnade Gottes und ein Zeichen des Nichterwähltseins. Der Calvinist wird so zum Zeichenmaximierer: »Er orientiert sein Handeln so, dass die Zeichen seiner Erlösung maximiert, die Zeichen seiner Verdammnis minimiert werden.«[43] Sündenlosigkeit und harte Arbeit sind die äußeren Zeichen der Erwähltheit, dazu kommt die innere Überzeugung, auserwählt zu sein.[44] Da er sich der Errettung aber nie sicher sein kann, sich zugleich aber vor seinem Gewissen sicher sein muss, ist auch nie der Punkt erreicht, an dem genug gearbeitet, genug Erfolg aufgehäuft und genug moralische Taten verrichtet wurden. Max Weber hat gezeigt, dass aus dem Nutzenmaximierer[45] aus religiösem Antrieb im modernen Industriekapitalismus ein Profitmaximierer geworden ist. Der moderne Manager muss nicht Protestant sein, um die ganze Palette der rationalen Lebensführung, der Selbstoptimierung und der Steigerungslogik auszuleben. Wenngleich er immer noch in den protestantischen Ländern typischer auftritt und sich vor allem in Kalifornien die neuesten Wandlungen und Radikalisierungen vollziehen.

Mangel und Knappheit, oder: Die Vertreibung aus dem Paradies.

Die merkwürdige Vorstellung der Ökonomen, dass die Welt voller Knappheiten wäre, entstammt der theologischen Interpretation der Puritaner über die biblische Geschichte von der Vertreibung aus dem Paradies. Sie findet sich bis heute in volkswirtschaftlichen Lehrbüchern, insbesondere bei Lionel Robbins, der die moderne Ökonomie als Lehre zur Bewältigung von Knappheitsproblemen definierte. Die Geschichte geht so: Im Garten Eden herrschte noch das Reich der Fülle, und der Mensch lebte ein beschauliches, schönes Leben, doch nach dem Sündenfall wird der Mensch zu einem Barbaren (Kain tötet Abel), wie ihn der Calvinist Thomas Hobbes im *Leviathan* beschreibt: ein Egoist, gefühllos und asozial, ohne Reue und Moral, der erst vom Souverän gebändigt und durch harte Arbeit »im Schweiße seines Angesichts« diszipliniert werden muss. Es ist das Bild des gefallenen Menschen, der zu nichts außer zur Sünde und zum Eigennutz[46] fähig ist. Bei Adam Smith übernimmt der Markt die Rolle des Disziplinators. Ähnlich wie der Genfer Calvinist Jean-Jacques Rousseau[47] meint Smith, dass die Gesellschaft den Menschen zu künstlichen und unnötigen Bedürfnissen verführt: »Man bringe einen Wilden in die Gesellschaft, und er wird seine Leidenschaften vermehren.«[48] Erst die künstliche Knappheit, welche die Gesellschaft erzeugt, »zwingt die Menschheit zur Arbeit«.[49] Der Markt macht die Faulen fleißig, und den Egoismus verwandelt er durch die »invisible hand« in eine Wohltat für alle. Zweihundert Jahre später heißt die bis heute gültige Definition von Lionel Robbins: »Ökonomie ist die Wissenschaft, die das menschliche Verhalten studiert als eine Beziehung zwischen Zielen und knappen Mitteln.« Und er begründet es mit dem Sündenfall: »We have been turned out of Paradise.«[50]

Man braucht schon ein calvinistisches Verständnis von Sündenfall und Paradies, um zur Grundlage des Wirtschaftens auf Ideen wie umfassenden Mangel und unendliche Bedürfnisse zu kommen. Im antiken Ägypten gibt es die sieben fetten und die sieben mageren Jahre, also Zeiten des Mangels und Zeiten des Überflusses. Traditionelle Ethnien wie die brasilianischen Pirahã, die Daniel Everett als »das glücklichste Volk«[51] der Welt beschreibt, kennen nicht den Hauch einer Vorausplanung oder die Angst, man lebe in Knappheit und würde am nächsten Tag nichts zu Essen haben. Je nach Lage der Dinge stehen sie auf und gehen auf die Jagd, von unendlichen Bedürfnissen, Opportunitätskosten oder Nutzenmaximierungszwang werden sie nicht heimgesucht.

Die Ökonomen schwindeln also, wenn sie behaupten, das Modell des Homo oeconomicus, der in einer Welt knapper Mittel den maximalen Nutzen anstrebt, sei wertneutral und die Maxime »Mehr ist besser als weniger« enthalte kein Werturteil. Sie verleugnen damit die calvinistische Herkunft ihrer Grundannahmen, die sie schlicht in wissenschaftliche Wahrheiten umetikettiert haben.[52] Gerade der Unterschied zum antiken Konzept des »guten Lebens«, also einer klugen Balance zwischen den Leidenschaften, macht das deutlich. Die Puritaner wollten kein gutes Leben, sondern ein gottgefälliges, um mit ihrer Obsession Zeichen des beruflichen und moralischen Erfolgs zu maximieren, setzten sie die Steigerungslogik in Gang, die dann durch die Industrialisierung und den heutigen Konsumismus noch mehr Tempo aufnahm. Das Modell fordert: Der Mensch soll seine Zeit nützlich, das heißt durch

Arbeit, verbringen, er soll seinen Nutzen maximieren und alles, was er tut, in Geld bewerten.[53] Wenn das eine wertneutrale Haltung ist, dann sind die Taliban ein Verein zur Förderung der religiösen Toleranz.

Hand aufs Herz: Die Ökonomie ist doch in den vergangenen Jahrzehnten nicht dadurch aufgefallen, dass sie ein Konzept des guten Lebens, wozu eine Verhaltenswissenschaft ja auch eine Meinung haben könnte, in Stellung gebracht hätte gegen die Beschleunigung, die Effizienz- und Renditelogik oder das Eindringen des Marktes und des Geldes in alle möglichen Bereiche des Lebens. Im Gegenteil, sie trieb genau das voran.[54] Gern liefert sie Vorschläge, wie durch noch mehr Wettbewerb mehr Effizienz, Rendite und Beschäftigung geschaffen werden kann. Sie spricht sich für Arbeitszeitverlängerung, höhere Beschäftigungsquoten, Konsumstimulierung, Deregulierung etc. aus. Ich will überhaupt nicht bestreiten, dass es dafür in jedem Einzelfall auch gute wirtschaftliche Gründe geben kann. Aber im Gesamtbild ist das ein Programm zur Beschleunigung der Wachstums- und Konsumspirale. Konsequenterweise sollten die Ökonomen aufhören, dem Publikum einzureden, die Ökonomie sei eine neutrale Wissenschaft und hätte keine Wertagenda. Für die Wirtschaft sind die Ökonomen ein wichtiger Lieferant guter Argumente. Bei der INSM habe ich oft auf ökonomischen Sachverstand zurückgegriffen. Ich habe Studien beauftragt, einen Ökonomenblog eingerichtet und Professorenumfragen veröffentlicht, um ihre Meinung zu kommunizieren. Diese deckte sich oft mit der Arbeitgeberseite, und das kam uns natürlich gelegen. Meistens lief es darauf hinaus, dass mehr Wettbewerb mehr Arbeitsplätze schafft und die Preise senkt. Oder dass ein Subventionsabbau den Staatshaushalt und damit die steuerzahlenden Unternehmen entlastet und für mehr Verteilungsgerechtigkeit sorgt und so weiter. Manchen Unternehmens- und Verbandsvertretern waren diese Ergebnisse, die ich dann medienwirksam verbreitete, gar nicht recht. Subventionen genießen sie gern. Den Sozialstaat nutzen sie bei Entlassungen ebenso gern. Wer den klassischen Standpunkt des Ordoliberalen im Sinne Ludwig Erhards einnimmt, um den wird es nicht selten recht einsam. Kritiker, welche die Ökonomen als »Agenten des Kapitals« oder von der Wirtschaft bezahlte Hilfstruppe abwerten, machen es sich deshalb zu einfach. Solche gibt es auch, aber meiner Erfahrung nach selten. Der entscheidende Punkt ist ein anderer. Die Denkweise der Ökonomen ist zu punktuell, manche sagen autistisch. Wohin das System steuert, interessiert sie nicht. Wachstum, Arbeitsproduktivität, »Mehr ist besser als weniger«, Gewinnmaximierung als Unternehmensziel, Wettbewerb, Staatsferne, Kostensenkung – diese Grundsätze hinterfragen sie nicht. Intellektuell abhängig von amerikanischen Vordenkern sind heute viele marktgläubiger als je zuvor und zu unkritisch.[55] Die Finanzkrise haben die allermeisten schlicht übersehen. Keiner hat mal gefragt, ob es nicht ungesund ist, dass sich das Volumen der synthetischen Finanzprodukte seit 1990 von zwei Billionen Dollar auf 63 Billionen in 2010 vervielfacht hat. Der Markt hat ja immer recht.

Selbstkritisch hatte Thomas Straubhaar, ein ökonomischer Berater der INSM, ein Fazit aus der Finanzmarktkrise gezogen: »Warum haben so wenige – auch ich nicht – kritisch hinterfragt, wer, erstens, ein ganz profanes persönliches Interesse am Effizienzmythos der Finanzmärkte hat, und wer, zweitens, in welcher Form auch immer in der Praxis vom Glauben an die Effizienz von Finanzmärkten profitiert.«[56]

Die Ökonomie muss realitätsnäher werden, in ihrem Menschenbild und in ihrem Blick auf die Gesamtgesellschaft. Die Gesellschaft sollte »Regeln, Anreize und Sanktionen dergestalt setzen, dass Menschen dazu gebracht werden, sich so zu verhalten und ihr Tun oder Lassen so zu verändern, dass mikro- und makroökonomisches Erfolgsstreben möglichst deckungsgleich werden«, fordert Straubhaar. Das würde bedeuten, dass die Ökonomie ihr Erkenntnisinteresse auch auf die Folgen der Beschleunigung und des Konsumismus richtet und auf die Tatsache, dass wir zu viel arbeiten und uns der Konsum so wenig befriedigt.

Macht nur Konsum uns einzigartig?

Eine Frage ist noch offen: Wie konnte aus dem protestantisch-asketischen Sparkapitalismus ein hemmungsloser Konsumismus werden? Ich habe oben schon angedeutet, dass für den Siegeszug des heutigen Konsumismus der romantische Sozialcharakter die zentrale Rolle spielt, weil er zur Inszenierung seiner imaginierten Einzigartigkeit und Außergewöhnlichkeit eine wachsende Vielzahl von Produkten und Events benötigt, um sich ständig neu zu erfinden. Im Ergebnis bringt sich das romantische Selbst um jedes »unbefangene Genießen«, denn dem Konsum fehlt jede Leichtigkeit, er hat manisch-depressive Züge, das Selbst ist erschöpft, und die Menschen laufen mit einem schlechten Gewissen herum – Phänomene, die seit jeher zum Puritanismus gehören. Eine kurze historische Analyse soll zeigen, wie diese wesentlichen Elemente in die Gegenwart transformiert wurden.

Schon zu Adam Smiths Zeiten hätte das protestantische Großbürgertum über genug Geld verfügt, um ein wunderbar dekadentes Luxusleben führen zu können. Doch Intellektuelle, die sich dafür starkmachten, brachte die puritanische Kultur nicht hervor, anders als katholische Länder etwa mit Choderlos de Laclos, Casanova oder dem Marquis de Sade. Dazu war das angelsächsische Ressentiment gegen einen libertären adeligen Liebes- und Lebensstil zu dominant. Einzig Bernard Mandeville mit seiner Bienenfabel, die Smith stark beeinflusst hat, ist eine bezeichnende Ausnahme. Der Bienenstock prosperiert, solange dort die Anwälte das Recht verdrehen, die Ärzte die Patienten betrügen, die Minister korrupt sind. Als die Gesellschaft sich zur Moral entschließt, versiegt die Geschäftigkeit und damit der Wohlstand. Mandevilles Fazit: Private Laster sind eine notwendige Bedingung für öffentliches Wohl. Man warf ihm vor, dass die Nützlichkeit des Lasters nichts daran ändere, dass es böse sei. Genau das interessierte aber Mandeville nicht, denn Mandeville war Calvinist und Utilitarist. Im zweiten Band der Fabel betont er, dass die Welt tief in die Sünde verstrickt ist. Die Erwählten sind tugendhaft, die übrige Welt geht ihren sündhaften, gleichwohl von Gott vorherbestimmten Weg. Gott lässt auch den gefallenen Menschen an der Prosperität teilnehmen, »daher gilt es, das System, das den irdischen Reichtum schafft, zu erkennen und seine Wirksamkeit zu steigern«.[57] Dieses System ist der Markt, er macht den Herrscher überflüssig. Mandeville und Smith präsentieren eine Marktgesellschaft, die keine Moralität braucht und auch keine Vorschriften, worin das gute Leben besteht. Das Böse verwandelt sich, auch wenn der Teufel es anders will, durch die wunderbare Kraft des Markts zum Guten, der Egoismus wird in Gemeinwohl verwandelt.[58]

Doch bei der Beschreibung der Laster bleibt Mandeville sehr einseitig: korrupte Juristen, faule Ärzte. Wie phantasievoll waren dagegen die französischen Libertins, die vor ihren Lesern ein dekadentes Leben farbenreich ausschmückten. Dagegen betreibt der Calvinist Mandeville die Entfesselung des Egoismus nicht, um die Sexualmoral zu lockern oder um für eine Genusskultur mit all ihren Ausschweifungen und ihrer Leichtigkeit zu plädieren. Er entfesselt den Egoismus allein aus dem profanen Grund, damit der Freihandel besser floriert und die Leute länger arbeiten und mehr verdienen können. Die Vorstellung einer zur Ruhe gekommenen Welt erfüllt ihn mit Unbehagen. Mandeville entwirft gigantische Projekte (Urbarmachung von Land), die von einer disziplinierten Arbeiterschaft durchgeführt werden sollen. Unbefangenes Genießen kommt dem sicherlich »frivolsten« Denker im Umkreis von Adam Smith nicht einmal in den Sinn.[59] Adam Smiths Freund David Hume drückt die puritanisch-aufgeklärte Variante der damaligen Konsummoral so aus: »Luxus ist eine Quelle vieler Übel, wenn er ausschweifend wird, doch ist er Faulheit und Müßiggang grundsätzlich vorzuziehen.«[60] Ein moderater Konsum zivilisiert laut Hume die Eliten, reizt zum Fleiß und motiviert den Aufstieg. Auch er sieht den Luxus ausschließlich unter dem Aspekt der Nützlichkeit: Es wird mehr produziert, die Faulen werden diszipliniert, und die Gesellschaft bleibt dennoch tugendhaft.

An diesem Punkt setzt der Soziologe Colin Campbell[61] an: Ihn interessiert, wie das englische Bürgertum des 18. Jahrhunderts konsumierte, und er zeigt, dass es sich nicht am Luxuskonsum der verhassten Aristokratie orientierte wie das französische Großbürgertum. Zu ihrem asketischen Konsumverhalten waren sie fähig, weil sie sich beherrschen konnten. Dazu befähigte sie eine aus dem Pietismus herrührende persönliche, innere und gefühlsbetonte Emotionalität, die sich auf Wohltätigkeit und auf Gott bezog. Während Weber die kalte Seite, den asketischen, auf Geld und Nutzen orientierten Berufsmenschen hervorgehoben hatte, verweist Campbell auf die warme, die »empfindsame« Seite des Pietismus. In Anlehnung an Weber nennt Campbell sein Buch *The Romantic Ethic and the Spirit of Modern Consumerism*. Während bei den Calvinisten die asketische Leistung im Vordergrund steht, ist es bei den Pietisten die authentische Innerlichkeit. Aus ihr sollte sich die mentalitätsmäßige Grundlage für die in unserer Gegenwart wirksame »konsumistische Geisteshaltung« entwickeln.

Sowohl die »asketische« als auch die »empfindsame« Seite haben gemeinsam, dass das Heil nur durch methodische Lebensführung und maximale Gefühlskontrolle zu erreichen ist. Beide intensivieren die Bedeutung des Individuums: Die utilitaristische Spielart rechnet die Zeichen der Erwählung rational auf und stellt den Erfolg zahlenmäßig dar, die sentimental-romantische Spielart erfährt die Zeichen Gottes introspektiv. Der Pietist erfährt die »permanente Aufforderung, eine angemessene Sensibilität aufzubringen, um die Welt mittels ethischer Gefühle zu bewerten«.[62] Der Berufsmensch und der Romantiker sind beide asketisch, denn sie sind in unablässiger Selbstüberprüfung damit beschäftigt, entweder ihren Nutzen zu maximieren oder introspektiv ihre Authentizität zu begründen.[63] Campbell zeigt, dass aus der pietistischen Empfindsamkeit zwischen 1600 und 1800 der »Geist der Romantik« hervorgeht und daraus später die Haltung der Bohemiens und der Gegenkultur.

Campbell ist deshalb für das Verständnis unserer heutigen Konsummentalität so wichtig, weil er beschreibt, wie Pietismus und Romantik unsere Emotionalität verändert haben, indem sie sie kontrollierbar und sentimental machten und damit in gewisser Weise künstlicher. Gefühle durchwandern mehr Kontrollen, bevor sie zugelassen werden. Schauerromane wie *Frankenstein*, die Ende des 18. Jahrhunderts aufkamen, illustrieren, wie sich die Emotionalität verwandelt. Die Leser delektieren sich an ihren eigenen Angstempfindungen, sie kontrollieren sie. Das ist neu. Der traditionelle Hedonismus hatte die Reize gesteigert, aber die Romantik psychologisiert die Emotionen.

Darin besteht der Schritt zum modernen Konsumismus: Während der traditionelle Hedonismus Genüsse sinnlich verfeinert und differenziert und sie aufgrund ihrer stimulierenden Eigenschaften beurteilt, nimmt der moderne Konsumismus Bezug auf die eigenen Emotionen. Was ein Produkt in mir auslöst, ist wichtiger als seine tatsächliche Reizqualität. Nur weil dieses Konsumverständnis heute dominiert, wird eine Castingshow wie *Voice of Germany* von den Zuschauern ernst genommen: Der Junge singt grottenschlecht, trifft kaum einen Ton, aber er löst etwas Emotionales im Juror aus, das dieser gar nicht inhaltlich erläutern muss, es genügen Superlative der Begeisterung, in die das Publikum mit einfällt.

»Die eigentlichen Objekte des konsumistischen Begehrens sind nicht die Dinge, sondern emotionale Zustände«, schreibt Schrage.[64] Statuswettbewerb ist weniger wichtig als die Authentizität, die das Produkt verleiht. Güter benötigt man wegen ihrer Symbolik. Was trägt ein Produkt zu meiner Selbsterschaffung bei? Wie erfinde ich mich neu, wie dehne ich meinen Erlebnis- und Möglichkeitsraum aus? Am Endpunkt dieser Entwicklung kauft der heutige Konsument nicht, weil er die Produkte braucht oder weil er sich sozial abgrenzen will, sondern Konsum ist für ihn vor allem »ein Medium einer selbsttätig betriebenen und steigerbaren Selbstentfaltung«.[65] Konsumieren wird zu einem Akt der Selbsterschaffung, des Identitätsaufbaus. Die gegenwärtig letzte Steigerung ist dann das Bedürfnis nach neuen Bedürfnissen.

Wir sind unendlich narzisstisch geworden: Den Partner liebt man nicht, sondern man liebt die Liebe, das Gefühl verliebt zu sein. Man horcht in sich hinein und schwärmt nicht von einem Film, einem Bild, einem Song, weil sie gut sind, sondern von der Resonanz, die das in einem selbst auszulösen vermag. Das Ich ist zum absoluten Bezugspunkt geworden, und der Konsum dient der Beglaubigung dieser Einzigartigkeit. Wie dieser Überbietungswettbewerb in Frustration und Unzufriedenheit mündet, habe ich oben schon beschrieben.

Niemand will anderen die Freiheit nehmen, und sei es »nur« beim Konsum.

Rekapitulieren wir noch einmal: Im Pietismus entsteht eine stark ichbezogene Emotionalität, die ständig auf ihre Authentizität überprüft wird. Die Romantik verstärkt diese Subjektivität und erschafft das »romantische Selbst«, das von seiner Einzigartigkeit überzeugt ist und nach Überhöhung und Steigerung der Erlebnisse sucht. In den trivialen Konsumprodukten des kleinbürgerlichen Alltags findet sich der Romantiker nicht wieder, denn er ist außergewöhnlich und weiß: So wie die Liebe ihre höchste Beglaubigung in der Unerfüllbarkeit erfährt, so findet sich das Authentische nicht im Normalen. Der Romantiker ist insofern nicht zufriedenzustellen. Der Künstler, der diese romantische Authentizität verkörpert, lehnt den Geschäftsmann ab, weil er in ihm einen sich selbst entfremdeten Menschen sieht, der funktioniert, statt seine Einzigartigkeit auszuleben. Diese Frontstellung war noch bei den Hippies und den 68ern so. Die jugendliche Protestkultur lehnte den »Konsumterror« der Neckermanns, Aldis und Karstadts ab, zog sich aber nicht zurück, sondern überschritt die Konsumwelt der Eltern, indem sie neue Mode kreierte, andere Musik hörte, unbekannte Strände entdeckte und die Esskultur exotisch erweiterte.

Das Streben nach Erlebnisintensität, nach Abwechslung und Einzigartigkeit ist das größte Geschenk, das die Gegenkultur der 68er der Konsumindustrie machen konnte, denn Otto Normalverbraucher war damals schon überversorgt. Der deutsche Provinzler würde heute noch in den Bayerischen Wald in den Urlaub fahren, wenn die Hippies nicht das unbekannte Terrain in Indien oder Marokko vorerkundet hätten und so »abseits der Touristenpfade« dem neuen Massenkonsum den Weg geebnet hätten. Was wären unsere Konsumlandschaften ohne die Popmusik und ohne die Bilder Hollywoods, die die Sehnsucht nach dem Unbekannten, Neuen und Außergewöhnlichen so romantisch begleiten?

Keiner konnte die Traumwelten der Konsumindustrie besser illustrieren als die Künstlertypen, die aus den Kunstakademien in die Werbeagenturen strömten. Sex als Werbemittel verdankt sich der Enttabuisierung durch die Künstlerkritik, die spießigen Industriebosse hätten sich das allein nie getraut. Die rebellische Gegenkultur der 68er ist nicht aus dem Massenkonsum ausgestiegen, wie sie sich selbst in großen Teilen einredete, sondern sie hat den erlebnisorientierten Konsumismus erst richtig etabliert, indem sie ihm das dazu passende Selbst schuf. Sie ging den Schritt vom Massenkonsum zum individuellen Konsum und der damit verbundenen Ich-Inszenierung: »Sei du selbst!«, »Lebe dein Leben!«, »Phantasie an die Macht!« – die Ideen der romantische Konsumkritik sind bis in die Wortwahl hinein zur Kernideologie der Werbung geworden. Der romantische Drang nach Überhöhung, der das Neueste und Beste immer an anderer Stelle als im trivialen Alltag vermutet, schickt uns auf die Jagd nach immer neuen Konsumerlebnissen. Die Konsumindustrie hat in diesem gesteigerten Neuerungs- und Überbietungswahn ihren verlässlichsten Nachfrager.

Damit hat es eine zeitgemäße Konsumkritik schwer, denn die romantische Gegenkultur, die früher noch gegen die Konsumindustrie opponierte, hat sich mit dem anderen Lager verbrüdert. Am unkritischsten gebärdet sich die digitale Boheme, die sich bei Börsenmultis wie Google oder Facebook anbiedert und von ihnen Befreiung und eine alternative Gegenwelt erwartet. Ein Apple-Produkt macht hip, jung, kommunikativ, easy, modern, ästhetisch, die Fans fühlen sich als Teil einer Mission. Es fällt schwer, diese und die vielen anderen Spielarten der Dauerselbstinszenierung zu kritisieren, denn die Kritik zielt dann eben auch gegen den Lebensentwurf. Sie wird als Angriff auf die freie Wahl empfunden, auch wenn sie lediglich den Überbietungswahn der Konsumkultur kritisieren will. Niemand will anderen die Freiheit nehmen, sich selbst zu verwirklichen, und sei es durch Konsum, niemand will Apple-Fans daran hindern, zu viel Geld für Apple-Produkte auszugeben. So mäkelt die Konsumkritik an zu viel Salz im Snack herum oder an Kinderarbeit in der T-Shirt-Produktion. Wenn wir unsere Identität immer stärker über die Konsuminszenierung beziehen, dann fällt es schwer, die Steigerungsspirale des Konsums zu kritisieren. Dann können wir nicht sagen, wie wir aus der Steigerungsspirale wieder rauskommen.

Die beste Antwort darauf ist vielleicht die einfachste. Wie wollen wir leben? Wieder sind wir bei der aristotelischen Frage nach dem guten Leben. Befunde wie jener, dass sich das »Selbst erschöpft« durch die gesteigerte Dauerinszenierung, sollten wir ernst nehmen. Die Glücksforschung zeigt, dass die freie Entscheidung am Wühltisch oder auf der Groupon-Rabattwebsite wenig zur Zufriedenheit beiträgt. Sie verweist uns auf jene Glücksgüter, die nachweislich besser das Versprechen nach Sinn, nach Authentizität und nach Glück einlösen: Konstanz, Nachhaltigkeit, Balance, innere Mitte, Normalität, Sinnlichkeit – das waren schon die Themen der antiken Glückslehre. Wir müssen also nicht nur den Puritaner in uns ablegen, sondern auch den Romantiker.

---

1 Das gilt auch für das untere Drittel der Einkommensbezieher. Sie sind heute kaufkräftiger als das obere Einkommensdrittel vor vierzig Jahren.

2 Uchatius 2013, S. 17.

3 Duesenberry 1949.

4 Ich folge hier Manfred Prischings eingehender Analyse der »neokonsumistischen Geisteshaltung unserer Gegenwart« in: *Die zweidimensionale Gesellschaft* (Prisching 2009b, S. 20 ff).

5 Man muss aber genau hinschauen. Buddha und Urban Gardening können Inszenierungen sein, die morgen schon vergessen sind, sie können aber auch eine ernsthafte Beschäftigung sein, die dauerhaft Glück und Freude spendet.

6 Dass die Welt vorläufig ist, dass der Mensch sich darin bewähren

muss und das eigentliche Leben erst in der Zukunft anfängt, ist ein sehr calvinistischer Gedanke.

7 Kahneman, Diener und Schwarz 1999.

8 Sloterdijk 1994, S. 20.

9 Schon der Soziologe Emile Durkheim bemerkte, dass »der Hunger nach immer neuen Dingen« und »überhitzter Ehrgeiz« keine solide Grundlage für das Glück bilden können (Durkheim 1973, S. 293).

10 Dicke und Dünne: Diskriminierung gestattet, *Psychologie heute* 1/2013.

11 Beim Statuswettbewerb bemühen sich die Menschen, ihre Statusposition zu verteidigen. Die allgemeine Lebenszufriedenheit kann aber dadurch nicht verbessert werden, denn der Statuswettbewerb ist ein Nullsummenspiel: Man kann nur aufsteigen, wenn ein anderer absteigt. Ähnlich wirkt die Anspruchstretmühle: Mit dem höheren Einkommen steigen die Ansprüche an den Lebensstil. An den gewöhnen wir uns, so dass das Glücksgefühl auf das Ausgangsniveau zurückfällt. Die Ansprüche steigen, während die Lebenszufriedenheit stagniert. Vgl. Binswanger 2007.

12 Institut Rheingold 2012.

13 Weber 2006, S. 26.

14 Weber 2006, S. 167.

15 Die Angst vor der Apokalypse ist für den Puritaner zentral und wiederholt sich in zahllosen Varianten bis heute. Besonders in der Umweltbewegung ist das Motiv, dass der Mensch durch seinen lasterhaften Konsum die Erde zerstört und daher untergehen wird, weitverbreitet. Ausführlich belegt das Nelson für die amerikanische Umweltbewegung, vgl. Nelson 2010.

16 Adam Smith glaubte zwar an das angeborene Streben zu ständiger Verbesserung, meinte aber auch, dass es irgendwann an natürliche und institutionelle Grenzen stoßen wird und dann ein »stationärer Endzustand« erreicht wäre.

17 Galbraith warf den Ökonomen vor, den Übergang von einer Wirtschaft des Mangels zu einer Überflussgesellschaft zu ignorieren (Galbraith 1958).

18 Keynes zeigte in seiner *Allgemeinen Theorie*, dass das freie Spiel von Angebot und Nachfrage nicht automatisch für Vollbeschäftigung sorgt, weil die Nachfrage in der Gesamtwirtschaft dauerhaft geringer sein kann als das Angebot – ohne dass sinkende Preise das Problem lösen (Keynes 2009).

19 Keynes widerlegte das sogenannte Saysche Gesetz, wonach jedes Angebot sich seine Nachfrage selbst schaffe, indem er zeigte, dass die Menschen in Krisenzeiten sparen und den Konsum einschränken und die Unternehmen weniger investieren, somit Knappheit wählen (Keynes 2009).

20 Die Verhaltensökonomie zeigt, dass Menschen gar nicht ihren Nutzen maximieren wollen, sondern zumeist eine befriedigende Lösung anstreben. Außerdem handeln wir spontan und inkonsistent: Als Konsumenten lassen wir uns von »Umsonst-Illusionen« verführen, und als Anleger treffen wir aus »Verlustangst« falsche Entscheidungen. Dinge, die wir besitzen, schätzen wir im Wert höher ein als der Markt. Wir sind emotionale Wesen, die ihre Präferenzen wechseln, und wir orientieren uns an anderen, weshalb uns unsere Position in der Gesellschaft viel bedeutet. Der Einfluss von Einkommen, Status oder Konsum hängt auch davon ab, mit wem in der sozialen Hierarchie wir uns vergleichen (vgl. Kahneman, Diener und Schwarz 2012).

21 Schnabel 2012, S. 58 f.

22 Kahneman, Diener und Schwarz 1999.

23 Alexander Rüstow spricht von der »kaum vorstellbaren Blindheit« und vom »theologisch-metaphysischen Ursprung« der Ökonomie, die die gesellschaftlichen Voraussetzungen und die beschränkte Reichweite ihrer Theorien ausblendet (Rüstow 2009, S. 40).

24 Eine Alternative wäre die Definition von Alfred Marshall: Die Ökonomie dient der Erforschung der »materiellen Voraussetzungen unseres Wohlergehens«.

25 Die Ökonomen machen sich über diese Dogmatik gern selbst lustig, etwa in dem Witz: Wie viele Ökonomen braucht es, um eine Glühbirne zu wechseln? Antwort A: Keinen. Wenn die Glühbirne hätte ausgewechselt werden müssen, hätte es der Markt längst getan. Antwort B: Das ist irrelevant. Die Präferenzen der Glühbirne sind gegeben. Antwort C: Acht. Einen, um sie zu wechseln, und sieben, um alles andere konstant zu halten.

26 Und der »rational choice«.

27 Weimann, Knabe und Schöb 2012, S. 12.

28 Vgl. Expertise des Sachverständigenrats 2010, S. 68.

29 Expertise des Sachverständigenrats 2010, S. 88.

30 Ruckriegel weist darauf hin, dass die gängige ökonomische Theorie die Veränderung der Ansprüche aufgrund von Gewöhnung und sozialer Vergleiche nicht berücksichtigt. Ansprüche und Ziele passen sich an die tatsächliche Entwicklung an, d.h. mit steigendem Einkommen steigen auch die Ansprüche, sodass daraus keine größere Zufriedenheit erwächst (hedonistische Tretmühle), zum anderen ist – sofern die materielle Existenz gesichert ist – weniger das absolute Einkommen als vielmehr das relative Einkommen – d.h. das eigene Einkommen im Vergleich zu anderen – für den Einzelnen entscheidend: »Soll die Lebenszufriedenheit gesteigert werden, kommt es, wenn genug Mittel zur Befriedigung der materiellen Grundbedürfnisse verfügbar

sind, auf die nicht-finanziellen Glücksfaktoren und auf die Einkommensverteilung an« (Ruckriegel 2012, S. 133).

31 Neujahrsumfrage zu den guten Vorsätzen für 2013 vom Forsa-Institut im Dezember 2012.

32 Gigerenzer 2008.

33 Die Existenz der öffentlich-rechtlichen Sender wird vom Verfassungsgericht als Beitrag zu einer qualitativen Informationsversorgung gerechtfertigt. Die Zwangsabgabe ist in ihrer Höhe ärgerlich, zumal sie mehr den Gehältern als den Programminhalten nutzt, aber die lausige Qualität der Privatsender macht Karlsruhe die Argumentation leicht.

34 Vgl. Simon 2012.

35 Ockenfels 2012, S. 665–676.

36 Röpke 1958, S. 167.

37 Liberale wie Ludwig Erhard haben stets geraten, nur sehr überlegt und zielgenau in den Markt einzugreifen, weil Lobbyisten gern ihre Profitinteressen als Allgemeininteresse ausgeben. Z.B. profitieren die Vermieter vom Wohngeld, das dem Mieter bezahlt wird, weil sie das Wohngeld in die Miete einkalkulieren. Dennoch kann diese »Ineffizienz« richtig sein, wenn der Staat eine kleine Gruppe von Geringverdienern aus sozialen Gründen unterstützen will.

38 Rolle 2005, S. 317.

39 Biesecker 1995, S. 193.

40 Weber 2006, S. 146.

41 Weber 2006, S. 22.

42 Weber 2006, S. 165.

43 Dellwing 2008, S. 63.

44 »Handlungszwang und Zeitökonomie erhalten ihre existenzielle Dringlichkeit gerade vor dem Horizont eines Rechenschaft fordernden Gewissens«, erläutert Alois Hahn. Bei den Urpuritanern stand noch nicht der Geldgewinn im Vordergrund. »Der Heilsgewinn erzeugt die Erwägung der optimalen Nutzung der Zeit, und zwar jeden Augenblicks des Lebens, im Dienst der Selbstvergewisserung über den Gnadenstand.« Hahn 1987, S. 128.

45 »Die Idee der Profitmaximierung ist vielleicht die calvinistischste Annahme der gegenwärtigen liberal dominierten Ökonomie«, schreibt Michael Dellwing (Dellwing 2008, S. 63).

46 Weber dazu: Im Calvinismus war die Kirche nicht länger Heilsanstalt, sondern eine Sammlung der Erretteten und Nichterretteten, in der auch die Nichterretteten dazu gebracht werden mussten, die Gebote Gottes strikt einzuhalten. Adam Smith löste das Problem, indem er durch die göttliche »invisible hand« des Marktes einen selbstregulierenden Mechanismus erfand, der den Egoismus des »Bäckers und Metzgers« ins Wohlergehen aller verwandelte. Der Markt ist eine

moralische Anstalt, und dass er diszipliniert und die Faulen bestraft, ist ganz explizit erwünscht. Smith kannte freilich noch Bereiche, die er außerhalb des Marktes stellen wollte, für Chicago-Ökonomen wie Gary Becker gilt das nicht mehr.

47 Zu den Ähnlichkeiten zwischen Rousseau und Smith vgl. Phillipson 2011.

48 Smith 1984, S. 111. Smiths Wilder ist ein harmloserer Wilder als der Hobbes'sche. Das sind bereits Reaktionen auf die Kolonialzeit, die vorführte, dass die »zivilisierten« Engländer um ein Vielfaches barbarischer waren als die harmlosen »Wilden«.

49 Smith 1984, S. 183.

50 Robbins 1962, S. 15 f.

51 Everett 2010.

52 Hill sieht in Smiths Werk den Versuch, den calvinistischen Providentialismus mit der politischen Ökonomie zu verbinden. Die puritanische Theologie lehnte die liberale Theorie anfangs ab, ging aber bald mit ihr zusammen, etwa bei Thomas Chalmers. Das geht im 19. Jahrhundert so weit, dass auch die Theologen bei den *poor laws*, der Armengesetzgebung, Almosen ablehnten, weil sie einen Eingriff in den göttlichen Heilsplan darstellten. Allenfalls durften Arme von Almosen profitieren, die sie »verdienten« (Hill 2004, S. 11). In den drei Entwicklungsphasen des Homo oeconomicus – Calvinismus, englischer Utilitarismus, Rational Choice – verschärfte sich die puritanische Anthropologie. Erst seit die Verhaltensökonomie die Realitätsferne des Homo oeconomicus thematisiert, wird der Modellcharakter herausgestellt. Das klang beim radikalen Nutzenfetischisten und Nobelpreisträger Gary Becker noch ganz anders (vgl. Becker 1993).

53 Entsprechungen zwischen Puritanismus und Homo oeconomicus gibt es noch viele: Die puritanische Forderung nach einem innerlich stetigen, nach außen rational handelnden und methodisch vorgehenden Menschen mit »absoluter Selbstkontrolle« spiegelt sich in der Annahme der »Konsistenz der Präferenzen« über längere Zeit. Ein gewissensfester Protestant ändert seine Meinung nicht dauernd. Der Homo oeconomicus darf per definitionem seine Präferenzen nicht vor eventuellen Veränderungen der Restriktionen (Budget, Preise etc.) ändern. In beiden Fällen dominiert das Motiv der Selbstkontrolle: Die Ökonomen können allerdings nicht erklären, warum es rational sein soll, seine Präferenzen nicht jederzeit zu ändern (etwa durch Nachdenken oder Willensentscheidung). Wie bei Calvin hat der Homo oeconomicus keine Willensfreiheit: Er kann aus kalkulatorischer Notwendigkeit seine Präferenzordnung nicht beliebig verändern. Genau das würde aber ein Mensch mit freiem Willen tun können. Ein anderes Beispiel ist die Annahme der »Rationalität aller Marktteil-

nehmer«, die dem Prinzip des »Priestertums aller Gläubigen« entspricht. Kern der protestantischen Theologie ist, dass jeder Mensch als Einzelner einsam vor Gott steht und die Kompetenz hat, die heiligen Texte zu deuten, ohne von Priestern bevormundet zu werden. Genauso ist der Homo oeconomicus völlig informiert und autonom, ohne in der Wahl seiner Präferenzen von Experten, dem Staat oder Verbraucherschützern bevormundet zu werden. Ebenso ist die Theorie der »revealed preferences« (Samuelson 2009) eng verbunden mit der urpuritanischen Idee von der »directly revealed truth«, die jeder Mensch aus der Bibel und aus der Natur ohne Hilfe von Experten direkt verstehen kann. Die Ökonomie ist die letzte vorfreudianische Wissenschaft, die sich schlicht weigert, vorbewusste und komplexe Handlungsmotive anzuerkennen.

54 An der Spitze Nobelpreisträger Gary Becker, der die Nutzenmaximierung auf alles ausdehnte. Kostprobe Becker: »Betrachtet man Kinder als dauerhafte Konsumgüter, so unterstellt man, dass sie ›Nutzen‹ erbringen. Der Nutzen von Kindern wird über eine Nutzenfunktion oder ein Indifferenzkurvensystem mit anderen Gütern verglichen. Der Verlauf der Indifferenzkurven hängt von den relativen Präferenzen für Kinder oder, mit anderen Worten, von ›Vorlieben‹ ab« (Becker 1993, S. 190). Da der Nutzen von pubertierenden Jugendlichen stark abnimmt und gleichzeitig die Vorlieben der Eltern für Ruhe zunehmen, wäre es da nicht am besten, die Pubertierenden ins Heim zu stecken und abzuwarten, ob sie sich später wieder ein positives Vorzeichen in der Nutzenfunktion erarbeiten können? Becker wollte keine Satire auf das ökonomische Menschenbild schreiben, sondern meinte das total ernst.

55 Nassim Nicholas Taleb lästerte mal über den US-Notenbank-Chef Alan Greenspan, der einst gewisse Ereignisse als unmöglich bezeichnete, weil sie sich noch nie ereignet hatten. Also, folgerte Taleb, muss Greenspan unsterblich sein. Sein Tod habe sich ja auch noch nie ereignet.

56 Das meinte Straubhaar auch ganz konkret auf die Ökonomen bezogen: »Wenn der Mainstream der Meinung ist, dass Finanzmärkte effizient sind, dann ist es für Abweichler enorm riskant, gegen das Kartell jener zu opponieren, die als Insider über die Vergabe von Professorenstellen, Forschungsaufträgen und Budgets bestimmen« (Straubhaar 2011).

57 Euchner 1980, S. 45.

58 Goethe spielt im *Faust* darauf an: »Ich bin ein Teil von jener Kraft, die stets das Böse will und stets das Gute schafft.«

59 Der englische Utilitarismus brachte es fertig, eine Lust-Philosophie zu entwickeln, die zwar Lust zum zentralen Antriebsmotiv des Men-

schen erklärte, aber in der Praxis alles vermied, was auch nur entfernt mit Lust, Genuss oder Muße zu tun hatte.

60 Hume 2003, S. 204.

61 Campbell 1987.

62 Schrage 2009, S. 122.

63 Weber hatte den »reinen Gefühlspietismus« als »religiöse Spielerei für leisure classes« abgetan (Weber 2006, S. 125).

64 Schrage 2009, S. 125.

65 Schrage 2009, S. 128.

3

Immer bessere Menschen

»Ihr sollt also vollkommen sein,
wie es auch euer himmlischer Vater ist ...«

Ich bin kein Raucher, aber die Raucher tun mir leid, wenn sie im kalten Winter frierend auf dem Bürgersteig stehen und an ihren Zigaretten ziehen. So schnell kann das gehen, von einer coolen zu einer geächteten Gruppe zu gehören. Jean-Luc Godards Film *Außer Atem*, vor fünfzig Jahren gedreht, bestand im Grunde nur aus Szenen, in denen ein existenzialistischer Jean-Paul Belmondo seine Gauloises rauchte. Heute trägt die blaue Schachtel eine Todesanzeige: Rauchen gefährdet die Gesundheit. Als ob das für Motorräder oder Leitern nicht auch gelten würde. Logisch ist die Anti-Raucher-Kampagne nicht. Ich empfinde sie als Element einer Tugendwelle, die immer mehr Fahrt aufnimmt.

Moralisch wird seit einiger Zeit aufgerüstet: Der Staat betätigt sich als Erzieher. Die Unternehmen machen mit, und auch die Medien sind dabei. Offenbar betrifft die Steigerungslogik des puritanischen Kapitalismus nicht nur die Arbeitsleistung und den Konsum, sie hat auch die Moral ergriffen, und das macht mir Angst. Der Moralismus ist der sicherste Weg in die Unzufriedenheit, und mein Verdacht ist, dass es ihm auch genau darum geht. Der französische Soziologe Émile Durkheim sagte: »Ein unerreichbares Ziel zu verfolgen bedeutet, zu ewiger Unzufriedenheit verdammt zu sein.«[1]

Wir sind schon gut, aber es geht noch besser.

Beginnen wir beim Staat, der seine Untertanen disziplinieren will. Sie sollen teure erneuerbare Energien nutzen sowie ökologischer und gesünder leben. Alles natürlich nur zu ihrem Besten. Die Raucher hat er schon vor die Tür von Büros und Restaurants verbannt.[2] Den Vermietern und Arbeitgebern verbietet er Vorurteile. Sollten sie sich dabei erwischen lassen, sieht das Antidiskriminierungsgesetz Strafen vor. Das Gesetz entlastet die Gleichstellungsbeauftragten, die so schon genug damit zu tun haben, die moralisch zurückgebliebenen Bürger auf den rechten Weg zu bringen.

Das Fernsehen entwickelt eigens Sendeformate wie *Prominent*, die dem Bürger Fehlverhalten vorführen, damit er daraus lernt und an sich arbeitet. Prominente werden dabei »erwischt«, wie sie einen über den Durst trinken, fremdgehen oder gar ungeschminkt im Park spazieren. In der nach oben offenen Verfehlungsskala werden alle Arten von Fauxpas angeprangert, selbst solche sind auf der Liste, für die nicht einmal die strenge Queen Viktoria Bußübungen vorsah, etwa wenn sich der noch minderjährige Justin Bieber in der Nase bohrt. Die Macher gehen implizit von einem Idealmenschen aus mit perfekter Moral, perfekter Figur, perfekten Kindern und unzerstörbarem Selbstoptimierungswillen. Der Star, der eben noch unvorteilhafte Cellulite unter dem verrutschten T-Shirt erkennen ließ, wird ein paar Folgen später wieder so gezeigt, wie es sich gehört[3]: fit, sexy, lächelnd und makellos.[4]

Auch die politischen Medien werden immer unerbittlicher. Exbundespräsident Wulff jagten sie nicht nur mit zweifelhaften Vorverurteilungen aus dem Amt, sie wollten ihm auch noch die bürgerliche Existenz nehmen. »Tugendterror«[5] nennt

Zeit-Chefredakteur Giovanni di Lorenzo den medialen Skandalisierungsfuror, der sich oft an Peanuts hochzieht. Gemessen an heutigen Maßstäben hätte früher kaum ein Politiker die Amtseinführung überstanden: weder Partykönig Walter Scheel noch Klüngelkaiser Johannes Rau, um nur bei den Bundespräsidenten zu bleiben.

Die Gesellschaft schwimmt auf einer Tugendwelle: Immer mehr Menschen leben vegetarisch, weil sie mit den Tieren mitfühlen und den Verzehr eines Schnitzels nicht übers Herz bringen. Eine grüne Sittenpolizei überprüft Ökobilanzen und achtet auf ökologisch korrekte Lebensführung. Der puritanische Geist ist hier noch ganz ursprünglich asketisch und hat es geschafft, uns jeden Genuss nachhaltig zu verderben. Bei allem, was wir tun, soll uns das schlechte Gewissen begleiten. Jeder macht sich mitschuldig daran, dass Regenwälder abgeholzt werden und das Weltklima vor die Hunde geht, und jeder soll beim täglichen Einkauf die Welt retten.

Spenden statt Weihnachtsgeschenke.

Auch die Unternehmen haben dem Moralismus längst ihre Tore geöffnet. Sie richten Compliance-Abteilungen ein, deren Aufgabe es ist, die Mitarbeiter zu Wohlverhalten zu erziehen. Sie sollen nicht nur die gesetzlichen Vorgaben einhalten, sondern auch noch eine ganze Menge anderer »freiwilliger« Regeln beachten, die der Vorstand sich ausdachte beziehungsweise die er der Einfachheit halber aus dem unerschöpflichen moralischen Arsenal von Nichtregierungsorganisationen übernommen hat. Bis zu hundert Mitarbeiter starke Abteilungen sorgen dafür, dass die Unternehmen sauber werden:

Bestechung, Korruption, Vorteilsnahme, Schlendrian, Umweltfrevel, Datenmissbrauch, alle Arten der Diskriminierung und so weiter sollen systematisch beseitigt werden. Firmen verabschieden »Mission Statements« und »Code of Conducts«, die Mitarbeiter müssen sich zum Guten »committen«. Es ist schon so weit, dass Führungskräfte »Angst vor Weihnachten« haben, wie die *Wirtschaftswoche*[6] schrieb, denn die Firmengeschenke könnten teurer als 35 Euro sein und damit ein Fall von Bestechung. Zu Weihnachten schickte mir ein Geschäftspartner statt wie früher eine Flache guten Rotweins nun eine E-Mail, in der er kundtat, dass der Gegenwert des Geschenks diesmal an ein Dritte-Welt-Projekt gespendet würde, das das Geld nötiger hätte als die Kunden den Wein. Ich fragte mich, was das eine mit dem anderen zu tun hat. Nichts natürlich, die Aktion biedert sich nur noch zusätzlich an die Compliance-Sauberkeit an.

Zur moralischen Aufrüstung gehört auch das System der allseitigen Beurteilungen, für das sich die Bezeichnung 360-Grad-Feedback eingebürgert hat. Ziel ist hier ebenso die Überwachung, vor allem der Führungskräfte. Haben sie sich auch gegenüber allen Partnern, sei es Mitarbeitern, Kunden, Investoren, den NGOs oder der Gesellschaft, moralisch einwandfrei verhalten? Die Beurteilten bekommen ein Zeugnis, das ihr Leistungsprofil in allen Beziehungen einstuft und aufzeigt, wo sie noch Potenzial haben, wobei Potenzial bedeutet: Der Betroffene muss sich verbessern, er ist noch nicht perfekt.

Ein weiterer Moralisierungsschub kommt aus dem Internet: Von unten haben die Nerds und Geeks den früheren Pranger in den Shitstorm verwandelt. Die empörte Masse entlädt ihren Zorn gegenüber unbotmäßigem Verhalten durch eine große Menge an negativen und beleidigenden Kommentaren in Foren, Blogs oder sozialen Netzwerken. Die Reputation des »Sünders« soll beschädigt werden. Da reicht schon wie bei Brüderle eine müde Dirndl-Bemerkung, um eine Sexismusdebatte auszulösen. Von oben verhelfen kalifornische Internetkonzerne wie Google und Facebook über ihre Medienmacht den Nerds zu ihrer moralisierenden Wirkung. Die Drohung, öffentlich gebrandmarkt zu werden, funktioniert schließlich nur, wenn es einen Pranger gibt, und als solche fungieren Google und Facebook.

Große Erwartungen.

Auch bei der Moral befinden wir uns offensichtlich in einer Steigerungsspirale. Phänomene wie Shitstorm, Compliance oder die Ökosittenpolizei ergeben insgesamt einen wachsenden Druck. Wohin sich der Bürger auch wendet, überall steigen die Erwartungen an ihn, sich moralischer zu verhalten. Die Optimierung ist das ausdrückliche Ziel. Die Idee einer perfekten Gesellschaft steckt auch hinter der Transparenz-Ideologie von Internetaktivisten (WikiLeaks) und in der Weltrettungsagenda der Ökofundamentalisten. Es geht ausdrücklich um Maximierung, egal, ob es sich um Wohlverhalten im Unternehmen, gegenüber der Natur (eigentlich: den Naturschützern) oder gegenüber Antidiskriminierungsvorschriften handelt. Seit eh und je liebt der Puritanismus die politisch korrekten Musterschüler, die es verstehen, sündlos zu erscheinen, obwohl sie es nicht sind. Auch hat er an verklemmter Prüderie bis heute nichts eingebüßt. Mit Facebook und Talkshows kann er seine Neigung, die Sünder an den Pranger zu stellen und öffentlich beichten zu lassen, in gesteigerter Form ausleben, und der Ökoasketismus ist eine willkommene Gelegenheit, den Menschen die Freude am Leben zu verderben, indem sie mit einem schlechten Gewissen erpresst werden. Jeder, der die Mechanismen der moralischen Korrektheit kennt, etwa aus Nathaniel Hawthornes Roman *Der scharlachrote Buchstabe* oder Stefan Zweigs *Castellio gegen Calvin*, weiß, dass die Doppelmoral umso größer wird, je mehr und strikter die Moralgesetze die Bevölkerung disziplinieren sollen. Wegen seiner leitkulturellen Dominanz schwappt dieser zumeist scheinheilige Moralismus aus dem angelsächsischen Raum nach Europa und Deutschland, wo er leider zunehmend übernommen wird, zumal er hierzulande auf verwandte Dispositionen trifft. Wie ich an einigen Stufen der Moraleskalation zeigen werde (360-Grad-Feedback, Compliance, Ökopuritanismus), erleben wir hier tatsächlich eine Puritanisierung.

Du wirst der, der zu sein von dir verlangt wird.

So führt der Soziologe Ulrich Bröckling das 360-Grad-Feedback in einer eingehenden Untersuchung zurück auf die »protestantischen Sekten, deren Mitglieder in regelmäßigen Gemeindeversammlungen voreinander ihre Verfehlungen, aber auch ihre gläubigen ›Werke‹ zu bekennen und einander zu ›vermahnen‹ hatten. Max Webers soziologische Funktionsbestimmung dieser Zusammenkünfte klingt jedenfalls hochaktuell: ›Die Gemeinschaft diente hier als der Ausleseapparat, der den Qualifizierten vom Nichtqualifizierten unterscheidet.‹«[7]

In der Tat ist das 360-Grad-Feedback sowohl in seiner Grundidee als auch in seiner verlogenen Praxis ein würdiger Nachfahre der puritanischen Buße. In einem umfassenden System allseitiger Beurteilungen standardisiert es Verfahren der Mitarbeiter-, Selbst- und Kundenbefragung und dehnt es auf alle möglichen Partner aus. Ziel ist natürlich die Leistungsermittlung und die Leistungsoptimierung. Die Mitarbeiter, der Vorgesetzte, die Kunden, die Lieferanten, die Kommune, die Finanzinvestoren, die Presse, alle – deshalb »360 Grad« – geben Bewertungen (in Form von Fragebögen) ab. Ist der Arbeitnehmer kreativ, ist er kundenfreundlich, genießt er Vertrauen, ist er teamfähig, geht er sparsam mit Ressourcen um, ist er sachlich kompetent, ist er lernfähig und bildet sich andauernd weiter? Dem Fragebogen liegt eine Bewertungsskala zugrunde. Nach der Befragung werden Ist-Werte und Soll-Werte verglichen, und in einem Aktionsplan muss der Beurteilte dann Schritte vereinbaren, wie er seine Performance verbessern kann. Das geschieht natürlich alles freiwillig.

Bröckling verweist aber darauf, dass das 360-Grad-Feedback keineswegs ein »besonders perfides, weil auf freiwilliger Selbstkontrolle beruhendes Unterwerfungsinstrument« ist. So war noch der calvinistische Sonntagsgottesdienst konzipiert, der den Gläubigen zur erniedrigenden Selbstkritik zwang. Der musste auf einen extra Stuhl steigen und weinend um Vergebung winseln. Die alte Kontrollkultur setzte auf klassische Disziplinierung und asketische Pflichterfüllung.[8] Im 360-Grad-Feedback vermischt sich nun jedoch die alte Bestrafungskultur mit der Selbstentfaltungsideologie der 68er. So verspricht das Feedback dem Einzelnen einerseits, seine persönlichen Potenziale zu entwickeln und für das

Unternehmen dadurch wertvoller zu werden, andererseits schwingt die Drohung mit, bei der nächsten Feedback-Schleife ausselektiert zu werden, wenn keine Verbesserungen erkennbar sind. Dabei behält die im Puritanismus alles überragende Nutzen- und Profitmaximierung natürlich die Oberhand. Sie bestimmt die Kriterien, welches Verhalten als gut und welches als schlecht eingestuft wird. Diese Kriterien werden »wissenschaftlich« standardisiert, was nach Objektivität aussieht. Maßstab ist der Markterfolg des Unternehmens, und wenn im Sinne der Selbstentfaltungswerte beim Mitarbeiter infolge eines Feedback-Gesprächs eine Weiterbildung genehmigt wird, dann weil die Qualifizierung auch dem Unternehmen nützt.

Was nicht den Unternehmenserfolg unterstützt, wird gar nicht erst erfasst. »Die Menschen evaluierbar und sie verwertbar zu machen, ist ein und derselbe Vorgang«, analysiert Bröckling. Weil aber die Menschen nicht dumm sind, sondern das Schema verstehen, tun sie das, was gemessen wird, und vernachlässigen das, was vom Raster nicht erfasst wird. Die Feedbacks schaffen so erst die Wirklichkeit, die sie zu erfassen vorgeben, und aus der Selbstoptimierung, die sich an den Maßstäben derer orientieren muss, die das Feedback abgeben, wird unter der Hand ein Disziplinierungsvorgang: Ich bin, was über mich erhoben wird und was ich, ausgehend davon, aus mir mache.

Man könnte so weit gehen, zu sagen, dass das Ich und der Unternehmenserfolg identisch werden. Bewerber passen sich bereits vorbeugend an: Früher begann ein Lebenslauf chronologisch, enthielt Angaben über Eltern, Geschwister und erste Lebensstationen. Der Lebenslauf von heute ist demgegenüber viel angepasster. Er beginnt mit der Gegenwart und ist so aufgebaut, als ob der neue Job, für den man sich soeben bewirbt, der Gipfel einer methodisch geplanten Berufskarriere sei, so etwas wie der krönende Abschluss, die Antwort auf die in zahllosen Feedback-Gesprächen gestellte Frage: »Wo sehen Sie sich in zwei Jahren?«

Ein freier Mensch wird in einem Angestelltenverhältnis stets zwei Ziele versuchen zu vereinbaren: ein gutes Leben für sich selbst und die Erfüllung der übernommenen Aufgaben im Unternehmen. Er wird, völlig legitimerweise, Tätigkeiten, die ihn persönlich im Job weiterbringen, verstärkt verfolgen, und er wird versuchen, diese gut mit seinen anderen Eigenschaften, etwa als Familienvater, zu verbinden. Kurzum: Das Verhältnis kann nicht konfliktfrei sein, wenn der Angestellte nicht seine Persönlichkeit völlig aufgibt.

Die Idee des 360-Grad-Feedbacks will aber in ihrer perfekten Form genau das. Die Selbstverbesserung dient dazu, Fehler und Versäumnisse, die dem Firmenerfolg schaden, im Verhalten zu eliminieren und den Mitarbeiter immer weiter auf seine Kompatibilität mit den Interessen der anderen hin zu optimieren. Gerechtfertigt wird das mit dem angeblich allgegenwärtigen Wettbewerb, der dazu zwingt, sich den Wünschen der Kunden, der Finanzinvestoren, der Umweltverbände anzupassen.[9]

Je höher die Latte liegt, desto größer der Frust.

Deutsche Unternehmen geben an, dass sie die Compliance-Regeln vor allem aus Angst vor straf- oder zivilrechtlichen Folgen einführen, etwa weil Mitarbeiter Regeln des Datenschutzes verletzen könnten. Sie betonen aber gleichzeitig, dass sie keinen Anlass dazu haben, weil die Anzahl der Verstöße keineswegs zugenommen habe. Die Deutschen folgen also einfach brav dem Trend, den die angelsächsischen Kapitalmärkte vorgeben[10] – undenkbar, dass einem Inder oder Araber ein solches System einfallen würde.

Für die Mitarbeiter ist die Compliance-Regulierung allerdings folgenreich: Sie können unmöglich alle Regeln präsent haben, sodass Angst und ein schlechtes Gewissen zum ständigen Begleiter werden. Irgendeine der vielen Vorschriften hat man eventuell doch verletzt. Das *Policy & Control Masterbook* von Siemens enthält mehr als 740 konzernweit gültige Richtlinien. Die Mitarbeiter stehen dadurch viel stärker in der Haftung, denn das Unternehmen kann im Zweifel darauf pochen, dass es Richtlinien, etwa gegen Bestechung, erlassen und sich der Mitarbeiter nicht dran gehalten hat. Die strengen Regeln haben die Unternehmen bereits verändert: Geschenke werden nicht mehr angenommen, Geschäftsessen fallen mickrig aus, jeder zahlt selbst, alles wird formalisiert, da ohnehin persönliche Beziehungen verdächtig geworden sind. Die Hotelbudgets für Mitarbeiter werden gekürzt. Es ist jetzt ganz klar, dass auf den Preis geachtet wird, auf die Kosten für das Unternehmen. Ein gutes Hotelzimmer könnte zwar auch die Wertschätzung für den Mitarbeiter ausdrücken, aber das ist keine Priorität mehr. Events werden reduziert, weil pro Kopf gewisse Obergrenzen nicht überschritten werden dürfen.

Dass zu einer Kultur auch Freigiebigkeit gehört, kommt in dieser kleinkarierten Herrschaft des Gesetzes nicht vor. Als ob Gastfreundschaft gleich korrupt wäre. Großzügigkeit war noch nie die Stärke der Puritaner, dafür haben sie jetzt ein umfassendes standardisiertes Reglementierungssystem geschaffen, das mit einer firmeninternen Polizei, genannt Compliance-Abteilung, auch gleich für die nötige Überwachung sorgt. So ergänzen sich Moral und Profit wunderbar: Compliance diszipliniert die Mitarbeiter und senkt die Kosten.

Selbst wenn der ehrgeizigste und gläubigste Selbstoptimierer auch alle Feedbacks beherzigen wollte, so stößt er doch auf uneinlösbare Anforderungen. Er muss in sich die Extreme vereinen. Er ist alles zugleich: »der durchsetzungsstarke Teamplayer *und* der teamfähige Einzelkämpfer; der kundenorientierte Glattling mit Ecken *und* Kanten«[11]. Er geht energisch voran, nimmt aber alle mit. Er überblickt das Ganze, kennt aber auch alle Details. Er hört auf die Intuition, checkt aber zugleich alle Zahlen. Er ist immer erreichbar, hat aber eine gute Work-Life-Balance. Er ist makellos und perfekt. Bei Porsche hängt ein Teil der Prämie von der Kundenbewertung ab, gleichzeitig soll der Porsche-Verkäufer die firmeninternen Benimmregeln internalisieren, darunter einheitliche Kleidung, Aufstehen bei der Begrüßung, ein ganzer Knigge an standardisierten Wohlverhaltens- und Freundlichkeitsregeln. Das ist ein Beispiel dafür, wie das Management von Gefühlen der Mitarbeiter bereits von den Unternehmen perfektioniert wird. In vielen Dienstleistungsberufen wird verlangt, dass man seine Emotionen völlig in den Dienst der Firmeninteressen stellt. Kunden sollen durch positive Emotionen gebunden werden. Für die Mitarbeiter bedeutet das einerseits, dass dass sie dauerhaft schauspielern müssen, und dass sie diese innere Unaufrichtigkeit psychisch belastet. *Das gekaufte Herz* nannte Arlie Hochschild[12] die Ökonomisierung der Gefühle. Zu den uneinlösbaren Forderungen, alle und damit auch gegensätzliche Anforderungen erfüllen zu müssen, muss der Selbst-Optimierer also auch noch die gewünschte Programmierung seiner Gefühle leisten.

Weil der Mitarbeiter alle Ziele gleichzeitig gar nicht erreichen kann und sich zugleich über die Feedback-Schleifen immer stärker mit den vorgegebenen Zielen identifiziert, wächst natürlich die Unzufriedenheit mit sich selbst.[13] Diese Überforderung »hält den Einzelnen in einem Zustand fortwährender Kritisierbarkeit und erzeugt eine Daueranspannung, die ihn niemals zur Ruhe kommen lässt«.[14]

Der Mitarbeiter soll einen »idealen Lebenslauf« absolvieren, was im Prinzip der idealen Biografie in den calvinistischen Gemeinden entspricht. Der einflussreiche Prediger Cotton Mather beschreibt in seiner *Magnalia Christi Americana* von 1702 die Vorbildlichkeit eines frommen Charakters: die Kontrolle der eigenen Äußerungen, die Abwehr von Lastern wie dem Rauchen und Trinken, das Eingestehen eigener Sünden, das Bekenntnis, noch perfekter in der Lebensführung zu sein, wozu penibles Tagebuchführen gehört. Hinzu kamen Gebete und Bibelstunden – sie sind in Europa der Säkularisierung zum Opfer gefallen. Geblieben sind: die Arbeitsmoral, der Wille, moralisch korrekt und dadurch besonders erwählt[15] zu sein. Zum Verständnis puritanischer Moral gehört die Bedeutung der Konformität, also das, was Cotton Mather *jedem* Gläubigen als idealen Lebenslauf abforderte. Wer die vielen Sekten in den USA beobachtet, sieht diese glaubensbestimmte Uniformierung, eine Art freiwillige Stereotypisierung. » Ich kenne kein Land, in dem im Allgemeinen weniger geistige Unabhängigkeit und weniger wahre Freiheit herrscht als Amerika«[16], beobachtete schon Alexis de Tocqueville, dem natürlich auch der Widerspruch zum amerikanischen Individualismus auffiel. Tocqueville erklärte die Spannung mit der sozialen Kontrolle, die eine sehr homogene öffentliche Meinung ausübt: »Mit der Masse nicht im Einklang zu sein, heißt sozusagen nicht leben. Diese braucht nicht die Gesetze anzuwenden, um die Andersdenkenden unterzukriegen.« Aus Angst vor dem Pranger, heute ist es der Shitstorm, kuschen die Menschen schon im vorauseilenden Gehorsam. Um den Einzelnen wie auch die Gesellschaft perfekt zu modellieren und zu verbessern, schuf der Puritanismus die politische Korrektheit: Amerikanische Schulbücher dürfen die Welt nicht so zeigen oder benennen, wie sie ist, sondern wie sie als vorbildhafte Welt sein soll: Alles ist harmonisch, keiner diskriminiert den anderen, Kinder sind brav und intelligent, es gibt keine Dummen, Männer und Frauen unterscheiden sich in nichts.[17] Das Prinzip der idealen Welt ist dasselbe geblieben, verglichen etwa mit dem 17. Jahrhundert, geändert haben sich freilich Teile des Inhalts: Schwarze und Indianer sind keine Teufel mehr, wie noch bei Cotton Mather, sondern gleichberechtigt – immerhin doch ein Fortschritt. Deutschland ist nicht besser: Der Zensor macht sich über unkorrekte Wörter in Kinderbüchern her. Für Europa ist die Übernahme der homogenen Antidiskriminierungsmoral ein Rückschritt, denn sie bewirkt in der Praxis nichts – was man an der bestehenden

Ungleichheit in den USA gut ablesen kann – schränkt allerdings die Meinungsfreiheit massiv ein, was ja auch ihr Sinn und Zweck ist.

Dauerüberwachung leicht gemacht – per Google und Facebook.

Mit Hunderten von Verhaltensregeln und den 360-Grad-Feedbacks ist der börsennotierte Großkonzern der standardisierten Korrektheit inzwischen schon recht nahe gekommen. Eine altbewährte Kontrollmethode kommt vielleicht bald noch hinzu: Die Puritaner führten akribisch Tagebuch, um die eigene Lebensführung ständig selbst zu überprüfen und Verfehlungen festzuhalten. Mit der »Timeline« von Facebook ist dieses Instrument nun einfach und für alle handhabbar, auch für Unternehmen. Facebook-Gründer Zuckerberg äußerte die Vision, dass bald jeder Mensch sein gesamtes Leben auf der »Timeline« abbildet. Es wird eine perfekte Welt sein, eine Welt ohne Verfehlungen, denn diese werden einfach von anderen Usern angezeigt (um das böse Wort denunzieren zu vermeiden) und dann gelöscht. Im nächsten kalifornischen Moralisierungsschub hat die »Timeline« große Chancen, zur Disziplinierung und Dauerüberwachung eingesetzt zu werden.[18]

Mit Big Data wird die Disziplinierung auf das Privatleben ausgedehnt, das ebenfalls perfekt und optimiert sein muss. Die Personaler sind immer auf der Suche nach dem besonderen Kandidaten, der tolle Zeugnisse hat, daneben aber auch noch außergewöhnliche Hobbys und Talente, ob jemand gut Schach spielt, Marathon läuft oder Nachhilfe gibt. Wenn

Männer gerne kochen oder Frauen Fußball spielen, kommt das sehr gut an. Die privaten Aktivitäten sollen illustrieren, dass der Bewerber sich brav in den Mainstream-Kriterien bewegt. Von solchen Mitarbeitern ist anzunehmen, dass sie auch neue Trends mitgehen und das tun, was von ihnen verlangt wird. Freiheit bedeutet, dass der Einzelne sich entscheiden kann. Das kann er aber nicht, wenn das Gros der Personalagenturen und Human-Resources-Abteilungen das Privatleben durchleuchtet und nach der rundum glatt geschliffenen Persönlichkeit sucht.

Je höher die Latte, desto größer die Heuchelei.

Auch bei der Compliance ist die moralische Überforderung für Firmen und Mitarbeiter groß und gewollt: Jeder Zulieferer muss unterschreiben, dass er sich mit Blick auf Menschenrechte, Ökologie, soziale Verantwortung, Arbeitsbedingungen, Kinderarbeit, Löhne, Sicherheits- und Gesundheitsmaßnahmen, geistiges Eigentum sowie bei der Unternehmensethik in Bezug auf Betrug, Bestechung oder Kartellvorschriften an die Regeln seines Kunden hält und dafür sorgt, dass seine Lieferanten dasselbe tun. Jeder verpflichtet so jeden zur Einhaltung von Maximalstandards. Ein Großkonzern kommt leicht auf über 30 000 Lieferanten in 150 Ländern. Es ist unmöglich, das alles zu kontrollieren. Die Absicherung gegen Risiken ist Illusion. Würden die USA und Großbritannien, die sich hier international besonders hervortun, tatsächlich ihre moralischen Standards ernst nehmen, müssten sich ihre Konzerne etwa aus Arabien, Afrika und China komplett zurückziehen. Das tun sie natürlich nicht.

Man versteht Compliance nur, wenn man die Kulturform der puritanischen Heuchelei kennt. Für jedes Moralsystem gilt: Je höher die Latte hängt, desto größer die Heuchelei und desto trickreicher die Umgehungsstrategien. Bei der Umgehung sind die Angelsachsen besonders geschickt. Enron, die durch Bilanzbetrug, und BP, die durch eine Ökokatastrophe auffällig wurden, zählten davor zu den Favoriten in so manchem »Best in Class«-Rating, was zeigt, dass die Moralratings ein ähnliches Glaubwürdigkeitsproblem haben wie die Ratingagenturen, die Staatsanleihen bewerten. Die Heuchelei folgt den Moralgesetzen auf dem Fuße: So reicht es beim britischen »Bribery Act«, wenn die Firmen ihre Unterschriften unter die Compliance-Erklärungen setzen. Dabei werden die Reglements so formuliert, dass das Offensichtliche, etwa die Verletzung von Menschenrechten in Saudi-Arabien, unter den Tisch fällt und sich die Unternehmen auf Einzelfälle der Missachtung von Compliance-Regeln beziehen können, die aber so gut wie nie entdeckt werden. Man muss sich da schon sehr ungeschickt anstellen: Ikea geriet 2012 in die Kritik, weil im Katalog für Saudi-Arabien die weiblichen Werbemodels wegretuschiert waren. Ikea hatte sich zu viel an die wahabitische Frauendiskriminierung angepasst.

Regeln sind dazu da, dass die anderen sie halten.

Wie schlecht war doch die Welt, bevor die Compliance eingeführt wurde! Manche ihrer Vorkämpfer glauben tatsächlich, dass sie die Welt verbessern. Die Realität bestätigt das nicht: Was haben all diese Reglementierungen etwa dazu beigetragen, die Finanzkrise zu verhindern? Ein Großteil der Manager durchlief seine Ausbildung in renommierten Business-Schulen, die das Komplettpaket an Compliance, 360-Grad-Feedback, Corporate Social Responsibility e tutti quanti enthielten. Generationen von Managern wurden so ausgebildet, aber es blieb weitgehend wirkungslos. Wo waren die hehren Grundsätze gegen Betrug, als die Ratingagenturen die wertlosen Immobilienkreditverbriefungen durchgängig als ausgezeichnet bewerteten? Wo war die Moral der Wirtschaftsprüfer, die die Skandalbanken jahrelang geprüft und keine Risiken gefunden hatten?

Wäre es nicht besser, diese Firmen kümmerten sich zuallererst um ihr Kerngeschäft, statt ihren Mitarbeitern zu verbieten, zu Weihnachten eine Flasche Wein anzunehmen? Wäre es nicht besser, sie würden den Rendite- und Effizienzdruck vermindern? Dann müssten die Mitarbeiter ihren Kunden keine unpassenden Produkte aufschwätzen oder Aufträge um jeden Preis reinholen. Am Ende siegt doch der Profit. Im Dow Jones Sustainability Index zählt der Leistungsbonus sogar als moralischer Pluspunkt. Firmen, die ihre Mitarbeiter nicht mit Bonussystemen in die Verkaufsschlacht schicken, stuft der Index herab, obwohl die hybride Bonuskultur der US-Banken die Finanzblase 2008 erzeugt hatte.[19]

Natürlich wissen erfolgreiche Firmengründer wie Bill

Gates, Steve Jobs, Jeff Bezos, Mark Zuckerberg oder Sergey Brin, dass sie nicht einen Bruchteil ihres Milliardenvermögens gemacht hätten, wenn sie sich in ihrem Leben auch nur einen Tag an die Inhalte des 360-Grad-Feedbacks oder/und an Compliance-Regeln gehalten hätten. Ein Facebook-Gründer, der seine Kommilitonen nicht hintergangen hätte; ein Amazon-CEO, zu dessen Geschäftsmodell nicht die Unterbezahlung der Mitarbeiter gehört; ein Microsoft-Präsident, der seine Kunden nicht mit Monopolpreisen ausgenommen hätte; ein Apple-Gründer, der seine chinesischen Mitarbeiter nicht ausgebeutet hätte; ein Google-Chef, der die Copyrights nicht missachtet hätte – ohne die unzähligen Verstöße, von denen die Zeitungen andauernd berichten, gäbe es diese Unternehmen schlicht nicht oder sie wären nie so erfolgreich geworden. Regeln sind dazu da, dass die anderen sie halten.

Wie kommt es zu der enormen Diskrepanz zwischen knallharten Geschäftsmethoden à la Google und Microsoft und der Moralisierung, die diese Unternehmen gleichzeitig fördern und propagieren? Ein Grund ist sicherlich, dass Compliance & Co. die Mitarbeiter besser denn je kontrolliert. Die Programme sparen Kosten (Restaurant, Hotel etc., Umweltschutz), erhöhen den Gewinn für die Aktionäre und disziplinieren die Angestellten. Warum sollten die Firmen das abstellen?[20]

Tue nichts Böses – schöner Wahlspruch, an den du dich nicht zu halten brauchst.

Das richtige Moralmanagement ist eine puritanische Spezialität. Schon Thomas Jefferson, der Verfasser der Unabhängigkeitserklärung, brachte es fertig, darin zu behaupten: *»all men are created equal«*, während in seinem Betrieb die Sklaven schufteten. Moral muss nützlich sein, ist der puritanische Quellcode. Wenn die Moral den Gewinn steigert, ist sie gut, wenn sie ihn senkt, ist sie schlecht. Der kalifornische Kapitalismus, dessen Ideologie derzeit in Europa eindringt, hat die Symbiose von Gewinn- und Moralmaximierung noch verfeinert. Was uns bereits bei der intrinsischen Arbeitsmoral und der romantischen Konsumkultur in den ersten Kapiteln begegnet ist, findet sich auch hier: Marktradikale Nutzenmaximierung hat sich mit der Sharing-Kultur der Hippies verknüpft, die Wall Street mit dem Silicon Valley. Was sich noch in den 60er Jahren diametral gegenüberstand, feiert heute sein Hochamt im ultimativen Abcashen, etwa beim Börsengang von Facebook. Symbolisch dafür Mark Zuckerberg im T-Shirt neben den dunklen Anzugträgern von Goldman Sachs[21], die bei dem Deal mächtig verdienten und, *so what*, der Manipulation verdächtigt wurden.[22] Hier kommt alles zusammen: die Sharing-Kultur, technologischer Fortschritt, hohe Arbeitsproduktivität und maximaler Return on Investment. Dass die propagierte Moral mit der Praxis des Profitmachens, nüchtern betrachtet, nicht zusammenpasst, etwa Googles Motto *»Don't be evil«* (Tue nichts Böses) mit seinen rüden Geschäftsmethoden, stört kaum einen. *Anything goes.* Die hohe Schule des Moralmanagements eben.

Darwin oder: Wenn die Leistungsträger mal streiken, dann gnade Gott den Losern.

Der kalifornische Kapitalismus hat das Prinzip »Moral muss nützlich sein« auf ein zeitgenössisches Niveau gebracht. Er besteht aus zwei Strängen, ich nenne sie »Darwin« und »Jesus«. Sehen wir sie uns einmal genauer an: Darwin, das sind die knallharten Profitmaximierer, die eine sozialdarwinistische Moral vertreten.[23] Die geht ins 19. Jahrhundert zurück, ist aber durch die einflussreiche Vordenkerin Ayn Rand heute wieder sehr aktuell. Rands Anhänger reichen von Alan Greenspan[24] bis zum Vizepräsidentschaftskandidaten Paul Ryan[25], auch Facebook-Finanzier Peter Thiel und Wikipedia-Gründer Jimmy Wales gehören zu ihren Bewunderern. Rand, eine aus der Sowjetunion vertriebene Radikalliberale, vertritt in ihren Romanen und in ihrer Philosophie eine Mischung aus Nietzsche und Darwin. Sie idealisiert den Egoismus und den Kampf ums Dasein: Der Kapitalismus ist noch nicht Wirklichkeit, *»we have still a long way to go«*[26], er ist noch eine Utopie. Rand verehrt die heroischen Tatmenschen, die unentwegt arbeiten, planen und handeln. Ihnen stehen dekadente Sozialschmarotzer gegenüber, die die Übermenschen nur ausbeuten.[27] Gut ist alles, was produziert und Geld abwirft, schlecht ist der Staat, weil er umverteilt und die Faulenzer ernährt. Eine Gesellschaft von Genies könnte ohne den Rest der Menschheit überleben, doch umgekehrt gilt das nicht. Wenn die Leistungsträger mal streiken, dann gnade Gott den Losern. Also sollte man sie nicht durch zu hohe Steuern reizen, lautet Rands Botschaft. Das Idyll, in das die Übermenschen sich in Rands Roman *Atlas Shrugged* zurückziehen, ist eine langweilige, paternalistische heile Welt disziplinierter, hart arbeitender, asexueller, autistischer Individualisten. Spielten Rands Romane im Jetzt, würden sie als Sanierer auftreten, Effizienzprogramme auflegen, Profitcenter einrichten oder ganze Branchen mit dem Online-Handel gnadenlos eliminieren. Denn das Neue ist immer das Bessere.[28] Die Brücke zum Unternehmertum schlug als ein Vorläufer von Rand bereits Joseph Schumpeter: Der Unternehmer verhindert die moralische Erschlaffung der Gesellschaft, weil er die Energie für die anscheinend notwendige »schöpferische Zerstörung« des Bestehenden aufbringt. Schöpferische Zerstörung im Dienste der Kreativität verbindet ihn mit dem Künstler. Konsequenterweise gesteht Schumpeter den »Revolutionären der Wirtschaft« zu, alle sozialen Bindungen und das »System der überindividuellen Werte« bedenkenlos brechen zu dürfen, um neue Möglichkeiten in der »Kombination von Dingen und Kräften«[29] auszuprobieren. Rands Helden vertreten allerdings eine Moral, die auch von modernen Künstlern unterschrieben werden könnte: »Alles Kreative kann nur unter der Anleitung eines einzelnen, individuellen Gedankens entstehen. Das erste Recht auf der Erde ist das Recht des Ichs. Die erste Pflicht des Menschen ist die sich selbst gegenüber«, heißt es in ihrem Roman *Fontainhead.*

***Jesus Christ Superstar* oder: Alles teilen in der Community.**

Jesus, das ist der zweite Strang des kalifornischen Kapitalismus. Die Sharing-Kultur, *Jesus Christ Superstar, Hair* und das Wassermann-Zeitalter, das den neuen Menschen hervorbringt, diese Ideen tragen die Hippies bei, mit »*some flowers in your hair«*. Das ist die pietistisch-romantische Wurzel, wie sie recht typisch vom Dichter Ralph Waldo Emerson Mitte des 19. Jahrhunderts repräsentiert wurde: »Der neue Mensch ist ein junger Mann, der keinen bestimmten Platz in der Gesellschaft hat, kein Erbe besitzt, sich nicht an einen einzigen Beruf hält und sich jenen widersetzt, die ihn auf eine Rolle, auf einen Status reduzieren wollen. Er kann auf sich zählen, denn er besitzt keine sozialen Kennzeichen; er ist völlig autonom und auf zahlreichen Gebieten fachkundig.«[30]

Man sieht heutige Lebensentwürfe gleichsam vor sich. Dass sich Künstler autonom und über bürgerliche Moralvorstellungen erhaben fühlen, gehört zur Grundausstattung ihres elitären Selbstbewusstseins. Für sich selbst nehmen die Künstler und Intellektuellen seit der Boheme gern Sonderrechte in Anspruch. Bürgerliche Vorstellungen von Eigentum, Treue, Verantwortung, Haftung etc. gelten so nicht für sie, darüber sind sie erhaben. Im *Tristan* beschreibt Thomas Mann diese Verachtung der bürgerlichen Welt: »... all dies dumpfe, unwissende und erkenntnislose Leben und Handeln.« Dagegen arbeitet der Künstler für die Kunst und fühlt sich auch moralisch als etwas Besonderes. Auch nimmt er für sich in Anspruch, die Gesellschaft völlig umzuformen und utopische Vorstellungen zu entwickeln.[31]

»Schöpferische Zerstörung« des Alten, so verstanden sich auch die Futuristen und Konstruktivisten, die Bohemiens, die mit André Breton auch mal mit dem Revolver in die Menge schießen wollten. Ihre Epigonen in Amerika, die Hippies, nahmen auch religiöse Ideen auf, besonders die »urchristlichen« Vorstellungen vom Teilen in der Community, die sich dann in der File-Sharing-Kultur des Silicon Valley wiederfinden. Wie 1969 in *Easy Rider*, wo Peter Fonda sowohl vom

Drogenhandel lebt als auch den Pioniergeist der Hippie-Bewegung repräsentiert: die Freiheit des Einzelnen, unabhängig von der Gesellschaft sein Leben zu gestalten, ob mit Viehherden, mit Drogen oder eben heute mit Software. Und wie damals der Joint durch viele Hände kreiste, kann heute schon mal eine Raubkopie durch viele Hände gehen. Aber das ist nur Nostalgie, die der Story hilft, sich gut zu verkaufen: Eine wunderbare Kultur des Reichwerdens und Gutseins konnte sich entwickeln, die den kalifornischen Kapitalismus im Selbstverständnis seiner Millionäre zum idealen Ort macht.

In Kalifornien vertragen sich Jesus und Darwin.

Die Welt verändern wollen auch Google, Amazon, Apple, Facebook & Co. In der digitalen Boheme finden deren rüde Methoden ihre nachsichtigsten Anwälte und die Innovationen ihre größten Befürworter. Beide lieben die Rhetorik der Weltverbesserung und des Fortschritts. Der kalifornische Kapitalismus und die digitale Boheme sind Freunde geworden. Beiden gefällt das. Beide schreiben am Skript derselben Story, einer besseren Welt und eines authentischen Lebens, das angeblich das Internet möglich macht. Es ist die Versöhnung von Romantik und Konsumkapitalismus. Im Internet dringe ich in andere Welten vor, bin ich bunt, erfinde ich mich neu. Es geht um die Steigerung in allen Lebensbereichen als individuelles und kollektives Projekt – um die stete Ausdehnung des Möglichkeitsraumes. Mit »Google Maps« sehe ich die Welt vom All aus. Mit »Google Street View« überwinde ich Zeit und Raum. Die Kapitalismuskritik der Romantik ist an ihr Ende gekommen. Eric Schmidt, der CEO von Google, und der Blogger Sascha Lobo sind sich einig. Wer kein »Geschäftsmodell« hat oder wem sein altes durch die Digitalisierung weggenommen wird, der hat eben seine Existenzberechtigung verloren, ob das Verlage sind, der Einzelhandel, die Innenstädte. *Who cares?* In der digitalen Welt kann man träumen von idealen Welten und Gegenwelten, von Surrogates, i-Robots, Pirat Bays. Ja, Schmidt und Lobo sind sich einig: »Man kann nicht auf alle warten, das geht heute nicht mehr.«[32]

In Kalifornien vertragen sich Darwin und Jesus. Schenken Google und Facebook nicht alles her? Die Suchfunktion ist genauso umsonst wie die Mitgliedschaft im Social Network. Alles sieht so freiwillig und easy aus. Und machen Google und Facebook nicht alle reich? Nicht alle, aber ein bisschen diejenigen, die den harten Ausleseprozess überstanden haben, den etwa Google seinen Einstellungsbedingungen zugrunde legt. Jesus ist in Kalifornien nicht so easy, dass er darauf drängt, dass die Letzten die Ersten sein müssen. Umgekehrt ist Darwin in Mountain View so klug, gut zu zahlen und den Mitarbeitern viel Freiraum für Ideen zu lassen, die natürlich am Ende dem Unternehmen gehören.

Die höchste Stufe des Egoismus bleibt den Vorständen und Investoren vorbehalten. Jobs, Brin und Zuckerberg haben eine Künstler- und Unternehmermoral angenommen und stehen irgendwie moralisch über den Dingen. Die Rechte irgendwelcher Spießer interessieren sie nicht wirklich. Auch sie hören Punk und würden dem Impresario Malcolm McLaren nie vorwerfen, den mörderischen Sid Vicious von den Sex Pistols auf die Menschheit losgelassen zu haben.[33] Sie fühlen sich als Rebellen und Piraten, die Urheberrechte (»mittelalterliche Relikte«) verletzen, denn sie schaden dem Geschäft und verstoßen gegen die urkommunistische Sharing-Kultur. Wenn es passt, dann besteht Jesus darauf, dass alles kostenlos und transparent sein muss. Manchmal ist es aber auch notwendig, dass Darwin die Härte aufbringt, das Geschäftsmodell intransparent zu halten und die Gewinne sprudeln zu lassen. Immer wenn sich die Gelegenheit bietet, die Leistung anderer ohne Entgelt auszubeuten, können die Herrn des kalifornischen Kapitalismus – es sind fast nur Männer – sehr kapitalistisch werden.[34]

Schlechtes Gewissen vorprogrammiert: Die Tugenddiktatur.

Es ist allerdings nicht leicht, beiden gerecht zu werden, denn Darwin und Jesus stellen harte Bedingungen, sie sind Maximierer. Darwin steht für eine Rendite- und Effizienzlogik, Jesus für den Weltverbesserungsanspruch. Der Blick in die Praxis zeigt, dass die Utopie so gut wie nie erreicht wird und die allermeisten den Spagat nicht schaffen. Google und Facebook sind nur die prominentesten Beispiele. Man kann nicht aggressiver Marktführer sein und nett zu seinen Konkurrenten. Wer maximale Renditeziele formuliert, schweigt lieber über die Methoden. Darf ein Unternehmen von sozialer Verantwortung reden, das sich beinahe komplett um die Bezahlung seiner Steuern drückt?

Vieles spricht dafür, dass die Symbiose deshalb funktioniert, weil Jesus vor allem dazu da ist, um Darwins Methoden schöner aussehen zu lassen. Puritaner spenden ihr Vermögen, um ein Zeichen ihrer Erwähltheit zu setzen und sich von den anderen abzuheben. Im Unterschied zu Kulturen mit einem stillen Mäzenatentum machen sie das äußerst publikumswirksam. »The Giving Pledge«, die Milliardärsinitiative des Microsoft-Gründers Bill Gates, ist dafür typisch. Darwin und Jesus vereinigen sich hier zu einem Gesamtkunstwerk. Wie einst beim Stahlmagnaten Andrew Carnegie, der seine Arbeiter erst ausbeutete und dann seinen Namen in der berühmten Foundation verewigte, so hat Gates erst mal seine Kunden ausgenommen und finanziert jetzt ebenfalls eine Stiftung, die Gutes tut.[35]

Der Weltverbesserungsanspruch führt also zwangsläufig in die Scheinheiligkeit oder in die Überforderung, zumeist in beides. Die Wurzel dieser moralischen Überforderung liegt bei den Puritanern und ihrer strengen Auslegung der Bergpredigt: »Liebt eure Feinde«, heißt es da, und: »Wenn dich einer auf die rechte Wange schlägt, dann halt ihm auch die andere hin. Wer dich bittet, dem gib, und wer von dir borgen will, den weise nicht ab.« Zusammenfassend lautet am Ende die Maximalforderung: »Ihr sollt also vollkommen sein, wie es auch euer himmlischer Vater ist« (Matt 5,48).

Für die Calvinisten hängt die Latte ziemlich hoch, das Scheitern ist programmiert, und daher quält das ewig schlechte Gewissen.

Der Mensch mit seiner inneren Schlechtigkeit wird nie ganz an die göttliche Perfektion herankommen, aber er muss es versuchen, fordert Calvin. Das ist der Ruf nach einer Tugenddiktatur.[36] Der glücksfeindliche Sinn der Überforderung liegt gerade darin, dass die moralischen Imperative unerreichbar sind und die Menschen daran scheitern, dann fühlen sich alle elend, ganz so, wie Calvin sich das wünschte. Dieselbe »permanente Unsicherheit« (Richard Sennett) begegnete uns schon bei den hart arbeitenden Berufsmenschen. So wenig sie mit ihren Anstrengungen nachlassen dürfen, so wenig dürfen es die Frommen. In der Praxis führt die Überforderung zur Heuchelei: Der Calvinist kann nicht einmal zugeben, dass er eine Frau schön findet, denn in Math 5,28 heißt es: »Wer eine Frau auch nur lüstern ansieht, hat in seinem Herzen schon Ehebruch mit ihr begangen.« Also wegschauen oder den Anschein wahren. Für puritanische Länder wie die USA kann die sichere Voraussage gemacht werden, dass bei ihnen das Thema Sexismus nie aufhört, das geht schon aus tiefenpsychologischen Gründen nicht, denn je tiefer die Verklemmtheit sitzt, desto höher schlägt die Sexobsession aus. Das Land liefert besten Anschauungsunterricht, wo wir landen, wenn wir die prüde Hypermoral übernehmen: Absurde Haftstrafen für geringfügige Vergehen, die Angst von Männern, mit einer Frau allein im Lift zu fahren, Verbot der Prostitution und das Fehlen jeglicher Erotik, wie sie etwa zur französischen oder brasilianischen Kultur gehört. Die aktuelle Moralwelle lässt allerdings nichts Gutes erwarten. Dahin könnte die Reise gehen: US-Konzerne verbieten Büro-Affären und erlassen Regularien zum »sexuellen Verhalten«. So weit darf es nicht kommen, dass eine Allianz aus puritanischer Prüderie und Feminismus eine Meldepflicht für Affären und Beziehungen im Unternehmen durchsetzt. Eine Million Dollar als Schadenersatz für eine Anmache ist dort ein Geschäftsmodell.

Der überzogene Moralismus verschont nichts. Er will Perfektion: So sollen alle Menschen gleichberechtigt gut behandelt werden, und niemand soll beleidigt werden. In Schulbüchern und Illustrationen dürfen keine Vorurteile transportiert werden. Dagegen wäre nichts zu sagen, doch wer das übertreibt, wird schnell totalitär: Frauen sollen nicht als Mütter dargestellt werden, Schwarze nicht als Untergebene, in amerikanischen TV-Serien sind die Teams optimal ethnisch und gendermäßig quotiert. Die Sprachpolizei sorgt für die Herrschaft der Tugend und die Einhaltung der Heucheleistandards. Jeder soll mit dem inneren Zensor herumlaufen und sich selbst überprüfen, ob er auch alle Richtlinien korrekt einhält. Für Moralapostel ist das die beste aller Welten, denn Verstöße finden sich immer, nie hört der Strom der Anklagen auf, die Welt ist schlecht. In Deutschland hat die »Nationale Armutskonferenz«, ein Zusammenschluss der Wohlfahrtsverbände, den Ball aufgenommen und eine »Liste der sozialen Unwörter« veröffentlicht, die »irreführende und abwertende Begriffe« enthält, »mit denen Menschen in ihrer Lebenssituation falsch beschrieben, schlimmstenfalls sogar diskriminiert werden«. Am Wort »alleinerziehend« beispielsweise stört sich die Armutskonferenz, weil es »nichts über mangelnde soziale Einbettung oder gar Erziehungsqualität«[37] aussage. Das Wort »arbeitslos« dürfe ebenfalls nicht mehr vorkommen, nun soll es »erwerbslos« heißen. So wird die Realität eine Zeit lang verkleistert, und die Menschen werden sprachlich schikaniert. Kaum ist ein neuer Begriff eingeführt, vergeht etwas Zeit, bis auch dieser als abwertend empfunden wird. Auf »Ausländer« folgte »Migrant«, auf »Migrant« der »Mensch mit Migrationshintergrund«, zuletzt war »Person mit Migrationshintergrund ohne eigene Migrationserfahrung« vorgeschrieben, das passt der Armutskonferenz aber jetzt auch nicht mehr. Wie man sich korrekt ausdrücken soll, verrät sie uns leider nicht. Fazit: Am besten nicht darüber reden.

Der Antidiskriminierung fehlt es an der moralischen Balance, sie maximiert Moral und entmenschlicht sie dabei.

Die Forderung von NGOs und Ökonomen, bei Stellenanzeigen auf die Angaben von Alter, Geschlecht und Herkunft sowie auf ein Foto zu verzichten und nur noch anonyme Bewerbungen zuzulassen, weil dadurch diskriminierte Minderheiten bessere Chancen auf einen Job hätten, ist so ein Fall. Die wichtigsten Eigenschaften eines Menschen: wie er aussieht, wo er herkommt, wie alt er ist und welches Geschlecht er hat, sollen keinen Einfluss auf die Einstellung eines Mitarbeiters haben. Der Kern der Persönlichkeit soll bewusst ausgeklammert werden, nur noch berufliche Qualifikationen sollen relevant sein. Der Mensch wird auf seine reine Arbeitskraft reduziert: Das ist sein Nutzen, mehr hat den Arbeitgeber nicht zu interessieren. Menschliche Sympathie ist keine ökonomische Kategorie.

Die anonyme Bewerbung spiegelt ökonomisches Denken in nuce wieder, und es zeigt sich hier sehr anschaulich, wie eng ökonomischer und moralischer Puritanismus zusammenhängen und sich ergänzen. Dass ein Mitarbeiter mehr sein könnte als sein Nettonutzen als Produktivkraft, undenkbar! Man stelle sich vor, ein Arbeitgeber ziehe einen Bewerber vor, weil ihn dessen Persönlichkeit mehr überzeugt als dessen Berufsqualifikation.

Das einzig relevante Einstellungskriterium sind dann ausgerechnet die Schul- und Arbeitszeugnisse. Aber wird irgendwo sonst, außer beim Sex, mehr gelogen als bei Arbeitszeugnissen? Jedes Arbeitszeugnis besteht grundsätzlich aus Standardformeln, deren exakte Bedeutung nur die Personalchefs entschlüsseln können. Ausgerechnet bei den Problemfällen versagt sogar deren Kompetenz, denn ein gutes Zeugnis kann eingeklagt werden, was bei streitigen Kündigungen auch regelmäßig geschieht. Die anonyme Bewerbung räumt somit die menschlichen Auswahlkriterien beiseite und ersetzt sie durch scheinobjektive Falschaussagen.

In der Praxis entscheiden über die Einstellung glücklicherweise immer noch das persönliche Gespräch und die Probezeit. Um auch diese subjektive Beurteilung abzuschaffen, müssten die Behörden die Ganzkörperburka für den diskriminierungslosen Arbeitsalltag einführen. Dennoch entsteht schon heute durch das Antidiskriminierungsgesetz ein Schaden, weil den Betrieben ehrliche Argumentation unmöglich gemacht wird. Früher erklärten die Arbeitgeber einem Kandidaten noch, warum sie ihn nicht eingestellt haben. Diese nützlichen Hinweise sind ihnen inzwischen zu gefährlich geworden, denn sie fürchten Schadensersatzklagen wegen Diskriminierung, worauf sich einige Experten für das Allgemeine Gleichbehandlungsgesetz (AGG) schon spezialisiert haben.

Die Hypermoral hat die Moral nicht gehoben, sondern gesenkt. Das AGG ist ein Beispiel für übertriebenen Moralismus. Ich frage mich, ob je eine italienische Pizzeria in Deutschland verklagt wurde, weil darin nur Italiener arbeiten? Aber wahrscheinlich stört sich keiner daran, ich jedenfalls nicht.

Nichtdiskriminierung ist auch die Leitidee hinter den seit 2013 geltenden Unisextarifen für Versicherungen, die nur noch geschlechtsneutral zu berechnen sind. Beiträge und Leistungen dürfen nicht mehr die Risiken widerspiegeln, die bei Männern und Frauen sehr unterschiedlich sein können. Eine Risikolebensversicherung kostete eine Frau bislang weniger, weil bei Frauen aufgrund ihrer höheren Lebenserwartung der Versicherungsfall mit geringerer Wahrscheinlichkeit eintritt. Nun müssen sie bis zu 70 Prozent höhere Unisex-Prämien zahlen, während Männer lediglich bis zu 22 Prozent sparen. Aus dem Nullsummenspiel, dass Männer für einige Versicherungen mehr und Frauen dafür weniger zahlen müssen und umgekehrt, ist also nichts geworden. Weil Risikolebensversicherungen für Frauen unattraktiver werden, wird der Männeranteil deutlich zunehmen. Sollten die Frauen ganz aussteigen, wäre die Männerprämie wieder mathematisch korrekt dort, wo sie herkam, die Frauen hätte das Gesetz allerdings um eine Versicherungsform gebracht. Dass die Versicherer die Prämien bei der Gelegenheit der Unisex-Umstellung auch gleich kollektiv anheben, entspricht zwar nicht der reinen Lehre von Angebot und Nachfrage, aber der Lebenserfahrung. Diese blenden Moralisten aber grundsätzlich aus. Jetzt bilden sie sich ein, die Menschen gleicher und freier gemacht zu haben. Das Gegenteil ist der Fall.

Und noch ein Beispiel: Das Gebot absoluter Transparenz hat das Zeug, sich zu einem Instrument des Tugendterrors zu entwickeln. Auch hier ist Kalifornien der Vorreiter: Als »Google Street View« in Deutschland eingeführt werden sollte, war das Land in Aufruhr. Ganz anders als in den USA oder in Holland, wo bereits klaglos das ganze Land abgefilmt worden war. Ein Grund für die unterschiedliche Reaktion war das calvinistische Erbe, das Holland mit den amerikanischen Puritanern gemeinsam hat. In den Niederlanden baute man seit dem 18. Jahrhundert das Wohnzimmer zur Straßenseite und hatte keine Gardinen vor den Fenstern. Der rechtschaffene Protestant hat eben nichts zu verbergen.

Ähnlich denkt heute Google-Vorstandschef Eric Schmidt

über den Schutz der Privatsphäre: »Wenn es etwas gibt, von dem Sie nicht wollen, dass es irgendjemand erfährt, sollten Sie es vielleicht gar nicht erst tun.«[38] Das ist eine ziemlich freche Aussage für ein Unternehmen, das den Algorithmus geheim hält, der dem finanziellen Erfolg seiner Suchmaschine zugrunde liegt, und das mit unseren Daten schlicht Geld verdienen will, ohne uns zu fragen.

Die Puritaner, die 1629 einen Gottesstaat in Massachusetts gründeten, hätten die Kontrollmöglichkeiten, die sich durch Google oder Facebook ergeben, begeistert genutzt. Gerade, dass das Internet nichts vergisst und jede Verfehlung für immer dokumentiert, hätte den Calvinisten gefallen. Für sie gab es keine »innerweltliche Erlösung«. Ihre spezifische Kombination aus Bigotterie und politischer Korrektheit hat seither viele Metamorphosen erlebt. Eine, die Verfolgung »unamerikanischer Umtriebe«, beschrieb Arthur Miller in *Hexenjagd* in den 1950ern. Ein wenig schwingt das im Statement von Eric Schmidt mit: Gegner von Google sind unmoralisch, weil sie offensichtlich etwas zu verbergen haben. Tatsächlich haben sie lediglich kein calvinistisches Verständnis von Privatheit. Den *Zeit*-Autor Harald Martenstein bedrückt diese Perspektive: »So werden wir nach und nach zu Menschen ohne Geheimnis. Sein und Schein sollen sich, einmalig und erstmals in der Geschichte, nicht mehr unterscheiden. Alles soll gut ausgeleuchtet sein, transparent. Keine Geheimsitzungen mehr, so fordern es manche aus der neuen Erfolgspartei, den Piraten. Keine Doppelmoral mehr, keine Grauzone.«[39] Nur das »erstmalig in der Geschichte« stimmt nicht, bei den Puritanern im Gottesstaat Massachusetts sollte auch schon damals alles ganz transparent sein.

Ökoterror: Die Schuld, auf der Welt zu sein, wird der Mensch nicht los, er kann sie nur durch Askese abtragen.

»Die Deutschen von heute glauben, freier zu sein als alle Generationen davor«, schreibt Harald Martenstein. In gewisser Hinsicht stimmt das auch. Es herrscht Meinungsfreiheit, jeder kann seinen Lebensstil frei wählen. Doch Martenstein schiebt nach: »Gleichzeitig aber stand noch nie eine Gesellschaft, die keine Diktatur ist, so sehr unter Kontrolle.«[40] Den penetrantesten Moralismus betreibt die Ökosittenpolizei. Einen riesigen Schilderwald von Vorschriften hat sie errichtet, der vieles von unserer Freiheit wieder zurücknimmt. Wir haben den Müll in bis zu sechs verschiedenen Tonnen zu trennen, auch wenn der Inhalt so mancher Wertstofftonne als Brennstoff im Ofen eines Zementwerks verschwindet. Wir subventionieren zwangsweise Windkraftwerke und Solardächer über hohe Stromkosten, und an Auflagen, wie Häuser zu dämmen oder zu renovieren seien, mangelt es nicht.[41] Sogar der Duschkopf wird vorgeschrieben, damit nicht zu viel Wasser beim Duschen verbraucht wird. Die Energiesparlampe wird ebenso zur Pflicht wie der Biosprit E10, beides übrigens reiner Aktionismus, der die Verhältnisse verschlechtert, denn die Energiesparlampe enthält hochgiftiges Quecksilber und der Biosprit zerstört die Natur.

Wie jeder Hypermoral geht es auch der rigiden Ökomoral darum, die Menschen zu gängeln und ihnen Verzicht aufzunötigen. Es sind lauter kleine Nötigungen: Beim Reisen werden wir darauf hingewiesen, dass unsere CO_2-Bilanz durch den Kauf von Zertifikaten ausgeglichen werden kann. Beim Kauf von Kaffee sagt man uns, dass wir den teuren, fair gehandelten kaufen sollen. Das Etikett der Jeans informiert, dass sie ohne Kinderarbeit genäht wurde. Die Anzahl der Vorschriften nimmt immer weiter zu. Stets geht es um Schuld, die wir irgendwie auf uns geladen haben und wieder abarbeiten müssen oder um Bevormundung.

Woher kommt diese Verzichtsmoral, die die Menschen in ihrem Alltagsverhalten diszipliniert und die es versteht, den Menschen schwere Schuld gegenüber der Natur und künftigen Generationen einzureden und sie so beherrschbar zu machen? Der amerikanische Umwelthistoriker Mark Stoll ist dieser Frage nachgegangen und hat ihren puritanisch-asketischen Ursprung in einer umfangreichen Studie nachgezeichnet. Er kommt zum Ergebnis, dass »die moralische Dringlichkeit, die die Umweltbewegung antreibt, ein direktes Erbe des Puritanismus ist«.[42] Es ist kein Zufall, dass die ersten amerikanischen Umweltaktivisten wie Rachel Carson, die mit dem Buch *Silent Spring* die deutsche Umweltbewegung stark beeinflusste, sowie John Muir, David Brower u. v. a. aus der presbyterianischen Kirche kamen.[43] Wie die Urcalvinisten prangern sie die Gier des Menschen und seine Korrumpiertheit durch Luxusbedürfnisse an. Gerade als der Zeitgeist in den 1960er Jahren ganz vom Optimismus des Konsumkapitalismus durchdrungen war, wandte sich der asketische Puritanismus unter der Führung dieser Umweltschützer der Natur zu: Die Versuchung zum Bösen ist jetzt nicht länger eine Schlange im Garten Eden, sondern es sind die Verlockungen der modernen Technik, denen der Mensch erliegt, weil er sich davon ein sündiges Leben in Saus und Braus und ohne Grenzen verspricht. Die ökologische Rhetorik ist in der Tat geprägt von religiösen Begriffen: Die Apokalypse wird ständig beschworen, sei es DNT, Saurer Regen, Atomkraft oder jetzt

Klimawandel, wobei wie bei den Zeugen Jehovas falsche Untergangsprognosen nichts am grundsätzlichen Apokalypseglauben ändern.

Sogar die Erbsünde wurde reanimiert in Form des »ökologischen Fußabdrucks«: Der westliche Mensch versündigt sich an der Erde allein schon durch seine pure Existenz, denn er zerstört den Planeten durch seine Verschwendungssucht. Jeder westliche Mensch zehrt durch seinen Lebensstil an der Substanz des Planeten. Diese Schuld wird der Mensch nicht los, er kann nur einen Teil durch ein asketisches Leben abtragen.

Al Gore, der grünbewegte frühere US-Vizepräsident und Friedensnobelpreisträger, inszenierte 2008 seine »Live Earth«-Kampagne in Narrativen der pietistischen Erweckung: Nach seiner Niederlage gegen Bush zog Gore sich zurück, um in der »Abgeschiedenheit« hart an sich zu arbeiten und zu seinem »wahren« Selbst zu finden. Seine Schwester war an Krebs gestorben, der auch durch jene Tabakplantagen hervorgerufen wird, denen Gores Familie ihren Reichtum verdankt. Nun, geläutert, rief Gore zum Kampf auf gegen die Hybris, die den Planeten und die Gesundheit der Menschen gefährdet: Der Klimaschutz ist dafür besonders passend, denn er bietet das urpuritanische Schuldmotiv und die tätige Reue, denn der sündige Mensch kann etwas gegen den Klimawandel tun: *Just do it.*

Alle plagt das Gewissen: Die einen fragen sich, ob sie genug geleistet, die anderen, ob sie sich ökologisch korrekt verhalten haben.

Heute stehen sich zwei calvinistische Religionen gegenüber: Ökonomen und Ökologen, meint der Historiker Robert H. Nelson. Er hat den Kampf der beiden Calvinismen als »Holy War«, als Heiligen Krieg, beschrieben: Die optimistische Variante sind die Ökonomen, die pessimistische sind die Ökologen. Beide folgen dabei puritanischen Werten und Leitideen. Die Ökonomen glauben, durch harte Arbeit, den Wettbewerb und die Beherrschung der Technik eine perfekte Welt bauen zu können. Darin durchläuft die Menschheit einen ständigen Optimierungsprozess. Sie arbeitet härter als je zuvor, sie ist intelligenter und gebildeter als je zuvor, sie ist körperlich leistungsfähiger und am Ende durch Compliance etc. auch moralischer als je zuvor. Zur Selbstverbesserung dienen alle technischen Mittel: Prozac, Gentechnik, Gehirndoping, alles. Der Fortschritt der Menschheit ist unaufhaltsam, jede neue technische Errungenschaft, zuletzt das Internet, dient der Höherentwicklung.

Die Ökologen dagegen appellieren an das Schuldbewusstsein und die Umkehr. Der Mensch versündigt sich an der Umwelt, dem *»book of nature«*, und die Welt muss von dem Schlechten gereinigt werden, das sie vergiftet und zerstört. Der Mensch muss umkehren zu einer Bescheidenheit und ursprünglichen Askese, die der Konsumkapitalist schamlos vermissen lässt.

Beiden gemeinsam ist eine Steigerungslogik: hier durch Beschleunigung von Markt und technischem Fortschritt, dort durch das Hochschrauben asketischer und moralischer Forderungen. Beide haben auch keinen Begriff vom guten Leben, also einer Balance zwischen den Extremen. Denn beide plagt das schlechte Gewissen: Die einen fragen sich am Abend, ob sie heute genug geleistet haben, die anderen, ob sie sich heute ökologisch korrekt verhalten haben. Exponenten aus beiden Lagern dieses »Holy Wars« zählen zu den Vordenkern unserer politischen und gesellschaftlichen Debatten. Beide Seiten denken radikal, in Kategorien religiöser Welterlösung. Bei den Ökonomen kennen wir das vom Messianismus eines Milton Friedman[44] oder etwa des Ökonomienobelpreisträgers Robert Mundell, der meinte, dass »es weder eine Great Depression noch eine Nazi-Revolution noch einen Zweiten Weltkrieg gegeben hätte«[45], wenn die ökonomischen Marktgesetze wissenschaftlicher angewendet worden wären. Bei den Ökologen kennen wir die apokalyptische Beschwörung etwa bei Dennis Meadows, Exdirektor am Massachusetts Institute of Technology, der 1973 mit *Die Grenzen des Wachstums* die Ökobewegung in Deutschland auslöste. In einer Anhörung der Bundestags-Enquete-Kommission 2012 prophezeite Meadows der Menschheit eine Hungerkatastrophe biblischen Ausmaßes, das westliche Wirtschaftssystem werde kollabieren. Mehr als drei Milliarden Menschen könne der Planet nicht tragen.[46] Und weil wir heute sieben und bald schon neun Milliarden Menschen zählen, hat sich Meadows sicherheitshalber zu Hause schon mal ein Notstromaggregat samt 500-Liter-Reservetank zugelegt. Es ist, als ob Noah, der Gerechte, davon spricht, dass nur wenige die große Bestrafung überleben werden.

Die Ökomoral arbeitet daran, den Menschen ein permanent schlechtes Gewissen einzureden und ihnen die Freude am Leben zu vermiesen. Wie früher die Sexualmoral mischt sie sich in die intimsten Dinge ein: was man essen, wo man hinreisen, was man anziehen darf und so weiter. Gründe für ihre Vorschriften hat sie genug: Der westliche Lebensstil ist nicht nachhaltig, weil wir zu viel Energie, zu viel Landschaft und zu viele Ressourcen verbrauchen. Wir müllen die Erde und die Weltmeere zu und heizen die Atmosphäre mit Treibhausgas auf. Der westliche Konsumstil ist ungesund und muss eingeschränkt werden, wenn die Vielfalt der Natur erhalten und eine wachsende Weltbevölkerung ernährt werden sollen. Greenpeace und Foodwatch spielen perfekt auf der Klaviatur des schlechten Gewissens westlicher Wohlstandsbürger. Bei den Vegetariern gibt es sogar verschiedene »Konfessionen«, etwa die Lacto-Ovo-Vegetarier, die im Streit liegen mit den Veganern, die jede Nutzung von Tieren radikal ablehnen. Die Veganer verlangen mehr Askese, um so ihre moralische Überlegenheit zu demonstrieren.

Mit einem guten Leben hat dies ebenso wenig zu tun wie mit einer angemessenen Reaktion auf die Umweltprobleme. Wie groß die Bedrohung der Natur ist und welche Maßnahmen insgesamt sinnvoll wären, darüber gibt es weltweit, wie nicht anders zu erwarten, große Uneinigkeit. Für rigorosen Aktionismus besteht oftmals kein Grund. Nur ein Beispiel: Wasser zu sparen, macht in Deutschland keinen Sinn. Berlin hat ein Problem mit zu viel Grundwasser, nicht mit zu wenig. Nur 9 Prozent des Wasserverbrauchs entfallen auf private Haushalte. Den Menschen einzureden, sie sollten beim Zähneputzen den Wasserhahn abdrehen, ist also reine Schikane. Wie in der Religion funktioniert die Kontrolle und Machtausübung über das schlechte Gewissen. Man soll sich für jeden Frevel verantwortlich fühlen und Buße tun.

Einem Kind zu sagen, es soll sein Pausenbrot aufessen,

oder Maßnahmen zu fordern, dass wir unsere Plastikabfälle nicht mehr ins Meer werfen, ist sinnvoll und angemessen. Ökomoralismus beginnt aber dort, wo der Einzelne die Last der ganzen Welt aufgeladen bekommt. Was muss der ökologisch korrekte Konsument nicht alles überprüft haben, bevor er auch nur eine Hose guten Gewissens kaufen darf: Stammt die Wolle aus biologischer Schafzucht, welche Chemikalien wurden eingesetzt, wurden dabei Mindestlöhne bezahlt, wie steht es um die Beachtung von Compliance- und Gender-Richtlinien? Ökomoralisten haben nur dieses eine Thema und wollen uns mit einem Dauerschuldgefühl zermürben. Der Ökoasket schaudert vor dem Gedanken, dass jemand etwa ein Gelage veranstaltet und das Essen, das nicht verbraucht wurde, wegwirft. Gegen solche Dekadenz wetterten schon die Puritaner in ihren Angriffen gegen die Aristokratie, die wusste, wie man kultiviert konsumiert. Dekadenz ist allerdings ein Zeichen von Toleranz und Lebensgenuss. Dekadenz ist das, wovor der Puritaner im Innersten am meisten Angst hat. Das Unkontrollierte, das Nutzlose, die Zeitverschwendung, das Geheimnis, der Esprit, die reine Begierde.

Die Slow-Food-Bewegung zeigt, dass eine ökologische und nachhaltige Lebensweise mit Lebensfreude, Genuss und Entschleunigung vereinbar ist. Sie ist derzeit sicherlich die Bewegung, die einer Idee des guten Lebens am nächsten kommt. Es wird kein übertriebener Aufwand betrieben wie bei manchen Gourmet-Köchen, die sich das Kobe-Rindfleisch aus Tokio einfliegen lassen. Es wird aber auch keine Müsliaskese betrieben, wo sich die Anhänger in veganischer Enthaltsamkeit übertreffen. Die Umweltproblematik zwingt uns nicht zu einem genussfeindlichen Asketismus.

Die Slow-Food-Bewegung zeigt, dass die Zukunft des

Kapitalismus von seiner Kultur abhängt. Die Marktgesetze zwingen uns nicht, uns so ungesund zu ernähren wie die Amerikaner. Dass die Fast-Food-Kultur in den USA entstand, wird uns nicht wundern. Ebenso wenig, dass die Slow-Food-Bewegung im katholischen Italien entstand. Über die kulturellen Wurzeln der amerikanischen Küche schrieb schon 1972 der spanische Essayist Octavio Paz: »Der Genuss ist eine Vorstellung, die der amerikanischen Küche fremd ist … Es ist eine Küche ohne Geheimnisse: einfach, ungewürzt, nahrhaft. Es gibt keine Raffinessen. Die Mohrrübe bleibt eine Mohrrübe, die Kartoffel schämt sich nicht ihres Kartoffelcharakters, und das Steak ist ein blutiger Gigant … Genau wie die Tischmanieren sind auch die Beziehungen zwischen den verschiedenen Zutaten und Gewürzen direkt und geradeheraus … Verboten sind verbergende Zutaten und Verzierungen, die das Auge anregen und den Geschmack verändern. Die strenge Trennung der einzelnen Zutaten entspricht der Zurückhaltung, die bei Sexual-, Alters- und Klassenverhalten vorgeschrieben ist. In anderen Ländern ist die Mahlzeit eine Kommunion, und dies nicht nur für die am Tisch Sitzenden, sondern auch für die Zutaten. Demgegenüber ist die amerikanische Mahlzeit eine Mischung aus Puritanismus und Verboten.«[47]

McDonald's ist puritanisches Fast Food, nicht Kapitalismus. Wer denkt wie ein Puritaner, der isst auch wie ein Puritaner. Wenn das Essen keine Communio mehr ist, sondern ein Nebeneinander an einem Tisch mit Plastikgeschirr, oder noch schlimmer ein Brown-Bag-Snack, mit dem man zurück zum Arbeitsplatz hetzt, dann ist das eine Frage der Kultur und nicht der Marktwirtschaft. Wir müssen allerdings dafür sorgen, dass uns die Systemzwänge der Renditelogik nicht in die Tretmühle hineinzwängen. Für den Franzosen beispielsweise ist Essen Genuss, es geht um richtige Zutaten, um sorgfältige Zubereitung, um Verfeinerung, Intensivierung und Inszenierung, auch um den respektvollen Umgang mit Nahrung, Tieren und Pflanzen. Die schwierigere, qualitätsvolle und bewusstere Form des Essens macht glücklicher als Fast Food.

Es sollte eben nicht um Effizienz gehen, die danach bemessen wird, wie schnell man die Kalorien aufgenommen hat, die nötig sind, um wieder voll arbeiten zu können. Im guten Leben ist Essen ein Zweck an sich, kein Mittel, um die Arbeitskraft wiederherzustellen. Man darf so viel Zeit dafür aufwenden, wie man will. Das geht aber nur, wenn die Zeit nicht Ausdruck einer Wertung ist: Zeit ist Geld, und Geldverdienen ist der höchste Wert.

Zugegeben, mit Fast Food kann man sich auf sehr unkomplizierte und einfache Weise satt machen, und ab und an ist dagegen wirklich nichts zu sagen. Wenn man aber den Prozess achtet, wie man kocht, wie man isst, dann gewinnt auch die Frage nach den Essmanieren an Bedeutung, auch die nach Ritualen, etwa dem gemeinsamen Mittagessen der Familie. Dann sind wir bei der Kultur.

Essen ist ein Wert an sich und wird ebenfalls nur zum Nutzen herabgewürdigt, wenn es zur ökologischen Bußübung wird. Als moralischer Pflichtparcours, wo es um den Ausweis einer bestimmten ökologischen Korrektheit geht. Der amerikanische Ernährungskritiker Michael Pollan, der der Fast-Food-Kultur vorwirft, sie betrachte Essen lediglich als Treibstoff, schießt aber auf seine Art übers Ziel hinaus, wenn er meint, dass er nur genießen kann, wenn er von allen Zutaten die Herkunft kennt und weiß, dass alles ökologisch korrekt abläuft. Wenn wir uns von den Übertreibungen und moralischen Überforderungen des Puritanismus – in seiner ökonomischen oder asketischen Variante – befreien wollen, sollten wir uns auf jene Traditionen unserer Kultur besinnen, die das gute Leben bevorzugt haben. Da lebt es sich einfach besser.

---

1 Durkheim 1983, S. 281.

2 Das Rauchen verbot schon Cotton Mather im 17. Jahrhundert in Neuengland, es ist wie Alkohol (Prohibition) und Drogen ein besonderes Objekt der moralischen Begierde der Puritaner. Im 21. Jahrhundert ging Amerika mit dem Rauchverbot voran, Deutschland zog mit ähnlichen Gesetzen nach. Der Schriftsteller Paul Auster sagt dazu: »Dieses Problem hat eine lange Vorgeschichte. Es geht zurück auf diesen unglaublich ausgeprägten Puritanismus. Der liegt wie ein Fluch auf dem Land.«

3 Dieser Benimm-Kanon erinnert an puritanische Anstandsblätter wie den *Spectator*.

4 Sendungen wie *Prominent* haben, ganz im Sinne von Norbert Elias, die Rolle des Wächters über die Peinlichkeitsschwellen übernommen.

5 DiLorenzo, in: *Die Zeit* 2012.

6 Reischauer 2011.

7 Bröckling 2007, S. 236 ff.

8 Beim britischen Utilitaristen Jeremy Bentham gipfelte das in einer Überwachungsarchitektur, die regelkonformes Verhalten von Gefangenen und Fabrikarbeitern durch Totalkontrolle erzwingen sollte. Man mag sich wundern, warum ausgerechnet ein Glücksphilosoph sein Leben der Konstruktion von Zuchthäusern widmete. Dem Viktorianer Bentham war klar, dass seine Gesellschaft der »glücklichen« Arbeit ohne die Erziehung zum puritanischen Berufsmenschen nicht möglich war (vgl. Welzbacher 2011).

9 Das angebliche Dauertribunal des Marktes ist hochgradig illusionär: In der Subprime-Krise, die 2008 zum Crash des US-Bankensystems geführt hat, zeigte sich, dass auf die Kundeninteressen trotz 360-Grad-Feedbacks überhaupt keine Rücksicht genommen wurde; es galt nur das Gewinnmaximierungsinteresse der Vorstände. Bei der Kundenzufriedenheit wurde nicht gemessen, ob der Kunde wirklich gut beraten wurde, sondern ob er die Fehlberatung nicht bemerkt hat.

10 Sind die Regeln erst einmal etabliert, hält sich der Deutsche gründ-

lich daran. Michael Lewis erinnert in *The Big Short* daran, warum die amerikanischen Banken den Deutschen Schrott-Papiere andrehen konnten: »Die dummen Deutschen. Sie glauben den Rating-Agenturen. Sie glauben an die Regeln« (Lewis 2011, S. 128).

11 Moldaschl und Sauer 2000, S. 221.

12 Hochschild 1983.

13 In der behavioristischen Psychologie, die dem System zugrunde liegt, ist die unentwegte Steigerung von Belohnungs- und Bestrafungsanreizen Dreh- und Angelpunkt des Lernprogramms. Überforderung ist hier theoretisch gar nicht möglich, höchstens langsameres oder schnelleres Lernen.

14 Bröckling 2007, S. 244.

15 Francis ≠yama demonstriert die besondere amerikanische Erwähltheit am Recht auf Präventivkriege, das sich die USA seit 2002 selbst zugestehen: »Clearly, a doctrine of preventive war is not one that can be safely generalized throughout the international system. [...] The fact that the United States granted itself a right that it would deny to other countries is based, in the National Security Strategy, on an implicit judgment that the United States is different from other countries and can be trusted to use its military power justly and wisely in ways that other powers could not.« (Fukuyama 2006, S. 101).
Der Puritaner fühlt sich moralisch höherstehend, also kämpft er nicht mit ebenbürtigen Gegnern schlicht um Interessen. In seiner Rede zum Friedensnobelpreis bekräftigte US-Präsident Obama den »American Exceptionalism« gegenüber dem Rest der Welt: »Die USA müssen in der Kriegsführung vorbildlich sein. Das unterscheidet uns von denen, die wir bekämpfen. Das ist ein Quell unserer Stärke.« (Obama 2013, S. 2)

16 Tocqueville 1987, S. 382.

17 Vgl. Ravitch 2004.

18 Jeff Jarvis, ein Google-Evangelist, versteht das europäische Bedürfnis nach Privatheit nicht. Es kann sich nur um geheime Laster handeln.

19 Die Motivation durch ein leistungsabhängiges Bonussystem ist Kern der behavioristischen Ökonomie. Mit dem »Profit-Motiv« steht und fällt ihre gesamte Verhaltenstheorie. In zahlreichen Studien legte der Züricher Glücksforscher Bruno S. Frey dar, dass die »Pay for Performance«-Philosophie ineffektiv ist und mehr Probleme schafft, als sie löst: Empirisch gibt es keinen Zusammenhang zwischen Bonus und gutem Firmenergebnis, die Manager gehen zu große Risiken ein und manipulieren die Bonuskriterien. Geld beschädigt zudem die intrinsische Motivation (Frey 2012, S. 51).

20 Ganz frei von Neokolonialismus ist Compliance nicht: In den meisten Regeln steht, dass Kinderarbeit verboten ist, auch bei Zulieferern,

was indischen Firmen Probleme macht. Würden die Regeln verbieten, mit Unternehmen Geschäfte zu machen, bei denen der Lohnunterschied zwischen dem Chef und dem kleinsten Angestellten größer als das 30-Fache ist, hätten die USA ein Problem.

21 Tom Wolfe, der schon die Hippies in *Der Electric Kool-Aid Acid Test* (Wolfe 2009) treffend beschrieb, weist in einer Reportage zum Börsengang auf die Inszenierung des Rebellischen bei Facebook-Chef Zuckerberg hin: »His shirt is a gray T-shirt, one of the 30-some gray T-shirts he has on hand in order to make sure he is clad in the same rebelliously fashion-defying teenager garb every day« (Wolfe 2013).

22 Goldman Sachs jubelte beim Börsengang den Kurs von Facebook nach oben und verkaufte dann einen großen Teil seiner Aktien. Danach half Goldman Hedgefonds, gegen Facebook zu wetten, was so gar nicht im Interesse der Kunden war, denen sie zuvor die Aktie verkauft hatten (vgl. Kuls 2012).

23 Der ausgebildete unitarische Theologe Charles Darwin erklärte, dass das Leben ein »Kampf ums Dasein« sei. Auf seine Evolutionstheorie war er durch die industrielle Revolution in England »gut vorbereitet worden«, wie Darwin in seiner Autobiografie 1878 bekennt. Die Geistlichkeit widersprach zunächst, dass der Mensch vom Affen abstammt. Aber die inherente Nützlichkeitslehre passte zum Puritanismus sehr gut: Es überlebt, wer seinen Nutzen maximiert. Wer sich nicht bewährt, geht verdientermaßen unter, also auch die indigenen Völker. Schumpeters »schöpferische Zerstörung«, die das Ausradieren ganzer Berufssparten als kreativen Akt der Wettbewerbsgesellschaft feiert, atmet denselben Geist. Anklänge an die calvinistische Prädestination sind auch bei Ernst Häckel unüberhörbar: »Alle sind berufen, aber wenige auserwählet! Die Selektion der ›Auserwählten‹ ist eben notwendig mit dem Untergang der übrig bleibenden Mehrzahl verknüpft.« Marx bemerkte zu Darwin süffisant: »Es ist merkwürdig, wie Darwin unter Bestien und Pflanzen seine englische Gesellschaft mit ihrer Teilung der Arbeit, Konkurrenz, Aufschluss neuer Märkte, Erfindungen und Malthusschen Kampf ums Dasein wiederfindet« (Marx und Engels 1974, S. 249).

24 Greenspan gehörte zu Rands innerem Kreis, der sich ironisch »Das Kollektiv« nannte. Rand kritisierte die Aufgabe des Goldstandards in den 30er Jahren, weil dadurch die Wohlfahrtsstaatler »das Bankensystem als Instrument zur unbegrenzten Kreditvergabe gebrauchen (konnten). Ohne Goldstandard gibt es keine Möglichkeit, Ersparnisse vor der Konfiszierung durch Inflation zu bewahren.« Der dies schrieb, war Greenspan, derselbe, der mit seinen Leitzinssenkungen die Finanzkreditblase von 2008 ermöglichte.

25 Paul Ryan hatte allerdings für TARP gestimmt, die staatliche Rettung

großer und zahlungsunfähiger Banken. Als ihn die amerikanische Bischofskonferenz aufgeforderte, sich von der Atheistin Ayn Rand zu distanzieren, tat er das sogleich, um seine Wahlchancen nicht zu schmählern.

26 Biblische Motive wie hier der Exodus, oder die manichäische Einteilung in Gut und Böse, die Apokalypse etc., spielen bei der Atheistin Rand eine große Rolle.

27 An Rands Gedankengut erinnert Mitt Romneys Abqualifizierung von 49 Prozent der Amerikaner, die angeblich vom Sozialstaat leben, was ein heimlicher Mitschnitt der Rede des republikanischen Präsidentschaftskandidaten von 2012 auf einem Fundraising Dinner unter Millionären enthüllte.

28 Schon die puritanischen »Dissenter« entwickeln die *Whig Interpretation of History*, eine Fortschrittsmythologie, die ihre geschichtliche Mission und ihre Auserwähltheit heraushebt.

29 Schumpeter 1912, S. 130 ff.

30 Emerson1982, S. 139.

31 Eric Schmidt, der frühere CEO von Google, fordert die (Beinahe-) Abschaffung der Gefängnisse, eine Utopie, die in den 60er Jahren von anarchistischen Linken kam. Sein Rezept: Social Impact Bonds. Investoren bekommen eine Rendite, wenn Gefängnisse eine gewisse Rückfallquote nicht überschreiten, und die Häftlinge werden über GPS überwacht und per E-Learning vom Einbrecher zum Programmierer umgeschult (Schmidt 2012, S. 64).

32 Lobo 2010.

33 Die Sex Pistols waren die Erfindung von Malcolm McLaren, der auch den unbekannten, drogensüchtigen Borderliner Sid Vicious als Bassisten in die Band aufnahm, der dann im Wahn seine Freundin erstach und selbst an einer Überdosis starb.

34 Egon Friedell hat den Puritanern bescheinigt, das Talent zu besitzen, alles gut und wahr zu nennen, was ihnen jeweils praktische Vorteile bringt, und alles für eine Sünde oder eine Unwahrheit zu erklären, das ihnen nichts nützt. Friedell 2007, S. 377.

35 Wenn Moral dem Profit nützt, müsste umgekehrt Unmoral dem Profit schaden. Diese Scheinlogik wird gern bemüht, um zu »beweisen«, dass moralisches Verhalten im Eigeninteresse der Konzerne liegt. Angeblich müssen sie Angst vor »irreparablen Imageschäden« haben, wenn sie Kunden belogen, Mitarbeiter ausgespäht oder Kinder in Indien ausgebeutet haben. Die Bankenwelt wird aber umfassend »gerettet«, trotz ihres langen Sündenregisters. Sie machen weiter wie bisher. Auch Amazon sitzt den Shitstorm wegen seiner Arbeitsbedingungen einfach aus. Dasselbe gilt für Apple, Google oder Facebook, die nahezu unbeschadet mit ihren Kunden machen können, was sie wol-

len. Wenn Colin Crouch hofft, dass die Verbraucher die Konzerne »erziehen« können, überschätzt er deren Macht. Vgl. Crouch 2011.

36 Die katholische Lehre hat diese moralische Überforderung zurückgenommen und eben nur für Mönche oder Heilige reserviert, für eine außerweltliche Askese. Die Puritaner erzwingen die innerweltliche Askese, also dass jeder überall und immer allen Anforderungen der Bergpredigt genügen muss.

37 Schäfer 2013.

38 Schmidt auf CNBC am 04.12.2009.

39 Martenstein 2012

40 Martenstein 2012.

41 Alexander Neubacher beschreibt in seinem Buch *Ökofimmel* die Menge an sinnlosen Ökovorschriften sehr gut (Neubacher 2012).

42 Stoll 1997, S. 49.

43 Der Historiker Donald Worster hat gezeigt, dass auch die europäische Umweltbewegung besonders in protestantischen Ländern stark ist (Worster 1993, S. 196).

44 James Buchanan attestierte dem Begründer der neoklassischen Chicago School, Frank Knight, »Wurzeln im evangelikalen Christentum«, das sein Denken stark beeinflusst habe (vgl. Nelson 2010, S. 293). Nach Nelson ist es »Calvinismus ohne Gott«.

45 Mundell 2000, S. 331.

46 Zitiert bei Neubacher 2012, S. 257 f. Der Bezug von Meadows auf die Bevölkerungslehre des Calvinisten Malthus ist offensichtlich.

47 Paz 1972.

4

Immer mehr Markt und immer mehr Staat

»Seht die Vögel unter dem Himmel:
sie säen nicht, sie ernten nicht, und euer
himmlischer Vater ernährt sie doch.«

Macht uns wenigstens der Sozialstaat glücklich?

Einen Garanten von Kontinuität und einen letzten Halt muss es doch geben in einer Welt, die sich permanent wandelt. Viele Menschen fühlen sich dem ausgeliefert. Sie fragen sich, ob es ihren Betrieb oder gar ihren Beruf in wenigen Jahren noch gibt. Werden die Strukturen Bestand haben, auf die sie sich heute noch stützen, beispielsweise die Familie? Braucht es da nicht doch eine schützende Hand?

Tatsächlich ist der Sozialstaat von Anfang an mit einem Glücksversprechen angetreten. Es waren starke, charismatische Männer – in Deutschland Bismarck, in England Lloyd George und in den USA Franklin Delano Roosevelt –, die ihn begründeten: stets mit dem Ziel, die Härten des Marktes abzufedern und den Wettbewerb zu zähmen. Der Staat gab dem Einzelnen Schutz- und Mitwirkungsrechte vor allem im Arbeitsleben und er sorgte für Daseinssicherung, etwa für die Wasserversorgung und den sozialen Wohnbau, und für die Teilhabe breiter Bevölkerungskreise an Schule, Kranken- und Rentenversicherung und so weiter. Es ist also nicht die Frage, *ob* der Staat ein Glücksversprechen abgibt, es geht darum, wie weit es reicht und wo der Sozialstaat das Gegenteil bewirkt: nämlich Unglück.

In der Praxis besteht zwischen »Markt« und Sozialstaat

eine stille Kooperation. Beide sind längst tief verflochten und aufeinander angewiesen: Die Marktwirtschaft liefert die Steuer- und Beitragseinnahmen, ohne die der Sozialstaat nicht existieren könnte. Umgekehrt kümmert sich der Sozialstaat um Kranke, Unqualifizierte und jene, die im Marktgeschehen nicht mitkommen. Vater Staat stattet seine Schützlinge mit Geld aus und hat einen gewaltigen Anteil an der Konsumnachfrage. Hartz-IV-Empfänger sind die liebsten Kunden von Elektronikmärkten, und Hausbesitzer schätzen das Sozialamt: In Berlin stabilisieren die Wohnzuschüsse der Sozialbehörden das Mietpreisniveau.

Der Sozialstaat ist ein Reparaturbetrieb, für manche auch ein Ruhekissen. Aber keiner ist mehr darauf angewiesen, dass die Wirtschaft wächst als der Sozialstaat.

Konsumkapitalismus und Sozialstaat verfolgen in der Praxis längst dasselbe Ziel: Möglichst viele Menschen sollen möglichst viel konsumieren, und das Wachstum darf nicht aufhören. Der Sozialstaat unterstützt die Wirtschaft dabei, dass möglichst viele mit dem Tempo der Veränderungen Schritt halten können. Wer hofft, dass der Sozialstaat der sichere Hafen ist, der uns vor Dauerdruck und Beschleunigung schützt, hat die Mechanismen nicht verstanden. Der Sozialstaat ist ein Reparaturbetrieb, er ist eine Sozialversicherungsanstalt und für manche auch ein Ruhekissen. Er ist ein Gigant der Konsumnachfrage, die er durch die Kontinuität der Renten und sonstigen Gelder, die er auszahlt, in Schwung hält. Und er ist Brötchengeber einer ebenfalls gigantischen Hilfs- und

Sozialindustrie. Aber keiner ist mehr darauf angewiesen, dass die Wirtschaft wächst und die Steuereinnahmen fließen, als der Sozialstaat. Denn von diesem Geld lebt er, und je mehr er davon verteilen kann, desto mächtiger ist er. Der Sozialstaat hat keine eigene Idee vom Glück oder vom guten Leben. Produziert der Markt Spielkonsolen, verteilt der Sozialstaat an bedürftige Kinder Spielkonsolen. Produziert er Mikrowellengeräte, dann teilt er Bezugsscheine für Mikrowellengeräte zu. Das Glück im Sozialstaat ist ein Anteilsschein an der Umverteilung. Es gibt die Illusion, dass der Sozialstaat die Instanz sein könnte, die uns vor der Kraft des Beschleunigungskapitalismus schützt. Aber die einzige Gegenwelt des Sozialstaats sind die Parallelwelten der Fürsorge, und die sind abschreckend, weil die Betreuten zur Passivität entmündigt werden. Ansonsten hilft der Sozialstaat tendenziell bei der Integration in die normale Arbeits- und Konsumwelt. Wenn es darauf ankommt, ziehen Beschleunigungskapitalismus und Sozialstaat an einem Strang. Sie teilen die zentralen Werte Arbeit, Produktion und Konsum.

Ein gutes Beispiel für diese Brüderlichkeit im Geiste ist aktuell der Ausbau der Kitas und Ganztagsschulen. Dass der Geburtenrückgang einmal zu einem Fachkräftemangel führen würde, war lange vorherzusehen. Doch Staat und Wirtschaft schauen seit vierzig Jahren dem Absinken der Geburtenrate tatenlos zu. Nun soll eine flächendeckende Infrastruktur von Kinderkrippen (und Pflegeheimen) garantieren, dass nun wirklich jede Frau und Mutter schnell und vollständig in den Produktionsprozess integriert wird. »Die totale Mobilmachung aller Arbeitskräfte ist auch das Ziel der Arbeitgeberverbände, die mal wieder billige Arbeitskräfte suchen«, schreibt die *Wirtschaftswoche*[1] treffend. Möglichst als Vollzeitkräfte, obwohl viele Mütter lieber Teilzeit arbeiten würden und es für die persönliche Zufriedenheit auch der Väter besser wäre, wenn beide Elternteile von Vollzeit auf Teilzeit umstiegen. 83 Prozent der Deutschen wünschen sich eine Familie, die viel Zeit miteinander verbringt und gemeinsame Unternehmungen macht, aber nur 28 Prozent können diesen Traum realisieren.[2] Zum Schaden gerade auch der Kinder.

Aber Industrie, Sozialstaat und Politik wollen jetzt die Familie umfassend ökonomisieren. Es geht ihnen ganz unverblümt um mehr Wirtschaftswachstum und höhere Steuereinnahmen. Die Transferleistungen für Familien werden nicht danach bewertet, ob sie das Glück der Kinder heben, sondern nach der Rentabilität für Wirtschaft und Staat: »Über die steigende Erwerbstätigkeit der Mütter und die damit verbundenen zusätzlichen Einnahmen aus Steuern und Sozialbeiträgen fließt ein großer Teil der ursprünglichen Ausgaben (für Betreuungsplätze) wieder an den Staat zurück«, heißt es in der Prognos-Studie für das Bundesfamilienministerium.[3] Investitionen in Ganztagsschulen refinanzieren sich sogar bis zu 99 Prozent selbst. Voraussetzung: Der Staat macht Ganztagsschulen zur Pflicht, und die Kindheit wird verstaatlicht.[4]

Das Glück der Familien hebt der Staat damit nachweislich nicht. Alle Umfragen zeigen, dass besonders junge Mütter und Väter weniger arbeiten wollen als bisher. Den Familien wäre mit mehr zeitlicher und finanzieller Autonomie geholfen, damit sie Familie und Beruf so gestalten können, wie sie wollen. Markt und Sozialstaat haben aber andere Interessen: Die Ökonomisierung der Familie erhöht das Bruttoinlandsprodukt, denn was bislang informell erledigt wurde, wird dann über den Markt, also über Geld, profitabel und auch steuerpflichtig. Es steht zu erwarten, dass die Familien sich künftig noch stärker den Bedingungen der Arbeitswelt anpassen müssen.

An solchen Beispielen wird deutlich, dass es mit dem Glücksversprechen des Sozialstaats nicht weit her ist. Dass die Familien mehr Zeit für sich wollen, ist ihm keine Überlegung wert. Die oberste Priorität haben Arbeit und Produktion. Die Lebenszufriedenheit ist keine Kategorie des Sozialstaats. Glück ist, wenn mehr Geld fließt. Und damit mehr Geld fließt, müssen die Menschen arbeiten. Also versteht sich der Sozialstaat als Reparaturbetrieb für den Markt, und er subventioniert mit riesigen Summen Kitas, weil sich ohne Subventionen kaum jemand einen Kitaplatz leisten könnte. Hinzu kommen die Eigeninteressen der Wohlfahrtsindustrie, die noch größer werden will. Vor die Alternative gestellt, mehr Kitas oder mehr Familienzeit für die Eltern, entscheidet sich der sozial-industrielle Komplex für den Ausbau seines Betreuungsapparats.

Der Sozialstaat trägt zur Lebenszufriedenheit bei.

Am wirkungsvollsten und überzeugendsten war und ist der Sozialstaat dort, wo er tätig wird, weil sich kein Unternehmen für eine wichtige soziale Aufgabe findet: Die Schulpflicht für alle ist so ein Beispiel. Die Eltern konnten sich das Schulgeld nicht leisten, also erfüllte der Staat die Aufgabe, und die Wirtschaft profitiert bis heute von den gut ausgebildeten Berufsanfängern. Auch die Sozialversicherungen sind dort, wo die Kollektivität sinnvoll ist, sehr effizient.[5] Die gesetzliche Arbeitslosenversicherung ist jeder privaten überlegen, weil sie das Risiko bezahlbar auf alle Beschäftigten verteilt, während die Prämie einer privaten Arbeitslosenversicherung gerade für die eigentlichen Problemfälle wie die »55-jährige Ungelernte vom Land« unerschwinglich wäre und diese »Risiken« gar keine Versicherung finden würden.[6] Auch die Umverteilung von oben nach unten trägt grundsätzlich, wie die Glücksforschung zeigt, zur größeren Zufriedenheit der Bürger bei. In der Krankenversicherung wird beispielsweise von den Jungen, den Gesunden und den Gutverdienern zu den Kranken, Älteren und Geringverdienern umverteilt. Das deutsche »kollektivere« System ist dem rein privatwirtschaftlichen System überlegen, es ist preiswerter, sicherer und effektiver, auch wenn es selbst von Perfektion weit entfernt ist.

Aber der Sozialstaat darf es mit der Umverteilung nicht übertreiben und die Leistungsträger überfordern. Einem Gutverdiener tut ein Euro, der ihm abgezogen wird, weniger weh als einem Geringverdiener. Der hat von dem Euro einen höheren »Glücksgewinn«, als der Gutverdiener durch den Abzug an Zufriedenheit verliert. Doch wenn die Steuer- und Abgabenbelastung zu groß wird, weichen die Leistungsträger aus oder arbeiten weniger. Die Balance ist hier sehr wichtig. Jedenfalls sind Länder mit einem hohen Umverteilungsvolumen nicht zufriedener als Länder mit einem geringen. Frankreich wendet knapp 30 Prozent seines Bruttoinlandsprodukts für Sozialtransfers auf, während in Estland nur 15 Prozent des BIP in Transfers fließen, die Lebenszufriedenheit beider Länder liegt jedoch beinahe gleichauf.[7]

Würden wir auf dem hohen Niveau den Sozialstaat noch weiter ausbauen, hätte das so gut wie keine Auswirkungen auf die Lebenszufriedenheit. Diesen automatischen Zusammenhang gibt es nur in armen Ländern. Als etwa in Angola eine Grundversorgung für die Gesundheit eingeführt wurde, hob sich das Zufriedenheitsniveau deutlich. Das Easterlin-Paradoxon gilt nicht nur für das Einkommen, sondern auch für Sozialtransfers. Erinnern wir uns: Easterlin stellte fest, dass das Pro-Kopf-Einkommen in den Industrieländern über die Jahrzehnte zwar stark anstieg, die Zufriedenheit der Menschen aber weitgehend stagnierte … Dasselbe gilt für die Sozialtransfers. Ihr Volumen hat sich ebenfalls vervielfacht und ist mancherorts sogar stärker gestiegen als das BIP pro Kopf. Auswirkungen auf die Lebenszufriedenheit waren damit ebenfalls nur geringfügig verbunden.[8]

Am Ende bezahlt das Sozialamt alles, was zum Normalkonsum gehört, auch Spielkonsolen.

Der Sozialstaat steckt im selben Dilemma wie der Konsumkapitalismus: Beider Glücksverheißung ist verbraucht. Beide produzieren durch Wachstum keine zusätzliche Zufriedenheit, beide haben keine Idee davon, wie das gute Leben aussehen soll und wie sie dazu beitragen könnten. Beide sind immanent auf unendliche Expansion angelegt.

Beide wetteifern sogar darin, wer mehr für Konsum ausgibt: Bei der Wohnungsgröße gibt es zwischen dem Empfänger staatlicher Unterstützung und dem Durchschnittsbürger, der seine Miete aus der eigenen Tasche bezahlen muss, wenig Unterschied. Die Regelsätze zum Arbeitslosengeld II liegen über dem Einkommen der untersten Lohngruppen. Vermieter und Konsumindustrie freut das, zumal die Sozialgerichte und Sozialämter den Konsumstandard den Anzeigenprospekten von Media Markt, Aldi, Ikea oder TUI entnehmen. Einen eigenen Begriff vom guten Leben haben sie nicht. Auf einem finanziell niedrigeren Niveau besteht hier dieselbe Mentalität wie bei den Ökonomen: »Mehr ist besser als weniger« und es kann nie genug sein.

Über viele Jahrzehnte hat der Sozialstaat versucht, »alle sozialen Probleme mit Geld zu lösen«, schreibt Walter Wüllenweber in seinem umfassenden Sozialreport, und er konstatiert: »In Deutschland haben die Armen Geld genug.«[9] Doch mehr Geld löst die Probleme nicht, erst recht nicht mehr Konsum. Die Probleme liegen in der Verwahrlosung von Kindern und Jugendlichen, in desolaten Familienverhältnissen, in Antriebsschwäche, im Ausgeschlossensein. Diese Probleme sind mit mehr Geld nicht zu lösen, sondern nur mit einem Menschenbild des guten Lebens. Dazu gehört ein Bild davon, welche Lebensumstände für ein Kind gut und welche schlecht sind. Psychische Störungen sind heute bei Kindern und Jugendlichen weiter verbreitet als vor dreißig Jahren, was mit den erodierenden Familienstrukturen zu tun hat: die Scheidungsrate steigt, die Halt gebenden Tagesabläufe lösen sich auf, die Institutionen versagen, die Ablenkung durch Fernsehen, Computerspiele, Internet nimmt zu, was sich in ADHS, Schlafstörungen etc. niederschlägt.[10] Jugendliche können sich den großen Trends des Zeitgeists – Beschleunigung, Selbstoptimierung, Effizienzkult – im Alleingang nicht entgegenstemmen, sie benötigen Struktur. Für das Ausmaß, in dem sie heutzutage bereits früh Stress und Belastungen ausgesetzt sind, sind weder ihre Körper noch ihre Seelen geschaffen.

Auf die Probleme, welche die Beschleunigungsgesellschaft erzeugt, hat der Sozialstaat keine Antwort, er subventioniert teilweise an den Lösungen vorbei. Er repariert in Kliniken, Sucht-Rehas, Sozialstationen und hält das System durch seine

Nachfrage am Laufen. Aber er reflektiert die modernen Anpassungszwänge nicht. Was allein Fernsehen, Videospiele und Internet in Kinderzimmern anstellen können, wenn die Familie versagt, das weiß er, aber davor kapituliert er auch. Am Ende des Tages bezahlt das Sozialamt alles, was zum Normalkonsum gehört, auch Spielkonsolen. Alle Studien sagen, das stundenlanges Fernsehen und Computerspielen dumm macht, aber die Sozialämter bezahlen diese Dummmacher, weil sie zum Konsumstandard gehören. Man wird zugeben müssen, dass das nicht sehr logisch ist. Mir ist klar, dass die Lösungen nicht einfach auf der Hand liegen, aber die Diskussion, was ein gutes Leben ausmacht, müsste endlich die Gesellschaft erfassen, denn nur dann können wir die Menschen in die richtige Richtung unterstützen. Nur den Konsum zu finanzieren und die Reha-Klinik, kann's sicherlich nicht sein.

Unter dem Beschleunigungstrend leiden schon die Kinder massiv. In den 1970er Jahren war das mittlere Ersterkrankungsalter an einer Depression 25 Jahre, heute liegt es bei 19 Jahren. Auch bei Angststörungen rutschte das Alter etwas, bei Suchterkrankungen sogar deutlich nach vorne. Umso wahrscheinlicher werden lebenslange Entwicklungsdefizite. Die Hälfte der Kinder und Jugendlichen wächst ohne geregelte Mahlzeiten auf, ihre Ernährung ist zu fett, zu salzig oder überzuckert, die körperlichen Aktivitäten sind stark reduziert. Die Rollensicherheit der Jugendlichen wird durch Scheidungen, durch die rapiden Veränderungen der Berufsfelder und die virtuelle Vielfalt des Internets erschwert. »Wir finden bei Kindern heute ein extrem verringertes Repertoire an Bewältigungsstrategien«, sagt Hans-Ulrich Wittchen, der die größte Untersuchung zur psychischen Gesundheit erstellt hat.[11] Der ständige Erfolgs- und Performancedruck erzeugt schon bei Kindern Ängste und Stress.

Für ein gelingendes Leben muss man nicht reich sein.

Würden wir das »Glück« der Kinder zur ersten Priorität machen, dann würden wir die Arbeitswelt nach den Bedürfnissen der Familien ausrichten und nicht umgekehrt. Der *Armutsbericht der Bundesregierung* illustriert die Misere ganz gut. Ursachenanalysen enthält er nicht. Warum die Zahl der Alleinerziehenden zunimmt, warum manche Stadtviertel verwahrlosen, warum die Analphabetenrate steigt – das ist kein Thema. Er enthält soziologische Sätze wie: »Das Aufwachsen in problematischen Sozialräumen kann bei Jugendlichen zur Identifikation mit den milieuspezifischen Gegebenheiten und subkulturellen Werthaltungen sowie Verhaltensroutinen führen.«[12] Welche »subkulturellen Werthaltungen« den Autoren problematisch erscheinen, wird nicht ausgeführt.

Der Bericht wird von einer großen Illusion beherrscht: Alles wird gut und sogar die asozialsten »Verhaltensroutinen« verschwinden, wenn noch mehr Geld in das System fließt. An die Ursachen der Probleme wollen sie gar nicht ran. Wenn ein Sozialgericht künftig auch ein Smartphone zum Grundbedarf deklariert, wird es an den grundlegenden Mentalitätsproblemen nichts verbessern.

Als Wüllenweber im Zuge seiner Recherchen über die Unterschicht von Sozialwissenschaftlern wissen wollte, ob sie denn über deren Lebensweise forschten und warum dort vieles in der Verwahrlosung ende, schlug ihm »offene

Aggression« entgegen. Am Dogma der Armut wollen viele »Armutsforscher« nicht rütteln: Die Armen sind auch nicht anders als der Rest der Gesellschaft, sie haben nur weniger Geld. Doch ist die Lebenssituation der Unterschicht nicht auf Geldarmut zurückzuführen, sondern auf ein Mentalitätsproblem. Manche scheitern in der Beschleunigungsgesellschaft, manche wollen erst gar nicht hinein in den Arbeitsmarkt, Lebenskünstler sind sie aber auch nicht. Sie haben keine Ahnung, wie sie ein gutes Leben führen sollen. Für ein gelingendes Leben muss man nicht reich sein.

Wüllenweber legt minutiös dar, dass die Sozialbranche in den vergangenen 15 Jahren sechsmal schneller gewachsen ist als die gesamte Wirtschaft und dass sie ein äußerst lukratives Geschäftsmodell betreibt. Die Sozialindustrie wächst so stark, weil sie ihre hohen Überschüsse in permanentes Wachstum reinvestiert, und sie versteht es, sich ständig neue »Kunden« zu beschaffen. Wüllenwebers ernüchterndes Fazit: »Die Hilfsindustrie bekämpft den Lebensstil der Unterschicht nicht. Sie lebt davon.«

Ein Punkt ist noch wichtig: Die Hilfsindustrie ist zu einem hohen Grad Privatwirtschaft, wenn auch gemeinnützig. Die alten ideologischen Lagerzuordnungen gelten hier also nicht. Es steht nicht die böse Privatwirtschaft gegen den guten Staat oder umgekehrt. Der Staat füttert eine wachstumsgierige private Hilfsindustrie. Staat und Markt ziehen hier an einem Strang und dem Steuerzahler das Geld aus der Tasche.

Die ideologisch aufgeheizte Dauerkontroverse »Markt kontra Staat« ist ein Showkampf. Beide haben zwar unterschiedliche Interessen, aber auch viele gemeinsame, und sie brauchen einander. Beide sind auf Wachstum programmiert. Die Zufriedenheit der Menschen interessiert sie kaum. Das ist die Lage. Die Dogmatiker auf beiden Seiten wollen das aber nicht hören. Sie lenken uns mit ihren Phrasen ab, und dabei übersehen wir, dass wir das eigentliche Ziel des Sozialstaats, Menschen dabei zu helfen, ein selbstständiges und gutes Leben zu führen, längst aus den Augen verloren haben.

»Sozial ist, was Arbeit schafft« – ein Rückblick auf die Agenda 2010.

Um den Sozialstaat tobt ein »Glaubenskrieg«[13]. Glaubenskrieger gibt es auf beiden Seiten[14], sie vertreten Heilslehren mit religiöser Inbrunst und stehen den wirklichen Problemen des Sozialstaats am meisten im Weg. Die glühendsten Anhänger des Sozialstaats sehen in ihm einen Gegenentwurf zum Raubtierkapitalismus. Er soll befreite Räume schaffen und das »Glück auch dort versprechen, wo keine Macht ist«, wie Adorno[15] sagte. Die Marktradikalen sehen ihn ausschließlich als unproduktiven Kostgänger fleißiger Unternehmen und Hemmschuh für mehr Beschäftigung.

Einige Glaubenskrieger des Wohlfahrtsstaats habe ich kennengelernt. Die INSM war so etwas wie ihr Lieblingsfeind. Sie dichteten dieser arbeitgebernahen Kommunikationsagentur einen geradezu allmächtigen Einfluss an. Als »wahre Regierung« bezeichneten uns die *VDI Nachrichten*. Als ob Angela Merkel täglich zum Diktat erschiene. Die Wut diverser linker Gruppen und Vordenker, etwa des Soziologen Christoph Butterwegge, war echt. Die Agenda 2010 war ihr Menetekel. Ausgerechnet ein sozialdemokratischer Kanzler betrieb in ihren Augen einen beispiellosen Sozialabbau, nachdem Lafontaine 1999 Gerhard Schröder das Feld überlassen hatte.

Die rot-grüne Regierung kürzte den Spitzensteuersatz von 53 Prozent auf 42, sie senkte mit der Riesterrente das Rentenniveau, und sie verschärfte mit den Hartz-Reformen die Arbeitsmarktregeln, indem der Bezug von Arbeitslosengeld verkürzt und an mehr Arbeitsbereitschaft koppelt wurde. Wir von der INSM hatten mit »Sozial ist, was Arbeit schafft« einen einprägsamen Slogan zur Agenda 2010 erfunden und eine breite Plattform von Politikern organisiert, die den Slogan unterstützten: Wolfgang Clement war ebenso dabei wie Olaf Scholz, Fritz Kuhn, Wolfgang Schäuble und Guido Westerwelle.

Das Credo »Sozial ist, was Arbeit schafft« definierte das Wort »sozial« neu: Bislang bedeutete »sozial« schlicht, dass der Staat mehr Geld ausgibt: mehr BAföG, mehr Sozialhilfe, mehr Kindergeld und so weiter. Die hohe Arbeitslosigkeit zwang aber zum Umdenken: Mit einem Job ist den Menschen mehr geholfen als mit höheren Sozialleistungen. Schröders Agenda 2010 hatte den Zeitgeist im Rücken, denn die Bürger glaubten den Versprechungen des Sozialstaats nicht mehr. Die gesetzliche Rente war nicht sicher, wie Norbert Blüm immer versichert hatte, die Arbeitsvermittlung[16] versagte, der Staat war überbürokratisiert und verschwenderisch. Der Zeitgeist war »neoliberal«, was neutral ausgedrückt bedeutete: »Mehr Markt, weniger Staat« – mit dem Ziel, dadurch den Staat und die Sozialkassen finanzierbar zu halten. Die Gegner erblickten (bis heute) in den Neoliberalen das reinkarnierte Böse. Für die Linke war die Agenda 2010 die zweite Niederlage in kurzer Zeit: Zuerst war der Sozialismus untergegangen, jetzt drohte auch noch der Sozialstaat den finsteren Kapitalisten zum Opfer zu fallen. Dass die Agenda 2010, die wir mit unseren Studien und unserer Medienarbeit begleiteten, eine breite

Unterstützung in allen gesellschaftlichen Lagern hatte, wurde übersehen.

Die Agenda-Gegner fürchteten, das Glücksversprechen des umfassenden Wohlfahrtsstaats, zu dem sich Deutschland entwickelt hatte, werde sich nach und nach in Luft auflösen. Das war natürlich Unsinn, erst recht, wenn wir es aus heutiger Perspektive sehen, wo die deutsche Wirtschaft in Europa als Vorbild gilt und wir die niedrigste Arbeitslosigkeit und den höchsten Beschäftigungsstand seit der Wende verzeichnen können. Ein klarer Erfolg der Agenda 2010, den heute nur noch einige Unbelehrbare bestreiten. Aber der Ernst, mit dem Schröder zu Werke ging, schockte doch viele gerade in seinem Lager.

Den Furor der Gegner erlebten wir einmal hautnah, als eine Gruppe, die sich »Die Überflüssigen« nannte, eine unserer Veranstaltungen stürmte: Die Jungs trugen Gesichtsmasken und wollten verhindern, dass wir dem sächsischen Ministerpräsidenten Georg Milbradt einen Preis für gute Standortpolitik überreichten. Wir wollten mit dem Preis die Leistung Milbradts würdigen, die Staatsschulden und die Ausgaben niedrig gehalten zu haben. Damit hatte er mehr für die Arbeitslosen getan als die Schuldenmacher unter den Ländern, wie etwa Berlin. Doch das interessierte »Die Überflüssigen« nicht. Sie waren empört.

Heute, im Rückblick, verstehe ich ihren Furor besser. Denn an Kampfansagen der Marktradikalen an den Sozialstaat fehlte es damals eben auch nicht. Die Globalisierung wurde von Topmanagern wie dem damaligen Bertelsmann-Chef Thomas Middelhoff oder dem Daimler-Vorsitzenden Jürgen Schrempp genutzt, um Angst zu verbreiten nach der Devise: Wir können auch anders. Middelhoff meinte, er sei nur zufällig Deutscher, Schrempp sagte, mit Deutschland habe er nicht viel am Hut. Was immer das bedeuten sollte, die Botschaft war: Bertelsmann muss sein Geschäft nicht in Deutschland machen. Schrempp, der Weltkonzernplaner, meinte: Autos kann man überall bauen, *»anytime anywhere«*, also nicht unbedingt in Deutschland. Sie machten den Eindruck, als sei ihnen das Schicksal der Menschen hierzulande egal.

Die Heuschrecken kommen.

Die Agenda 2010 geriet zwischen die Fronten im Glaubenskrieg zwischen Marktradikalen und Wohlfahrtsstaat. Die Marktradikalen warfen dem Sozialstaat vor, die Effizienz des Marktes zu schädigen und die Faulheit zu fördern. Aus der Sicht der Kritiker waren die Agenda 2010 und die Konsolidierungspolitik à la Milbradt nur der Anfang eines globalen Raubtierkapitalismus. Die wirklich Mächtigen, etwa die Beteiligungsfonds, fletschten schon die Zähne. SPD-Chef Müntefering warnte[17] vor den »Heuschrecken«, die »keinen Gedanken an die Menschen verschwenden, deren Arbeitsplätze sie vernichten – sie bleiben anonym, haben kein Gesicht, fallen wie Heuschreckenschwärme über Unternehmen her, grasen sie ab und ziehen weiter«.[18]

Das Bild von den Heuschrecken, eine Plage Gottes gegen die Ägypter, aktivierte alte Ressentiments. Nun schlug der »Sozialstaat« und vorneweg Müntefering in der Rolle des Retters zurück. Der Glaubenskrieg war selbstverständlich für die Profilierung in Wahlkämpfen bestens geeignet.

Die Heuschrecken machten es Müntefering leicht, indem sie gar nicht erst freundlich erscheinen wollten: Sie benannten sich etwa nach Cerberus, dem dreiköpfigen antiken Höllenhund, und ihre Bosse ließen sich von der Presse als aggressive »hottest hands« der Wall Street porträtieren. Männer mit großem Appetit. Neuerer, die das Tempo erhöhen, damit nichts bleibt, wie es ist. Männer, denen »das Geschrei der Zermalmten«, die bei der »schöpferischen Zerstörung«[19] des Alten untergehen, wie Musik in den Ohren klingt. Was sie ausscheiden oder übrig lassen, ist überflüssig.

Das amerikanische Modell: Charity als adäquate Form der Nächstenliebe.

Wie immer in der Geschichte des Kapitalismus erzeugt die Arroganz seiner Helden den Widerstand der Betroffenen. Ich ärgerte mich sehr über die Heuschrecken, denn obwohl der Sachverständigenrat ihnen sogar bescheinigte, dass die Firmen, die sie übernommen hatten, »überdurchschnittlich wachsen, mehr Arbeitsplätze schaffen und einen höheren Forschungsanteil aufweisen«[20], standen naturgemäß die üblen Praktiken in einigen Fällen im Mittelpunkt des Medieninteresses. Doch die arroganten Finanzjongleure hatten es nicht nötig, sich der Gesellschaft zu stellen. Sie lebten vom Kredit der Sozialen Marktwirtschaft. Staatliche Eingriffe in ihr Schalten und Walten fürchteten sie nicht, denn es würde auch Mittelständler treffen.[21] Während ich für Reformen der Sozialversicherungen warb, brüsteten sie sich mit ihren Millionenboni.

Den Vorwurf der »sozialen Kälte« bedienten sie exzellent. Tiefer kann der ideologische Graben zwischen amerikanischem Marktradikalismus und europäischem Sozialstaat nicht sein. Mitt Romney erreichte als millionenschwerer Topmanager von Bain Capital fast 50 Prozent der Stimmen bei der letzten US-Präsidentschaftswahl, obwohl er Positionen vertrat, die bei uns als sozialdarwinistisch eingeschätzt würden. Romney stempelte den europäischen Sozialstaat als puren Sozialismus ab, während er die Reichen zu den wahren Wohltätern der Nation erklärte. Es schadete Romney also kaum, dass sein Einkommensteuersatz niedriger war als der des Durchschnittsamerikaners und er sich über die Steuerbefreiung für Arme aufgeregt hatte. Romneys Position findet sich ziemlich getreu in Max Webers *Protestantischer Arbeitsethik* wieder: Den »Berufslosen« fehlt der » systematisch-methodische Charakter«[22] ihrer Lebensführung, erläutert Weber diese Denkweise. In Romneys religiösem Weltverständnis sind die Berufslosen Versager, weil sie undiszipliniert sind und Zeit verschwenden. Wer arbeiten will, findet Arbeit. Die wichtigste Botschaft von Romneys Ehefrau Ann im Wahlkampf war: »Dieser Mann wird nicht versagen.« Zwar kann kein Mensch das von einem anderen behaupten, aber in einer puritanischen Kultur drückt sie damit die höchste Gewissheit der Auserwähltheit aus.[23] Sie ist sich seines Gnadenstandes sicher, außerdem ist er reich. Indem er diesen Reichtum vermehrt, leistet er mehr zur Verherrlichung Gottes als andere.

Die Nächstenliebe, so Weber, verpflichtet die Reichen nicht dazu, von ihrem Vermögen abzugeben. Denn die Armen werden dadurch nur in ihrer Trägheit bestätigt. Wer nichts hat, der darf nicht klagen, denn Armut lässt vermuten, dass die Ursache in der eigenen Lasterhaftigkeit zu suchen ist. Schon gar nicht darf der Staat mit seiner helfenden Hand Gottes Auslese korrigieren, die der Markt, als »invisible hand« Gottes, getroffen hat.

Charity ist die adäquate Form dieser Nächstenliebe. Denn während der europäische Sozialstaat alle gleich behandelt, egal aus welchem Grund sie arbeitslos wurden, also auch den Faulen, wählt bei der Charity, die steuermindernd abgezogen werden kann, der Reiche aus, wem er helfen will, so bleibt der Staat schwach und kann den Faulen nicht helfen. Romneys Ansichten, dass Erfolg einer göttlichen Bewährung gleichkommt und Misserfolg ein Zeichen der Verdammnis ist, sitzen tief im gläubigen Amerika und werden allenfalls von einigen Ostküstenintellektuellen in Zweifel gezogen.[24]

Auch bei Bain Capital tat Romney nur Gottes Werk. »Nicht Arbeit an sich, sondern rationale Berufsarbeit ist das von Gott Verlangte«, erläutert Weber – und genau das machen Equity-Fonds wie Bain Capital: Nach der Maßgabe der maximalen Rendite, also der »rationalen Berufsarbeit«, werden Firmen bewertet, zerlegt und neu zusammengefügt, werden Leute entlassen, Standorte geschlossen, ein neues Management eingesetzt. Würden Romney & Co. irgendwelche sozialen Aspekte beachten, wären sie nicht rational, was einem Frevel gegen die göttliche Ordnung gleichkäme. So gehören denn auch bei Equity-Managern Profit und Charity, die Zepter von Darwin und Jesus, eng zusammen. Wir haben das schon beim kalifornischen Kapitalismus gesehen, wo sich robustes Profitdenken wunderbar mit »We do no evil«-Sprüchen und Sharing-Kultur verträgt. Die puritanischen Grundwerte sind intakt. Die Bosse der Hedgefonds pflegen das Bild des hart arbeitenden Selfmademan, sie verehren den Reichtum und sind natürlich beträchtlich bei der Charity engagiert.

In Deutschland gibt es in der Politik kaum marktradikale Kräfte, die sich mit solchen Positionen identifizieren würden. Ganz sicher zählen die Arbeitgeberverbände nicht dazu, denn dann müssten sie ihr »Tarifkartell«, also die enge Absprache der Löhne und der Arbeitsbedingungen mit den Gewerkschaften, aufgeben und ein »Hire and fire«-System etablieren. Doch warum sollten sie? In der Finanzkrise 2008, die zum schwersten Einbruch der Wirtschaft sowohl in den USA als auch in Europa geführt hatte, bewährte sich das (reformierte) deutsche Modell sehr gut, während die Amerikaner bis heute auf hohen Arbeitslosenzahlen verharren.[25]

Ein Vorwurf der Mainstreamökonomie an den deutschen Sozialstaat lautet stets, dass es dort zu gemütlich zugeht. 2006, als die Arbeitslosigkeit in Deutschland ihren Höhepunkt erreicht hatte und die Reformen der Agenda 2010 gerade zu wirken anfingen, hob der Publizist Wolfgang Münchau zum Abgesang auf Deutschland an. »Die Soziale Marktwirtschaft lässt sich nicht reformieren«, schrieb er. Sie sei dem härteren angelsächsischen Kapitalismus unterlegen, »eine Schönwetterkonstruktion, die an der Globalisierung scheitern wird«.[26] Eigentlich sei sie »vorkapitalistisch«, weil sie sich dem Markt nicht vollständig unterordnet. Die INSM sprach Münchau von allen »ultraliberalen« Absichten frei, die uns linke Globalisierungskritiker unterstellten. Wir seien harmlos und stünden lediglich für »die Rückkehr zu den Ursprüngen«, also zur Gemütlichkeit. Ich sagte mir damals, wenn uns ein in der Wolle gefärbter Marktradikaler für zu lax und die Linken uns für zu radikal halten, dann stehen wir mit unserem moderaten Reformkurs vielleicht gar nicht so schlecht da. Ich hatte gerade eine Kampagne zum Revival von Ludwig Erhard gestartet, damit der Begründer des Wirtschaftswunders nicht in Vergessenheit geriet. Doch Münchau wollte mehr Hayek und weniger Erhard, eigentlich wollte er gar keinen Erhard.

Der Mensch weiß nichts, der Markt weiß alles. Der Markt ist Gott.

In der Tat stehen hinter der Sozialen Marktwirtschaft zwei geistige Schulen: die Ordoliberalen um Erhard, Eucken, Müller-Armack, die den Markt durch einen starken Staat zähmen wollten, und die Marktradikalen um Hayek. Die Bedeutung des Nobelpreisträgers Friedrich August von Hayek liegt im Nachweis, dass die Planwirtschaft utopisch ist und im Chaos enden muss. Denn ohne Marktpreise weiß eine Volkswirtschaft schlicht nichts über die tatsächliche Nachfrage nach Gütern. Jede Zentralverwaltungswirtschaft müsse an Ressourcenverschwendung und Mangelwirtschaft zugrunde gehen. Diese Thesen waren 1947, als Hayek *Der Weg zur Knechtschaft* schrieb, keineswegs Allgemeingut. Darin stimmte er mit den Ordoliberalen überein, und der Untergang des Sozialismus gab beiden 1989 recht.

Die Ordoliberalen waren fest davon überzeugt, dass die Freiheit in einer Marktwirtschaft ein hohes Gut ist und zum Wohlstand und zur Lebenszufriedenheit der Menschen viel beiträgt. Sie beteten den Markt jedoch nicht an, und ihnen waren seine Systemfehler klar. Dass der Markt sich staatsfrei am besten selbst reguliert, hielten sie für einen Mythos.[27] Die Große Depression der 1930er Jahre war dafür ein Beispiel. Die Märkte hatten sich nach dem Crash keineswegs wieder von selbst stabilisiert. Bei der Gründung der Bundesrepublik wollte der deutsche Ordoliberalismus die Fehler der Marktgläubigen nicht wiederholen. Eucken fürchtete zu Recht, dass der freie Markt zu Kartellen tendiert, weil jeder Marktteilnehmer »die Möglichkeit (erspäht), um Monopolist zu werden«.[28] Er hatte damals die Ölkonzerne und die Stahlbarone im Blick, heute hätte er den Wirtschaftsminister gerügt, nichts gegen Amazon, Google oder Microsoft zu unternehmen. Ordoliberale befürworten einen starken Staat, der die Regeln des Marktgeschehens ordnet und sichert, ohne in den Markt selbst direkt einzugreifen.[29] »Intelligentes Marktdesign« nennt man das heute.

Hayek dagegen ist radikal-libertär und versteht sich als Verfechter einer Utopie der freien Marktordnung. Völlig deregulierte Finanzmärkte wären also ganz nach Hayeks Geschmack gewesen, zumal die Eigentumsrechte der Banker geschützt waren. Hayeks Version der »unsichtbaren Hand« ist der Glaube, freie Märkte bilden sich spontan heraus. Tatsächlich entstehen aber Märkte nicht spontan[30], sondern es ist genau umgekehrt: Die Erfahrungen in Osteuropa zeigen, wie wichtig ein starker Staat ist, um freie Märkte zu etablieren und kriminelle Oligarchien zu verhindern. Naive Hayekianer meinten, in Russland werde sich von selbst, spontan, eine freie Marktwirtschaft herausbilden. Ebenso wenig spontan bildeten sich die deregulierten Finanzmärkte vor 2008 heraus, sondern wurden durch die Kooperation von Wall Street und Washington erst geschaffen. Auch der CO_2-Zertifikatehandel hat sich nicht spontan herausgebildet, sondern wurde politisch installiert.

Hayeks Utopie, die, wie wir gleich sehen werden, eine Variante des puritanischen Glaubens an die Vorsehung[31] ist, betrachtet das Leben als ein »Reichtum-schaffendes Spiel«[32], bei dem »Glück und Geschicklichkeit« entscheiden, wer gewinnt oder verliert. Weil niemand den Ausgang des Spiels kennt, können wir niemandem die Schuld für ein schlechtes Abschneiden geben. Der Markt ist, so wenig wie die Natur, gerecht oder ungerecht. Der Gewinn gehört dem Gewinner und sonst niemandem: »Wie groß auch unser Mitgefühl für diejenigen sein mag«, schreibt Hayek, die verlieren, der Markt schafft nur Wohlstand ohne Eingriffe der Politik. Nur er verbindet, spontan und unsichtbar, die vielen unüberschaubaren Marktkräfte zu einem Gleichgewicht. Jeder Eingriff in den Markt stiftet nur Schaden. Vertretern von Amnesty International würde Hayek antworten, dass indische Kinderarbeiter oder das vom Rohstoffbergbau zerstörte Neuguinea notwendige Schritte auf dem Weg des Fortschritts seien, in »einem Prozess, der größer ist als wir selbst, aus dem Neues, Unvorhergesehenes herauswächst«. Eingriffe halten den Fortschritt[33] nur auf.

Der Mensch weiß nichts, der Markt weiß alles. Entscheidet sich der Markt für Niedrigstlöhne, dann ist es gut so. Die religiösen Züge dieser »spontanen Ordnung« werden erkennbar.

Das »Spiel des Lebens«.

Dass Hayek populär wurde und Erhard und Eucken keine Nachfolger fanden, ist kein Zufall. Hayeks Gleichsetzung von Leben und Spiel, in dem »Glück und Geschicklichkeit« über das Schicksal jedes Einzelnen entscheiden, liefert dem Turbokapitalismus schlicht die passendere Rechtfertigung. Die heutige Wall Street ist mit Casino-Kapitalismus gut beschrieben. Dass der Finanzsektor der Realwirtschaft zu dienen habe, wie noch zu Erhards Zeiten, ist zu einer positiven Utopie geworden. In der Perspektive der Spieltheorie, die dem casino-kapitalistischen Finanzgebaren zugrunde liegt, sind Leistung und Kompetenz zweitrangig, was zählt, ist allein der Erfolg. Alle sind Spieler, die ihre Ressourcen einsetzen und sich diverser Tricks bedienen und eben auch Glück haben müssen. Egal, welche Leistung einer bringt oder welche Einstellung einer hat, feste Kriterien, etwa, dass Banken der Volkswirtschaft dienen oder keinen übertriebenen Renditedruck ausüben sollten, gibt es nicht mehr, nur der Markterfolg zählt, und er definiert auch, was wir wollen sollen.

Wer gewinnt, hat den Gewinn auch verdient, sonst hätte er nicht gewonnen. Das ist Hayek pur. »Es ist eine puritanisch-calvinistische Gnadenlehre ohne Gott und ohne Gnade«, urteilt Manfred Prisching.[34] Manche, wie die Jungs von Goldman Sachs, helfen der Glücksgöttin ein wenig nach, aber die Vorstellung der Gesellschaft als Spiel hat sich nach langer Überzeugungsarbeit der Ökonomie durchgesetzt. Der Markt ist an Gottes Stelle getreten. Er verleiht Gnade. Er rechtfertigt alles. Mit Sozialer Marktwirtschaft hat ein Hayek wenig am Hut: »Weil wir alle im Kosmos des Marktes ständig Wohltaten empfangen, die wir in keinem Sinn moralisch verdient haben, sind wir verpflichtet, gleichermaßen unverdiente Einkommensminderungen ebenfalls hinzunehmen.«[35] Dem Markt haben wir zu dienen, er hat unser Leben unhinterfragt zu bestimmen, die Politik darf die Verlierer nicht schützen: »Wir haben kein Recht darauf, dass unsere Häuser nicht niederbrennen …, dass unsere Produkte oder Dienste einen Käufer finden, noch darauf, dass wir mit irgendwelchen bestimmten Gütern oder Diensten versorgt werden.«[36] Im Gegenteil, wir haben uns so zu verhalten, »dass wir das Gesamtprodukt, von dem wir einen unvoraussagbaren Anteil erhalten, so groß wie möglich machen«.[37] Unsere heilige Pflicht ist es, zu einem größeren Sozialprodukt beizutragen. Und dann demütig das zu empfangen, was der Markt uns zuteilt, auch wenn es nichts ist. Der Markt hat den Rang eines Gottesurteils. In Hayeks Diktion sind Eingriffe Blasphemie, eine »Anmaßung von Wissen«.

Der Markt hat immer recht.

Die Parallele dieses Denkens zur Hiob-Erzählung der Bibel ist bis ins Gleichnis vom brennenden Haus offensichtlich: Satan wettete gegen Gott, dass er Hiobs Gottvertrauen erschüttern könne. Hiobs Haus brennt nieder, sein Vieh und seine Kinder sterben, bis Hiob sagt, er habe das nicht verdient. Damit klagt er indirekt Gottes gerechte Ordnung an. Das ist eine Anmaßung. Elihu belehrt Hiob (ähnlich wie Hayek uns), dass er akzeptieren müsse, was Gott ihm gibt. Wenn Hiob sein Leid hinterfragt, maßt er sich an, die Natur von Recht und Unrecht besser zu kennen als Gott. Wer also klagt, dass ihm der Markt seine Existenz genommen hat, maßt sich an, mehr zu Wissen als der unfehlbare Markt.

Max Weber betont, dass im puritanischen Verständnis Gott diese Demut Hiobs am Ende belohnt: »Und Gott segnete hernach Hiob mehr denn zuvor, dass er kriegte vierzehntausend Schafe und sechstausend Kamele und tausend Joch Rinder und tausend Eselinnen« (Hiob 42, 12). Es gibt einen Fortschritt und eine Vorsehung, die uns belohnen, wenn wir uns dem Markt demütig unterwerfen – das ist der Kern von Hayeks puritanischer Lehre. Er fordert ausdrücklich »Demut«[38] vor dem Markt.

Für die Puritaner war es theologisch absurd zu meinen, durch gute Werke könne der Mensch die Urteile Gottes beeinflussen. Diese stehen fest, und der weise Schöpfergott hat die

Welt bereits vernünftig eingerichtet. Zur »Rettung der Seelen« mit guten Taten einzugreifen, das wäre »ein törichtes Antasten von Gottes fester Ordnung«.[39] Wir haben Gottes unveränderlichen Ratschluss demütig hinzunehmen. Auch der Markt spricht seine Urteile spontan und willkürlich. Nach Hayek wäre es eine »Anmaßung von Wissen«, seine Urteile anzutasten und etwa den Armen oder den Verlierern zu helfen. Die Opportunitätskosten könnten zu groß sein, denn die Zeit, die für die Hilfe draufgeht, könnte doch anderenorts mehr für das »Gesamtprodukt«, also den Fortschritt (die Vorsehung), leisten.[40]

Die Formel von der Effektivität vollkommener Märkte gibt sich den Anschein von Wertneutralität. Aber genau betrachtet, ist Hayek ganz der puritanischen Arbeitsethik verpflichtet. In seinem Wertesystem steht die Steigerung der Arbeitsproduktivität über allem – Arbeit als das entscheidende Zeichen göttlicher Erwählung. Hayeks Sicht auf das Gesundheitssystem illustriert das ganz gut: Das Gesundheitssystem stehe sowohl den vorübergehend kranken Erwerbstätigen als auch den chronisch, nur bedingt erwerbsfähigen Kranken zur Verfügung. Das sei eine »Fehlallokation« der Ressourcen: »Es mag hart klingen, aber es ist wahrscheinlich im Interesse aller, dass in einem freiheitlichen System die voll Erwerbstätigen oft schnell von einer vorübergehenden und nicht gefährlichen Erkrankung geheilt werden um den Preis einer gewissen Vernachlässigung der Alten und Sterbenskranken.«[41] »Fehlallokation« klingt gut. Er meint nichts anderes, als dass die Produktiven wichtiger sind als die Unproduktiven. Dass die Alten einmal in das System einzahlten und jetzt darauf vertrauen, dass die Jungen sie nicht dem Produktivitätsfortschritt opfern, passt nicht in diese Gedankenwelt. Die Gesellschaft darf keine eigenen moralischen Regeln aufstellen, die den puritanischen Arbeitswerten entgegenstehen. *»There is no such thing as society, only individuals«*[42], sagte Margaret Thatcher, die Tochter eines methodistischen Laienpredigers. Es ist genau diese Blindheit gegenüber der Gesellschaft und die ignorante Arroganz, die Alexander Rüstow und die Ordoliberalen schon den Marktradikalen der 1930er Jahre vorgeworfen hatten.

Ein Begriff von einem guten Leben fehlt Hayek völlig. Sein »System der Freiheit« ist dazu da, um zu produzieren. Die Freiheit des Einzelnen besteht wie bei jeder Theologie darin, die Gesetze des Gottes (hier des Marktes) anzuerkennen. Was produziert wird, ist egal, schon die Frage, was produziert werden soll, ist eine »Anmaßung von Wissen«, denn nur der Markt darf diese Frage stellen und beantworten.[43]

Empirie war allerdings nicht Hayeks Stärke.[44] Denn in der realen Wirtschaft ist das Gewinnstreben gar nicht unser aller Antrieb. 73 Prozent der Unternehmer gründeten ihre Firma, weil sie eine Idee verwirklichen wollten oder die Freiheit lieben. Welche Gewinne am Ende dabei herauskommen, ist vorab schwer berechenbar. Berufe wie etwa Krankenschwester oder Soldat, die schlecht bezahlt werden, haben Hayek zum Trotz Zulauf – auch von Menschen, die mit derselben Qualifikation woanders besser verdienen könnten. Sie haben einfach Interesse und Begabung für diese Aufgabe.

Hayeks »Gewinnstreben« erinnert an Milton Friedmans Diktum, Unternehmen hätten gar keine andere Wahl, als ihre Gewinne zu maximieren, sonst würden sie von profitableren Wettbewerbern verdrängt. Gewinne sind wichtig, aber dass sie maximiert werden müssten, ist reine Ideologie. Der Verhaltensökonom Steffen Huck[45] vom University College in

London ermittelte in einer Studie dagegen folgende Prioritäten: Der sichere und niedrigere Gewinn ist den Managern oft lieber als der unsichere maximale Profit. Manager agieren mit Daumenregeln, weil das Optimierungsproblem in vielen Situationen einfach zu komplex ist. Firmen imitieren ihre Konkurrenten, ohne groß über eine eigene Strategie nachzudenken, manche wollen nichts, als die Konkurrenz bestrafen. Zudem überschätzen Manager die Synergieeffekte von Fusionen.

Von einem alles überragenden Gewinnstreben kann keine Rede sein. Es ist eher so, dass die Finanzmärkte und die Unternehmensberater die Gewinnmaximierung als Ziel aufstellen und die Firmen in diese Richtung drängen. Wieder zeigt die Realität, dass das Maximieren kein Gesetz des Marktes ist. Es ist ein puritanischer Wert. Weder Unternehmer noch Verbraucher müssen aus einem inneren Zwang heraus ständig ihren Nutzen maximieren, und die wenigsten tun es freiwillig.

Intelligentes Marktdesign ist gefragt.

Wohin wären wir gekommen, wenn Deutschland den marktradikalen Rezepten gefolgt wäre? Wolfgang Münchau hatte der deutschen Sozialen Marktwirtschaft vorausgesagt, dass sie in der Globalisierung nicht überleben werde. Er empfahl 2006 eine ganze Reihe von marktradikalen Rettungsmaßnahmen: Allen voran hätte Deutschland das amerikanische Bankensystem und insbesondere die amerikanische Form der Immobilienfinanzierung übernehmen sollen.[46] Die Ironie der Weltgeschichte wollte, dass die Finanzkrise gerade wegen diesen beiden korrupten und ineffizienten US-»Vorbildern« ausbrach. Münchau empfahl uns, die Industrie nach Fernost zu verlagern, die Tarifautonomie zu schleifen und den Mittelstand zu verkleinern. Doch gerade diesen drei Stärken unserer Volkswirtschaft verdanken wir, dass wir die Krise so gut überstanden haben. Jeder Vorschlag des Hayek-Anhängers Münchau erweist sich heute, nur sieben Jahre später, als katastrophal.

Die Soziale Marktwirtschaft hat sich in der Krise und in der Globalisierung besser bewährt, als viele geglaubt haben. Das lag auch an den Reformen der Regierung Schröder. Es ist allerdings fraglich, ob sie sich auch in der Beschleunigungsgesellschaft so gut bewähren wird. Denn die Erosion der sozialen Bindungen, der Familien und der Widerstandskraft der Menschen gegen den permanenten Veränderungsdruck ist schon spürbar. Der Sozialstaat steckt in derselben Wachstumsfalle wie die Konsumwirtschaft. Es muss immer mehr produziert bzw. verteilt werden. Egal, ob die Menschen für ihre Zufriedenheit nicht ganz andere Prioritäten haben.

Der Sozialstaat muss deshalb seine eigene Wachstumsideologie infrage stellen. Inwiefern er die Tretmühle in der Arbeitswelt unterstützt, weil er ja die Steuer- und Beitragseinnahmen braucht. Auch für den Sozialstaat gilt, dass wir zum menschlichen Maß zurückkehren müssen, was bei ihm bedeutet, die Prioritäten zu überprüfen: Die Zufriedenheit der Familien und Kinder muss über der der Arbeit liegen, weil die Arbeit ohnehin schon einen viel zu großen Stellenwert in unserem Leben einnimmt. Vielleicht wäre es besser, wenn die Entfernungspauschale das Pendeln nicht länger unterstützt und die Fahrzeiten nach Hause dann kürzer werden. Vielleicht sollte die Stadtplanung die städtischen Räume nicht in Schlaf-, Büro-, Schul- und Einkaufszentren zerteilen, die nur per Auto erreichbar sind, denn das ist alles familienfeindlich. Vielleicht sollten Arbeits- und Familienpolitiker mal alle Gesetze durchgehen und sich dabei fragen, was sie dazu beitragen, dass die Familien dem Dauerdruck immer weniger standhalten. Statt nur festzustellen, dass das Geld nicht reicht.[47]

Statt die Verfügbarkeit von Konsumgütern ganz nach vorn zu stellen und eine ganze Hilfsindustrie zu unterhalten, sollte der Sozialstaat darüber nachdenken, wie er dazu beitragen kann, dass die Verwahrlosungstendenzen abnehmen, dass Problemviertel sich zurückbilden, dass Parallelgesellschaften nicht entstehen. In manchen Bereichen ist der Sozialstaat zu einer Zwangsbeglückungsagentur geworden, etwa bei der Jugend- und Sozialhilfe. Dass er hier auch paternalistisch agiert, ist bis zu einem gewissen Grad unvermeidbar. Wenn wir die Prioritäten darauf verlagern, dass nicht Konsum an erster Stelle steht, sondern soziale Integration, funktionierende Familien, Gesundheit, dann muss dem zunächst eine Debatte über die neuen Prioritäten vorangestellt werden.

Wie neue Perspektiven alte Denkmuster aufbrechen können, zeigt der Vorschlag der Bremer Glücksforscherin Hilke Brockmann, eine Mütterquote in Wirtschaft und Politik einzuführen. Denn tatsächlich kommen im Beruf zuerst die Männer, dann Frauen ohne Kinder und zuletzt Frauen mit Kindern. Bei der Suche nach einem Job und in der Karriere ist der Hauptnachteil nicht das Frausein, sondern das Muttersein. Ist die Frau schon Mutter, fehlt ihr oft Berufserfahrung, und sie droht wegen der Kinder öfter auszufallen. Ist sie noch keine Mutter, drohen Vakanzen, Ausfälle, Lohnfortzahlungen. Ob die Mütterquote der richtige Weg ist, will ich hier gar nicht vertiefen. Entscheidend ist der Wechsel der Priorität.

Wie ändern wir das Arbeitsrecht und die Stadtplanung, um den Familien endlich mehr Zeit für sich zu geben? Doch wie stellt man das an, ohne dass der Staat dem »unmündigen« Bürger irgendwelche »glückssteigernden« Verhaltensweisen aufzwingt? Zwar greifen der Staat und die Unternehmen schon heute regelmäßig in das Konsum- und Freizeitverhalten der Bürger ein und es würden hier Reglementierungen wegfallen, aber anderswo würden neue hinzukommen. Hier werden Staat und Markt übergreifend Lösungen finden müssen.

---

1 Tichy 2013, S. 5.

2 Vorwerk-Familienstudie 2012.

3 Studie der Basler Prognos AG für das Bundesfamilienministerium, zitiert in: *Der Spiegel* vom 04.02.2013, S. 27.

4 Dass sich die Ökonomisierung wunderbar mit feministischer Emanzipationsrhetorik verkaufen lässt, erwähnt Roland Tichy: »Erst wenn jede Frau an der Aldi-Kasse für ihre Sozialbeiträge schuftet und Steuern dafür bezahlt, dass andere Frauen ihre Kinder erziehen – erst dann ist die endgültige Befreiung der Frau geschafft.« Tichy 2013, S. 5.

5 Der berühmte Ökonom Kenneth Arrow war der Meinung, dass sich eine allen Bürgern zur Verfügung stehende medizinische Versorgung marktmäßig nicht vernünftig organisieren lasse. Krankheit sei ein für den Einzelnen weder kalkulierbares noch vorhersehbares Risiko, das unter den Menschen ungleich verteilt sei. Der Ausgleich »schlechter« durch »gute« Risiken sei auf einem durch freien Wettbewerb gekennzeichneten Versicherungsmarkt faktisch nicht möglich. Dort würden die Versicherungen alles daransetzen, die guten Risiken mit günstigen Prämien zu ködern und die schlechten Risiken durch hohe Prämien abzuschrecken. Es käme nicht zu einem Risikoausgleich, sondern zu einer Ausgrenzung schlechter Risiken. Unter wohlfahrtsökonomischen Gesichtspunkten sei daher die soziale der privaten Kranken-

versicherung überlegen (vgl. Reiners 2006, S. 13). Deutschland hat ein Mischsystem.

6 Dagegen bedarf es beispielsweise keiner gesetzlichen Autohaftpflichtversicherung.

7 OECD Better Life Index 2010 und Eurobarometer 2011.

8 Die untere Hälfte der Einkommensbezieher dürfte natürlich ein Mehr an Zufriedenheit durch die Transfers erfahren als die obere.

9 Wüllenweber 2012, S. 78.

10 Wittchen 2012, S. 9–11.

11 Wittchen 2013, S. 71.

12 Armutsbericht 2013, S. 120.

13 Rieger und Leibfried kommen in ihrer Untersuchung über die Verschiedenheit der westlichen und asiatischen Sozialstaaten zu dem Urteil, dass es »regelmäßig religiöse Konzepte sind, die der Sozialpolitik Blaupausen liefern und auf diese Weise Staat, Wirtschaft und Gesellschaft gestalten«. Da sich Marktwirtschaft und Wohlfahrtsstaatlichkeit auf die »gleichen religiösen Wurzeln«, nämlich christliche, berufen, ist auch der Glaubenskrieg zwischen beiden so intensiv (Rieger und Leibfried 2004, S. 50–51).

14 Marktliberalen und den Anhängern des Wohlfahrtsstaats »gemeinsam ist das planmäßige Streben nach einer anderen Gesellschaft, in der es keine Armut mehr gibt«, so der Soziologe Stephan Leibfried. Beide sind von ihrem Heilsweg felsenfest überzeugt und halten den eigenen Weg für den »wahren« und den Weg des Feindes für den »falschen« (vgl. Rieger und Leibfried 2004).

15 Horkheimer und Adorno 1947, S. 196.

16 Immerhin war der Auslöser für die Agenda 2010 die Nürnberger Arbeitsagentur, die ihre Vermittlungsstatistiken systematisch geschönt hatte und nur einen Bruchteil ihrer 100 000 Beamten in der Jobvermittlung einsetzte, der Rest verwaltete sich selbst.

17 Ein Hintergrundpapier der SPD-Bundestagsfraktion »Marktradikalismus statt sozialer Marktwirtschaft – Wie Private-Equity-Gesellschaften Unternehmen verwerten« nennt darin u.a. als Heuschrecken die Beteiligungsgesellschaften KKR, die Bank Goldman Sachs sowie die Private-Equity-Firma Apax, an die Müntefering als Verkehrsminister den Staatsbetrieb Tank und Rast verkauft hatte.

18 Müntefering 2005.

19 Auch die Wirtschaftswissenschaft hat für die Verlierer im Kampf ums Dasein nicht viel übrig. Eigentlich ist der Untergang einer Branche, etwa der Printmedien durch das Internet, nicht paretooptimal, denn die Verlierer stellen sich zweifellos schlechter. Diese Transaktionskosten einer »schöpferischen Zerstörung« lässt die Ökonomie der Einfachheit halber schlicht unter den Tisch fallen.

20 Jahresgutachten des Sachverständigenrats zur Begutachtung der gesamtwirtschaftlichen Entwicklung für das Jahr 2005, S. 463 ff.

21 Eine nüchterne Bilanz ergibt, dass die großen Befürchtungen falsch waren. Die Unternehmenssubstanz in Deutschland ging keineswegs vor die Hunde. Unbegründet waren die Ängste aber nicht, denn der weltweite Anteil von Private-Equity-Gesellschaften an Unternehmenskäufen hatte stark zugenommen, und deren Ziel war keine nachhaltige Firmenentwicklung sondern ein profitabler Exit. Sie waren, wie die Finanzmarktkrise 2008 zeigte, eine Blase, weil sie riesige Kredite benötigten, mit denen sie ihren geringen Eigenkapitaleinsatz hebelten, um die Kapitalrendite zu steigern. Gut, dass die Europäische Kommission sie 2010 regulierte. Ein Beitrag zum Deleveraging der Finanzbranche.

22 Weber 2006, S. 142.

23 Als Mormonin sieht sie sich gar als »Heilige der letzten Tage«.

24 Das sind allerdings die ideologischen Frames, die Realität ist komplexer: Der einzige Politiker in den vergangenen fünfzig Jahren, der den Sozialstaat nennenswert beschnitten hat, war der linke Clinton. In Deutschland haben Bismarck und Adenauer mehr für den deutschen Sozialstaat getan als jeder linke Bundeskanzler.

25 Nicht, dass das deutsche System perfekt wäre, doch hat die Agenda 2010 einige Überregulierungen abgeschafft und vor allem älteren Erwerbsfähigen zu Jobs verholfen. Die Lehrbuchökonomie betrachtet den deutschen Flächentarif als ineffizient: So empfiehlt sie, dass Unternehmen die Löhne senken sollten, wenn es der Arbeitsmarkt hergibt. Die Folge wäre maximaler Frust und Arbeitsverweigerung der Belegschaften, weshalb Lohnsenkungen auch kaum vorkommen. Andererseits nimmt sie an, dass die Höhe des Lohns nichts mit der Qualität der Arbeit zu tun hat und ausschließlich vom Marktpreis abhängt. In der Realität werden z.B. ungelernte Arbeiter in Branchen mit hohem Gewinn (Energie) weit besser bezahlt als in Branchen mit niedrigem Gewinn (Gastronomie), also ganz unabhängig von Angebot und Nachfrage. Die Lehrbuchökonomie ist voll von realitätsfremden Vorannahmen. Den jahrzehntelangen Erfolg der deutschen Volkswirtschaft mit einem angeblich so ineffizienten Lohnsystem kann sie eigentlich nicht erklären.

26 Münchau 2006, S. 159.

27 Den Ordoliberalen war klar, dass die Anhänger der reinen Marktlehre einer Ersatzreligion huldigten. Alexander Rüstow sah darin einen »theologisch-metaphysischen« Glauben an die Autonomie des Marktes und an die »unbedingte Gültigkeit der ökonomischen Gesetze« am Werk. Dieser »Aberglaube« begriff nicht, dass die Menschen die Launen des Marktes und seiner Akteure eben nicht hin-

nehmen wie ein Gottesurteil und zusehen, wie ihr Lohn auf ein paar Cent sinkt, weil der Markt das angeblich so will. Rüstow warf den Marktgläubigen vor, die Auswüchse durch ihre Blindheit nicht verhindert und so der Idee der freien Wirtschaft geschadet zu haben (Rüstow 2001, S. 191).

28 Eucken 1990, S. 31.

29 Eucken 1990, S. 197.

30 Allenfalls Schwarzmärkte, wo der Handel verboten ist.

31 Hayek sah sich als rationaler Wissenschaftler und hätte die Herkunft seiner »spontanen Marktordnung« in der calvinistischen Vorsehung geleugnet, doch er fand nichts dabei, die Idee der sozialen Gerechtigkeit als »ein quasi religiöser Aberglaube« abzutun (Hayek 1981, S. 98).

32 Hayek 1981, S. 158.

33 »Die Idee des Fortschritts ist der ins Säkulare gewendete christliche Glaube an die Vorsehung«, schreibt John Gray. Sie ist sowohl im Marktradikalismus als auch im Marxismus wirksam, teilweise mit identischen Ansichten, etwa dem Glauben, die Wirtschaft sei der Motor der Vervollkommnung (Gray 2012, S. 14).

34 Prisching 2009, S. 126.

35 Hayek 1981, S. 131.

36 Hayek 1981, S. 140. Hayek hat das Glück ausdrücklich als Teil des Marktspiels eingeführt, damit niemand fordern kann, dass unverdient erworbene Güter zu enteignen oder umzuverteilen sind – man denkt heute an die Boni der Londoner Banker. Sie waren eben clever und hatten Glück im Kampf ums Dasein.

37 Hayek 1981, S. 167.

38 Hayek 1975, S. 21.

39 Weber 2006.

40 Im Ökonomismus, so der Wirtschaftsethiker Thielemann, gilt der Markt als Legitimität verbürgende metaphysische Instanz. An die Stelle vernunftbegabter Individuen, die aus freien Stücken handeln, tritt der Glaube an eine überpersönliche Instanz, die das ethisch Richtige für uns Irdische verbindlich definiert und seine Einhaltung effektiv gewährleistet. Dies zeigt sich etwa in der normativen Überhöhung des Wettbewerbs als »Entdeckungsverfahren«. Was sich im Wettbewerb durchsetzt bzw. »bewährt«, wird hierbei zugleich als ethisch vernünftig »entdeckt« und damit als Ausdruck der weisen Vorgaben einer überpersönlichen Instanz gedeutet. Hayeks »Entdeckungsverfahren« erinnert Thielemann an eine »Offenbarungstheorie des Marktes«. Thielemann 2009/10, S. 159.

41 Hayek 1983, S. 379. Für Menschen, die ohne eigenes Verschulden nicht in der Lage sind, am Markt Einkommen zu beziehen, sprach

sich Hayek für ein garantiertes Mindesteinkommen aus. Nur: Was ist unverschuldet?

42 Deutsche Übersetzung.

43 Gewinn, Arbeit, Produktion – das ist der Kosmos von Hayek: »Das Gewinnstreben ist die Grundlage eines Produktionssystems, das uns jene Unterhaltsmittel zur Verfügung stellt, die erforderlich sind, um die heute bestehende Gesellschaft am Leben zu erhalten.«

44 Anfang der 30er Jahre hielt Hayek in Cambridge einen Vortrag mit der These, die Weltwirtschaftskrise sei das Ergebnis von Überkonsumption. Als man ihn fragte, ob er wirklich behaupten wolle, dass, wenn er sich morgen einen neuen Mantel kaufe, dies die Arbeitslosigkeit erhöhe, antwortete von Hayek: »Ja, aber es würde eine lange mathematische Ableitung benötigen, um zu erklären wieso« (Robinson 1973, S. 39 f.).

45 Steffen Huck vom University College in London im Oktober 2012 im *Handelsblatt* (Müller 2010).

46 »Abholzen« wollte Münchau die Genossenschaftsbanken – sie überstanden dann die Finanzkrise 2008 am besten. Münchau empfahl die US-Studentenfinanzierung – sie ist die wohl schwerste Schuldenhypothek, die je einer Studentengeneration aufgebürdet wurde. Münchau hielt auch das Ziel Ludwig Erhards, »jedes Jahr den Haushalt auszugleichen«, für einen grundsätzlichen Fehler. Schulden machen wie Griechenland und die USA, das ist der richtige Weg!

47 Arm ist, wer weniger als 60 Prozent des Netto-Durchschnittseinkommens bezieht. Wächst also der Wohlstand in Deutschland, dann geht die Armut statistisch nicht zurück, sie wächst sogar, wenn der Zuwachs der oberen Hälfte der Bevölkerung größer ist als der der unteren. Umgekehrt sinkt die Armutsquote, wenn alle ärmer werden.

5

Immer mehr Selbstinszenierung und immer mehr Bluff

»Viele sind berufen, aber nur wenige sind auserwählt.«

Den Erfolg der TV-Figur Daniela Katzenberger konnte ich mir anfangs nicht erklären. Bei Pamela Anderson, ihrem Vorbild, waren die Attribute, die sie attraktiv machten, gleichsam zum Greifen nah. Aber an Katzenberger, die 2010 bei Google Deutschland auf Platz 3 der meistgesuchten Personen und auf Platz 8 der meistgesuchten Nachrichten aufschien, ist alles durchschnittlich: die Silikonbrüste, die wasserstoffblonden Haare, das Übermaß an Schminke. Auch ihre »Story« als »Auswanderin«, die Einlass in Hugh Hefners Playboy-Bunny-Imperium begehrte, ist zu dünn, um ihren Aufstieg zum Reality-TV-Star zu erklären. An ihr schien so gar nichts Substanzielles, was mir ihre mediale Dauerpräsenz hätte begreiflich machen können. Erst als Fans in einer Sendung Katzenberger dafür lobten, dass sie so »natürlich« sei, obwohl sie doch offensichtlich so »künstlich« ist, verstand ich die Attraktivität des Mädchens: Katzenberger ist ein wöchentliches Erklärvideo zu unserer Bluffgesellschaft. Ihre Künstlichkeit ist einerseits Show, andererseits authentisch. Gerade junge Frauen lernen am Beispiel der Barbie-ähnlichen Katzenberger, dass der Körper selbst zu einer Option geworden ist.

Man muss ihn gestalten, man kann ihn verbessern, man kann ihn manipulativ einsetzen, besonders bei Männern, und man kann ihn zu Geld machen. *Sei schlau. Stell dich dumm*, heißt ihr persönliches Bluffrezept. Die Kamera begleitet sie ins Tanz- und Tonstudio, in die Restaurantküche und zu allen möglichen alltäglichen und außeralltäglichen Situationen, die sie mal naiv reflektiert, mal ironisch kommentiert. Soll sie den Filmleuten glauben, die ihren Auftritt gut fanden? Mit Katzenberger erhält der Zuschauer einen Einblick in die Manipulationsinstrumente der Film-, Mode- und Musikbranche. Er lernt das Bluffen.

Das gespielte Leben: Freude und Spaß sind mehr Kulisse als Inhalt.

Auch Katzenbergers Aufstiegsgeschichte ist, ähnlich wie die vieler Castingshow-Kandidaten, eine Variante des Alles-ist-möglich-Traums. Gerade weil Katzenberger nur mittelmäßig aussieht und schlecht singt, erscheint ihr Starruhm für die vielen, die nach narzisstischer Grandiosität suchen, umso erreichbarer: Du kannst alles sein oder werden, was immer du nur willst, wenn du weißt, wie man richtig blufft. Jeder kann ein Restaurant eröffnen, jeder kann modeln oder schauspielern, völlig unabhängig von Talent oder Kompetenz. Als Pokerspieler kann man bei Günther Jauchs Quiz eine Million gewinnen, wenn man den richtigen Dreh kennt.

Einfach ist dieses Leben nicht. Freude und Spaß sind mehr Kulisse als Inhalt. Katzenberger ist dauernd unterwegs und muss sich disziplinieren. Es fällt ihr schwer, und das macht sie sympathisch, denn das permanente Körperstyling ist aufwändig: Der Körper muss blitzblank und geschminkt sein, er muss schlank sein und trainiert werden, damit er fit ist, und zwar mit modernen Methoden und Geräten. Er muss geformt und verschönert werden. Allein die Körperbehaarung ist zu einem wichtigen Teilbereich der Selbstverwirklichung geworden. Augenbrauen aufmalen oder tätowieren, Ganzkörperenthaarung, Perücken oder Extensions?

Die Ernährung ist das Nächste. Was noch vor vierzig Jahren völlig unproblematisch war, ist zu einer Wissenschaft geworden: laktosefreie Milch, glutamatfreie Pizza, probiotisches Joghurt. Der Hedonismus ist so freudlos und kompliziert geworden, dass man besser von einem Masochismus spricht. Am anstrengendsten ist das Inszenierungsspiel selbst, denn alle Beteiligten wissen um das Spiel und setzen voraus, dass das Image des anderen ein Bluff ist, auf den man mit einem Gegenbluff reagieren muss.

So lebt beispielsweise die Filmbranche immer noch von dem Image, dass hier kreative Künstler entspannt und leicht zugekokst ein exzessives Leben mit viel Sex am Set führen. »Das ist eine Illusion, die nach vorne verkauft wird, hinten aber überhaupt nicht mehr stattfindet«, beschreibt der Medienprofi Thomas Hermanns die Diskrepanz zwischen Realität und Fake.[1] Film und Fernsehen sind heute sehr diszipliniert und sehr arbeitsam und meilenweit entfernt von dem hedonistischen Paradies, das es bei Federico Fellini oder Marcello Mastroianni einmal war. Im Popmusik- und Werbegeschäft ist es nicht viel anders. Leichtigkeit kann durch den Erfolgs- und Budgetdruck gar nicht mehr aufkommen, also wird sie gespielt.

Nichts ist so gemeint, wie es aussieht, und Festlegungen sind nur lästig.

Während Katzenberger die Bluffschule für die breite Masse mit Realschulabschluss verkörpert, sind die Hipster die Bluffer mit Abitur und Mittelschichtseltern. Die ARD-Stars Joko und Klaas repräsentieren diese Jugendkultur. Auch hier steht die Maskerade an erster Stelle: Seitenscheitel und Schnauzbart. Röhrenjeans und abgetragene Sakkos. Die Einrichtung besteht aus Vintage-Möbeln. Die dicke Nerdbrille gehört dazu und nicht dazu, denn anfangs fanden Hipster Brillen derart uncool, dass, wer sie trug, nur unheimlich cool sein konnte. Jetzt ist die Nerdbrille so angesagt, dass sie schon wieder out ist. Es geht darum, Individualist zu sein und gleichzeitig konform, permanent alles zu hinterfragen und die Karriere zu planen, um die kalkulierte Normverletzung, die nur zum Schein opponiert und doch alles mitmacht, wenn es nützlich ist. Hipster definieren sich über Konsum, nicht durch tatsächliches Handeln.[2] Es ist ein ständiges Abgleichen von Inszenierungswelten, wobei die Festlegung gescheut wird, weil der Aufwand, sich davon dann wieder distanzieren zu müssen, wenn sie uncool geworden ist, einfach zu hoch ist. Ironie ist wichtig, sie ist eine Maske, wie das Dummstellen bei Katzenberger. Die Essayistin Christy Wampole[3] wirft den Hipstern vor, dass ihr ironischer Lebensstil, der nichts ernst nimmt, jeglicher Verantwortung aus dem Weg geht. Auf ihre Weise sind sie schlau und stellen sich ironisch. Nichts ist so gemeint, wie es aussieht. Hipster unterhalten sich sarkastisch, sie sind wandelnde popkulturelle Zitate. Vielleicht zeigt sich gerade in dieser Jugendkultur am klarsten der Widerspruch, der unsere Epoche ausmacht: die Kluft zwischen dem verzweifelten Anspruch auf originelle Authentizität und der Konformität eines dann in der Praxis recht unauffälligen Daseins. »Eine Gesellschaft, die Konformismus braucht, und Personen, die Individualität wollen, funktioniert nur mit viel Bluff, mit Selbsttäuschung und Heuchelei«, schreibt Manfred Prisching.[4]

»Wir leben in einer Zeit der Bluffer«, bemerkt auch die Schriftstellerin Sibylle Berg. Dabei hat sie vor allem die ganz oben im Blick, den Doping-Radstar Lance Armstrong oder den Politiker Karl-Theodor zu Guttenberg: »Das Faken von Leistungen, das Angeben, Täuschen scheint eine Begleiterscheinung des sich selbst fressenden Kapitalismus zu sein.« Angeber und Lügner gab es schon immer, doch der »Kapitalismus in seiner Jetzt-Form scheint zu bedeuten: Verkauf jedem deinen Müll gut«[5], meint Berg. Jeder kann sich eine lange Liste dieser Bluffer vorstellen: Dieter Bohlens Superstars, die nie welche werden. Oder die Piraten, die so transparent intransparent sind. Oder Banker, die sich trotz Kollektivbankrotts noch für besonders kompetent halten.

Mit dem Druck, sich ständig neu erfinden zu müssen, werden die Menschen immer weniger fertig.

»Die steigende Zahl von Erschöpfungsdepressionen könnte auf der ständigen Vortäuschung einer anderen Persönlichkeit beruhen«, meint Berg und ist damit auf der richtigen Spur. Der französische Soziologe Alain Ehrenberg führt den Anstieg der Burn-out-Erkrankten darauf zurück, dass viele mit dem ständigen Zwang zur Selbstinszenierung einfach überfordert sind und daher ihren Lebenslauf schönen, ihren Körper tunen, Amphetamine einwerfen, die Produkte ihrer Arbeit faken oder einfach alles auf einmal haben und sein wollen. Mit dem Druck, sich ständig neu erfinden und positionieren zu müssen, werden die Menschen immer weniger fertig. Ehrenberg belegt das mit der flächendeckenden Zunahme der Antidepressiva. Der Stressreport 2012[6] der Bundesregierung hat ermittelt, dass allein am Arbeitsplatz die Zahl psychischer Belastungen in den letzten 15 Jahren um 80 Prozent zugenommen hat.

Die Jagd nach dem authentischen »Wer bin ich und sollte ich jetzt sein?« treibt viele in die »narzisstische Erschöpfung«. Die Kehrseite der Selbstverwirklichung ist die Angst, bei der Ich-Werdung zu scheitern und die Freiheitsspielräume und Wahlmöglichkeiten für ein gelingendes Leben nicht zu nutzen. »Weil aber immer mehr Menschen am Ideal des selbstbestimmten Lebens scheitern, werden narzisstische Persönlichkeitsstörungen und depressive Erkrankungen zu Volkskrankheiten«, schreibt Ehrenberg.[7]

Die psychischen Erkrankungen haben sich fundamental verschoben. Zu Sigmund Freuds Zeiten, als der Kapitalismus noch offen repressiv war, litten die Menschen unter Neurosen, der Zwangsneurose zum Beispiel: Frauen, die zwanghaft putzten, und Männer, die den Rasen mit der Nagelschere stutzten. Die Neurose war noch die Krankheit des Einzelnen, den der Konflikt zwischen dem Erlaubten und dem Verbotenen zerriss. Die Depression ist dagegen die Krankheit des scheinbar freien Einzelnen, der die Spannung zwischen dem Möglichen und dem Unmöglichen nicht bewältigt. »Wenn die Neurose das Drama der Schuld ist, so ist die Depression die Tragödie der Unzulänglichkeit.«[8] Mit dem Siegeszug der Selbstentfaltung seit den 60er Jahren nehmen die Depressionen zu. Einst war das Individuum unglücklich, weil es unter Zwang stand, heute, weil es unter einem »erschöpften Selbst«[9] leidet.

Wer scheitert, hat nicht genug getan.

Die Gesellschaft fordert vom Einzelnen zu viel: Er muss auf der einen Seite seine Unverwechselbarkeit herausstellen und als authentischer Charakter auftreten, dem man einen eigenen Standpunkt zutraut. Andererseits darf er keinen Zweifel daran lassen, dass er im Beruf perfekt funktioniert. Sein Lebenslauf muss diese Anpassungsleistungen nachweisen. Der Einzelne muss sich optimal selbst vermarkten, muss demonstrieren, dass er die Konsumoptionen nutzt, dass er die Bluffs und Inszenierungsweisen beherrscht, dass er für alles offen und damit einsetzbar ist. Schließlich muss der Einzelne sein Ich unablässig selbst beobachten und zeigen, dass er seine Emotionen beherrscht und die Benimmcodes kennt und an seiner Sozialkompetenz arbeitet. Was verlangt wird, ist Selbstdisziplin und Selbstoptimierung. Und Schuldbewusstsein, denn wer scheitert, obwohl es doch jeder schaffen kann, wenn er nur will, der hat nicht genug getan. Wenn er krank wird, dann hat er nicht genug für seine Gesundheit getan. Wenn das Aktiendepot an Wert verliert, hat er nicht gut genug investiert.

Ehrenberg geht davon aus, dass in Zukunft noch mehr Psychopharmaka eingenommen werden, um die Stimmung zu verbessern, die Selbstbeherrschung zu erhöhen und die »Schrecken der Existenz« abzumildern. In den USA nimmt der Einsatz von Prozac bei Kindern kontinuierlich zu. »In einer Gesellschaft, in der Menschen ständig psychoaktive

Substanzen einnehmen und so künstlich die Stimmung verändern, kann man nicht mehr sagen, wer jemand selbst ist, ja nicht einmal, wer normal ist.«[10]

Was muss nicht noch alles optimiert werden: der Körper (mit Jogging und Schönheitsoperationen), das Hirn (mit Drogen und Gehirndoping), das Essen (mit Functional Food), das Trinken (mit Energydrinks), der Sex (mit Viagra), das Lernen (mit Schnelllesetechnik), die Moral (mit 360-Grad-Total-Feedbacks), das Soziale (mit Facebook). Jede einzelne dieser Optimierungen hat ihre Anhänger, und jede soll uns das Leben, nein: unsere Performance, erleichtern. Aber wir wissen inzwischen, dass sie das nicht tun. Sie erhöhen den Druck, sie machen die Zeit schneller, sie lassen uns nicht zur Ruhe kommen – und genau darin liegt auch ihr tieferer Sinn: Entspannung ist Sünde, die Optimierung der Zeit ist die puritanische Urtugend: Schlaf, Muße, Luxus sind seit jeher verdächtig.

Immer wahnsinnig gut drauf sein oder: Die Religion des positiven Denkens.

Zum Modus der Selbstinszenierung gehört heute, dass jeder so tun muss, als sei er besonders erfolgreich. Das erste Gebot des Bluffens ist, einen glücklichen Eindruck zu machen. Man ist immer wahnsinnig gut drauf. Ein Grund für den Boom der Happy-Pillen, der Glücksratgeber und der Idealisierung des Glücks ist, dass es diesen Druck gibt, die erfolgreiche Selbstinszenierung auch unter Beweis stellen zu müssen. In den USA hat die Happiness-Industrie noch eine viel größere Dimension als bei uns. Aber auch hier ziehen wir nach. Die Bewegung nennt sich »positive thinking«, zu Deutsch: positives Denken. Es geht dabei um den alten amerikanischen Traum, dass jeder reich und erfolgreich sein kann, wenn er hart arbeitet und es nur will. Wieso soll das für das Glück nicht auch gelten? Glück, Gesundheit, Reichtum sowie beruflicher und privater Erfolg sind für jeden jederzeit erreichbar, vorausgesetzt, er programmiert sein Bewusstsein auf eine positive Grundhaltung um. Selbst Krebskranke werden von besonders eifrigen »Positiv-Denkern« vor einer »negativen Haltung« gewarnt, denn die könne den Heilungsprozess gefährden.

Das positive Denken hat seine »dunklen Wurzeln« im Calvinismus. Diese Herkunftsgeschichte legt die amerikanische Autorin Barbara Ehrenreich in ihrem informativen Buch *Smile or Die*[11] ausführlich dar. Es ist wirklich verblüffend, wie sich der puritanische Geist über Jahrhunderte treu bleibt: Er will kein gutes Leben, er versteht es auf geradezu meisterliche Weise, das Glück zu sabotieren – bis heute. Zu allem Überdruss hat der puritanische Geist jetzt auch noch das Glück unter seine Fittiche genommen und wendet seinen simpelsten Schachzug an: Er macht das Glück zur Pflicht. Glück ist machbar, und wer nicht glücklich ist, der hat eben nicht hart genug gearbeitet und nicht intensiv genug an sich geglaubt (oder zu Gott gebetet, in der evangelikalen Variante).

Ehrenreich schildert, wie sich aus der bitteren Askese im 19. Jahrhundert die boomende Glücksindustrie der Gegenwart entwickeln konnte und wie die Glückssteigerung von heute, ähnlich wie die Askese früher, durch die Pflicht zur ständigen Selbstbeobachtung und Selbstoptimierung das Glück verhindert. Über Personen, Prediger und religiös-psychologische Bewegungen lässt sich die Geschichte des positiven Denkens sehr gut zu den Wurzeln des Calvinismus zurückverfolgen.

Am Anfang des positiven Denkens steht erst mal das Gegenteil: ein zorniger Gott. Mitleidlos und völlig willkürlich hatte er die Menschen »zum Leben oder zum Tode vorherbestimmt«.[12] Nach Calvin sollten die Menschen in ständiger Angst leben, »damit wir gedemütigt und niedergeschlagen lernen, vor seinem Gericht zu erzittern und zu seiner Barmherzigkeit emporzuschauen.«[13] Jeder hatte sich ständig selbst zu befragen und durch harte Arbeit vom Sündigen abzuhalten. Emotionalität, wie freudiges Lachen oder Weinen, war strikt verpönt, es wurde eine Härte gegen die eigenen Gefühle eintrainiert. Gott sah alles, und er war ein strafender Gott.

Im 19. Jahrhundert lockerte sich die »Angst vor der Hölle«, und freundlichere Varianten des Calvinismus wurden möglich. Eine entwickelte Mary Baker Eddy, die Tochter eines eifernden calvinistischen Farmers. Bakers einflussreiche »Neugeist«-Bewegung behauptete, dass Gott Geist ist und alle Menschen Teil dieses allumfassenden Geistes. Die Welt, wie sie Gott geschaffen hat, ist vollkommen. Wer also krank ist, der muss lediglich seinen Geist durch positive Gedanken heilen, dann wird er gesund. Das Ganze klingt einigermaßen absurd, aber Mormonen oder Pfingstler, religiöse Bewegungen, die damals ebenfalls entstanden, predigen nicht weniger absurde Lehren. Eddy war zwar bei echten Krankheiten erfolglos, aber bei der überall anzutreffenden »religiösen Schwermut« war sie mit ihrer mutmachenden Neugeist-Therapie erfolgreich.[14] Zusammen mit ihrem Mentor, Phineas Quimby, dem Urvater des positiven Denkens, erklärte sie das Universum für grundsätzlich gut und gütig. Bemerkenswert daran ist, dass William James, der erste amerikanische Psychologe und Verfasser des Wissenschaftsklassikers *Die Vielfalt religiöser Erfahrung*, sich für Eddys »Religion« begeisterte. Er fühlte sich zwar als Wissenschaftler abgestoßen vom »optimismusbesessenen neugeistigen Denken«[15], aber er hielt Eddy zugute, sie befreie die Menschen von Ängsten und ihre pragmatische »Sorge dich nicht«-Bewegung habe die Krankheit des Calvinismus geheilt und verbiete sogar das Klagen über schlechtes Wetter.

Gott hatte sich gewandelt, er wurde freundlicher. Der Calvinismus blieb sich allerdings treu, vor allem im entscheidenden Aspekt, seinem Gebot der ständigen Selbstbewertung und der inneren Arbeit der Selbstprüfung. »Auch dem Positivdenker sind Gefühle suspekt, und er ist angehalten, sein Innenleben unablässig zu überwachen«, schreibt Ehrenreich. »Ein Calvinist forschte in seinen Gedanken und Gefühlen nach Anzeichen von Nachlässigkeit, Sünde und Zügellosigkeit, ein Anhänger des positiven Denkens hält ständig Ausschau nach mit Ängsten oder Zweifeln beladenen negativen Gedanken.«[16] Der Calvinist hadert mit sich wegen seiner Sünden, der Positivdenker hadert mit sich wegen seiner Negativität. Das positive Denken ist eine Selbstdressur, ein Umprogrammieren des eigenen Ichs zu einem Soll-Ich mit der Aussicht auf irdisches Glück, wenn man nur intensiv genug daran glaubt. Auch an der »Gefallenheit« des Menschen hat sich nichts geändert: Das Fleisch ist schwach, aber der Geist kann das Ich erlösen, indem er unablässig an sich arbeitet.[17]

Wie schon die Urpuritaner ihre Schäfchen zum Führen eines Tagebuchs anhielten, so verlangen die Ratgeber des positiven Denkens das Ausfüllen von Tests und Fragebögen zur Selbsteinschätzung sowie das Abarbeiten von Checklisten. Die moderne Managementliteratur[18] knüpft hier an.

Im 20. Jahrhundert verlegten sich das positive Denken wie auch die evangelikalen Mega-Churches immer stärker auf die

Propagierung von Wohlstand und Glück. Da ja sichergestellt war, dass hart am Ich gearbeitet wird und das Ziel absoluter Perfektion nicht infrage steht, konnten auch Puritaner das Glück propagieren. Dass das Glück auf diese Weise verfehlt wird, ist sicher.

In der antiken Lehre vom guten Leben wird eine Balance von Wohlstand und Glück angestrebt. Doch die Alten wussten: Glück ist nicht machbar. Nach Aristoteles gehören dazu Glücksgüter, über die wir nur sehr eingeschränkt verfügen können. Ob wir gesund bleiben, ob wir neurotisch oder extravertiert sind, ob wir in einem Land ohne Krieg leben, welche Begabungen wir haben, die uns Erfüllung schenken, ob wir Eltern haben, die uns lieben, so wie wir sind, ob wir einen Lebenspartner finden, ob wir Kinder haben, die sich gut entwickeln – all das steht nicht in unserer Macht, beeinflusst aber unser Glückserleben massiv. Wir können es nur eingeschränkt beeinflussen, und wer es erzwingen will, macht oft mehr kaputt und kommt dem Glück damit nicht näher. Die aristotelische Idee der Balance will von vornherein nicht das Maximum, sondern die Mitte. Es ist ähnlich wie in Lao Tses *Tao Te King:* »Tue dein Bestes, was in deiner Kraft steht, und dann lasse los.« Denn ob sich das, was du heute am meisten anstrebst, morgen vielleicht als großes Unglück erweist, das weiß man eben immer erst hinterher. Perfektionierung oder gar Maximierung von Glück verfehlt es mit größter Wahrscheinlichkeit.

Die meisten der amerikanischen Glückspropheten legen Wert darauf, dass der Einzelne durch positives Denken effizienter und erfolgreicher wird und dadurch auch glücklicher. Das Glück ist nur Mittel zum Zweck. Doch Glück ist ein Wert an sich, ein Zustand ohne weiteres Verlangen: der erste

Kuss, eine Fuge von Bach, eine Skiwanderung auf den Wilden Kaiser, das erste »Papa« des Kindes – das ist Glück, und es muss nicht gesteigert und perfektioniert werden. Dinge mit tieferer Bedeutung sind nicht effizienter zu machen. Oder weiß jemand, wie man effizient küsst oder wie man den Film *Die fabelhafte Welt der Amélie* effizient sieht? Glücksmomente entziehen sich der Logik von Maximierungsskalen, und Zufriedenheit kann man auf unterschiedlichen Niveaus erlangen, es braucht dazu kein »Mehr ist besser als weniger«.

Das positive Denken begann als religiöses Phänomen und ist heute eine psychologisch und spirituell mächtige Bewegung. Der Anteil von Pfarrern und Pfarrerskindern unter den Managementgurus und positiven Denkern ist hoch. Es war der protestantische Pfarrer Norman Vincent Peale, der 1952 der Bewegung mit *Die Kraft des positiven Denkens* ihre Bibel gab, die sie bis an die Welt der Wirtschaft heranführte. Die Psychologie dieses Ratgebers und vieler seiner Nachfolger ist eine krude Mischung aus B. F. Skinners behavioristischer Konditionierung[19] und kognitiver Verhaltenstherapie: Man gebe sich einfach ein klares Ziel und halte daran fest, dann wird man es auch erreichen. Wer dauernd an Erfolg denkt, wird auch erfolgreich. Wer an Gesundheit denkt, wird gesund. In vielen Variationen wird dieser zentrale Gedanke eingehämmert: Das glückliche Leben ist ein reiner Willensakt, weshalb der Erfolg nur von einem selbst abhängt. Peale schreibt: »Wenn wir uns selbst die größten Probleme bereiten, müssen wir den Grund dafür in jenen Gedanken suchen, von denen unser Geist in der Regel beherrscht wird.« Soll heißen: Der Feind steckt in uns selbst, es sind die eigenen falschen Gedanken. Das ist Calvinismus pur. Und wer diesen Feind nicht besiegt, der ist eben dazu verdammt, unglücklich zu sein, also unerlöst. Jeder (europäische) Psychologe weiß, dass die Gedanken, von denen ein Patient beherrscht wird, und die tieferen Verstrickungen, von denen seine Probleme herrühren, alles andere als identisch sind. Einem Narzissten hilft es wenig, sich mit seinen größenwahnsinnigen Gedanken auseinanderzusetzen. Der Therapeut wird sich besser seiner Mutter-Bindung zuwenden.

Dafür hat man umgekehrt irgendwie den Eindruck, dass der Narzisst, zumindest in der Variante des von sich selbst überzeugten Größten und Besten, ziemlich genau den Zielpunkt dieser positiven Selbstkonditionierung darstellt.[20]

In der 80er Jahren fielen dann bei den Managementgurus und den positiven Denkern alle Hemmungen. Der NLP-Trainer Anthony Robbins, der für Bill Clintons Regierung, IBM und American Express arbeitete, verspricht jedem *Grenzenlose Energie*. Jeder kann perfekt werden, denn: »Alles was du kannst, kann ich auch, denn ich kann es imitieren.« Wir müssen lernen, »unser Gehirn zu steuern«. Alles sei nur eine Sache des richtigen »Framings«, der Einstellung und der Zieldefinition. Jürgen Schrempp von Daimler packte das in die Formel, dass jeder Manager alles managen können muss. Ein anderer Managementguru, Brian Tracy, verkündete: »Es gibt keine unrealistischen Ziele, nur unrealistische Deadlines.«[21] Allein eine Liste dieser Aufforderungen zum Größenwahn würde Seiten füllen[22], darunter wären ernst gemeinte Befehle wie »Legen Sie die rechte Hand auf Ihr Herz und sagen Sie ›Ich bewundere reiche Menschen‹« (von Harv Eker) oder die Empfehlung des Motivationstrainers Jeffrey Gitomer, alle »negativen Menschen« aus dem Bekanntenkreis zu entfernen, was an die Praxis der Zeugen Jehovas erinnert.[23]

Manche sind von ihrer Erfolgsmasche absolut überzeugt, wie Tom Peters, der dazu überging, jedes neue Buch mit dem

Hinweis zu eröffnen, in seinen früheren Büchern falsch gelegen zu haben.[24] Tom Peters wird von der *Harvard Business Review* immer noch auf Platz 24 der einflussreichsten Managementberater gezählt (2011). Seine Buchtitel klingen wie Unternehmensslogans: *A Passion for Excellence.* Es ist immer dasselbe: Exzellenz, Höchstleistungen, Effizienzsteigerung, Profitmaximierung und die persönliche Selbstoptimierung, um ganz nach oben zu kommen. Seit das positive Denken ins Management Einzug hielt, müssen die Angestellten allerdings auch noch Spaß an dieser Tretmühle vorheucheln. In der erfrischend lockeren Tragikomödie *Up in the Air*[25] spielt George Clooney den einsamen Workaholic Ryan, der weder zu Frauen noch zu Kollegen noch zu Familienangehörigen Beziehungen pflegt. Ryans persönliches Lebensziel ist, die Zehn-Millionen-Frequent-Traveller-Meilen-Grenze zu überwinden, was er auch erreicht, denn sein Job besteht darin, unermüdlich zu allen möglichen Betrieben zu fliegen, um dort Leute zu entlassen und ihnen dabei – mithilfe positiver Psychologie – einzureden, dass das die größte Chance ihres Lebens sei und sie endlich noch einmal neu durchstarten dürfen. Der Film thematisiert die Motivationsbranche, die längst zum Unternehmensalltag gehört.

Die Kunst, sogar eine Entlassungswelle noch als göttliche Fügung und Glückschance zu verkaufen, funktioniert dank der positiven Psychologie und wurde in Phasen des wirtschaftlichen Strukturwandels breit eingesetzt. Wenn Wandel per se positiv ist, Stehenbleiben keine Option und ständige Selbstoptimierung das Ziel, dann kann man über eine Kündigung nur positiv denken: Der Verlust des Arbeitsplatzes ist eine Chance zur Veränderung. Das ist auch die Botschaft im Klassiker der Rationalisierungspropaganda *Die Mäusestra-*

tegie. Darin jammern zwei Zwergenmenschen über den Verlust ihrer Käsevorräte, bis sie von den Mäusen lernen, nicht lange dem Alten nachzutrauern, sondern sich ganz wie im Positiv-Denken-Seminar »in Gedanken ein Bild auszumalen, wie sie in einem großen Haufen aus all ihren liebsten Käsesorten sitzen«. Statt sich über Verluste zu ärgern, kommen sie zur optimistischen Einsicht, dass »sich die Veränderung im Nachhinein als Segen erwiesen hatte, weil sie sie zu einem besseren Käse geführt hatte«.[26] Wir leben in der besten aller Welten, und selbst Arbeitslosigkeit ist gut, wenn sie richtig gesehen wird, nämlich als Ansporn, jetzt das Außergewöhnliche zu leisten, oder evangelikal formuliert: Gott das Besondere mit uns tun zu lassen, das er mit uns vorhat.[27] *Die Mäusestrategie* verkaufte sich auch in Deutschland bestens. Handelsvertreter und Verkaufsprofis werden auch hierzulande mit Motivations-Workshops, DVDs und entsprechender Literatur dazu gebracht, an das Produkt und den Verkaufserfolg zu glauben. Mein Problem damit ist nicht, dass den Menschen Mut gemacht wird. Natürlich ist es besser, das Glas halb voll als halb leer zu sehen. Mein Problem ist die Übersteigerung, dieses naiv verdummende »Du kannst alles schaffen, wenn du nur willst«, das an den Realitäten vorbeigeht, das die Chefs und das System aus der Verantwortung entlässt und das den Einzelnen schlicht überfordert.

Die Depression ist die Kehrseite dieser narzisstischen Selbstüberschätzung, des inneren Zwangs, sich dauernd optimieren zu müssen. Arbeitslosigkeit kann und sollte tatsächlich ein Anlass sein, die eigene Lage zu überdenken, aber man muss kein Psychologe sein, um den Zynismus der Rationalisierungspropaganda zu durchschauen. Zudem ist es doch fragwürdig, die Verkäufertruppe so zu motivieren, dass sie den Menschen Produkte aufschwätzt, die sie nicht brauchen. Oder den Menschen unseriöse Karrierehoffnungen oder ewige Profite einzureden. Noch bis zur Finanzkrise glaubten die meisten Börsengurus und Analysten, dass die Party ewig weitergehe, und wer Skepsis anmeldete, wurde gefeuert. Warum hat niemand den Daueroptimisten widersprochen? Der Wirtschaftsnobelpreisträger Paul Krugman vermutete zu Recht, dass »niemand ein Spielverderber sein wollte«.[28] Daueroptimismus kann auch eine Form von Dummheit sein.

Es wird weiter geblufft, denn das Außergewöhnliche ist das Mindeste.

Obwohl wir genügend Gründe haben, das Steigerungstempo zu drosseln, und mit der Finanzkrise, der Erschöpfungsepidemie und dem Konsumfrust auch genug Beispiele haben für seine negativen Auswirkungen auf die Psyche, beherrscht der Optimierungswahn weiterhin den Zeitgeist: Ein Leben, das nicht ständig an seine Grenzen geht und das nicht versucht, alles zu erreichen, und dies auch schafft, weil es ja jeder schaffen kann, wenn er nur will, ist nicht wert, gelebt zu werden. In dieser Überbietungslogik ist das Außergewöhnliche das Mindeste, was man von anderen und von sich erwarten kann.

Die Feuilletons erzählen uns über beinahe jeden Künstler, dass er »traditionelle Sehgewohnheiten überschreitet« und sich »über konventionelle Auffassungen hinwegsetzt«. Sie berichten über Theateraufführungen, die die herkömmliche Interpretation »völlig verändert« haben, oder dass dieser oder jener Musiker seinen rebellischen, verstörenden oder abseitigen Stil ganz unabhängig von Akademien oder etablierten Vorlagen gefunden hätte. Literaturpreise erhalten Autoren, die irritieren, hermetisch schreiben und auf jeden Fall widerständig sind und nicht marktgängig, wobei die Agenten im Hintergrund alles dafür tun, dass sie sich dann doch gut verkaufen. Natürlich ist vieles von diesem Genie- und Einzigartigkeitsgerede Bluff, denn wenn sich jeder über alles hinwegsetzt, gibt es eigentlich nichts, worüber man sich hinwegsetzen kann. Wenn sich jeder von anderen abgrenzt, gibt es nichts, wovon man sich abgrenzen kann. Aber die Penetranz solcher Phrasen zeigt, dass *Be creative!* zu einem allgemeingültigen kulturellen Imperativ geworden ist, der längst in der Kreativindustrie, der Innovationsökonomie und den Psychotechniken des Selbstwachstums Einzug gehalten hat.

»Was ehemals subkulturellen Künstlerzirkeln vorbehalten war«, schreibt Andreas Reckwitz[29], ist Mainstream geworden und vor allem der Persilschein für schrankenlose sensationsheischende Selbstvermarktung. Bei Musikshows wird nicht mit Superlativen gespart. »Wahnsinn« ist dort nicht die höchste, sondern die niedrigste Übertreibungsstufe. Wem nicht klar ist, dass natürlich auch diese Beurteilungen der prominenten Coaches reiner Bluff sind, könnte meinen, dass sich sämtliche Beteiligte ununterbrochen am Rande des Herzinfarkts und des Überschnappens bewegen. Der Jargon der Betroffenheit und Hyperemotionalität, der Gefühle tatsächlich mehr verdeckt als offenlegt und Authentizität nicht ausdrückt, sondern inszeniert, kommt ein weiteres Mal aus der alternativ-romantischen Gegenkultur. Sie leistet, wie auch schon bei der Konsumkultur, gute Dienste für die Vermarktung besonders von kulturindustriellen Gütern.[30]

Die Managerliteratur ist nicht viel anders: Auch hier sollen

Manager ständig Grenzen überschreiten, nicht nur die der Legalität. Es sollen Hierarchien hinterfragt, Routinen vermieden, Strukturen, die grundsätzlich verkrustet sind, aufgebrochen und ungewöhnliche Wege gegangen werden – und nicht zu vergessen, Innovationen ermöglicht werden. Also wird geblufft und der Hype gehypt. Was ist *»the next big thing«*?, fragt die Steigerungslogik, denn der nächste Hype kommt so todsicher, wie Usain Bolt von einem noch schnelleren Läufer überholt wird. Also steigere und optimiere dich, damit du mithalten kannst. Wer nur seinen Job gut macht, der ist ein Niemand.

Wir sind alle Marathonläufer – der gequälte Körper arbeitet dauernd an sich selbst.

Die Extremerfahrung wird zum Statussymbol. Theologisch-puritanisch gesprochen drückt sich darin die eigene Erwähltheit aus, mit der man sich von der Masse abhebt. Viele sind berufen, nur wenige sind auserwählt (Mt 22,14). Diese Demonstration des Außergewöhnlichen unterscheidet sich von der Status-Kritik eines Thorstein Veblen, der noch die Stahlbarone und Bankiers anklagte, zur »leisure class« zu gehören, weil sie sich durch einen distinktiven Konsumstil, dessen Rituale und Codes nur Eingeweihte verstehen, vom Durchschnittsbürger absetzten. Den demonstrativen Konsum gibt es heute in St. Moritz oder Beverly Hills immer noch, aber noch wichtiger ist die Selbstoptimierung. Sie führt zur »Bewährung« zurück: Der Held, ob er nun Richard Branson oder Felix Baumgartner heißt, bewährt sich am Limit, er überschreitet die Grenze, das gibt ein Zeichen seiner Erwähltheit. Da kann ihm kein Geld helfen, höchstens ein bisschen bei der Vorbereitung. Also sieht man die ehrgeizigen Selbstoptimierer beim Iron Man und zum Kilimandscharo aufsteigen, besser noch zum Knochen schindenden Mount Everest, denn diesen Gipfelsturm überleben nicht alle. Helikopterskiing, Wolkenkratzerklettern, Basejumping, Wüstentrecking oder Haitauchen: Der Extremsport erobert alles, auch die letzten Winkel unberührter Natur, wobei die PR-Manager solcher Events mit umweltfreundlichen Alibi-Aktionen die Gewissen beruhigen. Es sind nicht nur eitle Selbstgefährder, die gab es schon immer. Dafür sind es zu viele, es ist eine Massenbewegung. Der Marathon hat sich, wegen der Entsagung und der Lust am Schmerz, zu einem gesellschaftlichen Leittrend entwickelt. Der gequälte Körper arbeitet quasi laufend an sich selbst. Zum Genießen hat er einfach keine Zeit. Er ist ein Zeichen der Willensstärke. In den Fitnessstudios arbeiten sich auf Streckbänken und Laufbändern asketische Leistungsmenschen ab, deren Trainingspläne von Trackingtools bis auf die dritte Kommastelle genau verfolgt werden, um auch noch die kleinsten Defizite zu dokumentieren. Methodische Lebensführung, die selbst Max Weber nicht für möglich gehalten hätte.

Selbstoptimierer wollen beweisen, dass sie einzigartig sind. »Extremsport dient in erster Linie der Inszenierung von Individualität«, sagt Karl-Heinrich Bette, Sportsoziologe an der Technischen Universität Darmstadt. »Es reicht heute nicht mehr aus, ein Kind zu zeugen, ein Haus zu bauen, einen Baum zu pflanzen – der moderne Mensch hält sich offensichtlich erst dann für wertvoll, wenn er allein die Welt umsegelt oder den Mount Everest bezwungen hat.«[31] Bettes Hinweis auf den »Selbstwert« ist entscheidend, denn er spricht die psychische Disposition an, die diesem Streben nach Grandiosität zugrunde liegt. Der Calvinist war davon überzeugt, dass wir »nicht das Geringste dem eigenen Wert zu danken zu haben«. Nur wer Leistung bringt, darf geliebt werden.[32]

Dieses psychologische Motiv ist viel stärker als die neurophysiologischen Erklärungen, die heute den Extremsport erklären wollen: Danach geht es den Extremsportlern schlicht um den Kick durch Endorphine, die bei Ängste überwindenden Grenzerfahrungen freigesetzt werden. Diese körpereigenen Morphine erleichtern die Strapazen und machen süchtig. Das stimmt, erklärt aber nicht, warum diese Extremsportwelle jetzt aufkommt. Griechisch-orthodoxe Mönche oder Indios aus Chiapas laufen keinen Marathon, obwohl bei ihnen die Endorphine sicherlich dieselbe Wirkung haben wie bei westlichen Leistungsfanatikern. Erst musste sich das Wertesystem so verändern, dass durch Extremsport etwas ausgedrückt werden kann, das in unserem Wertesystem etwas gilt. Durch Extremsport kann heute im Westen Erwähltheit demonstriert werden, weil sich die puritanischen Werte (Leistung, Ausdauer, Konkurrenzfähigkeit) mit gegenkulturellen (vormals pietistischen) Werten (Selbstverwirklichung, Autonomie, Einzigartigkeit) verwoben haben.

Für die längste Zeit der Menschheit erschien es völlig absurd, durch Leistungssport oder wirtschaftlichen Erfolg seine Einzigartigkeit herauszustellen. Im alten Rom etwa gab es Gladiatoren und Reiche wie Crassus, aber der Gladiator grüßte Cäsar als »Todgeweihter«, und Crassus konnte mit noch so viel Geld nicht das »Ansehen« einer alten Senatorenfamilie erkaufen. Ihr Selbstverständnis unterschied sich beträchtlich von dem heutiger Selbstoptimierer. Der Vergleich mit anderen Religionen zeigt den Unterschied vielleicht noch besser: In den antiken Religionen geht es vor allem um die Reifung der Persönlichkeit: Der Buddhist geht einen Pfad, der Mönch einen inneren Weg, im Zen ist der Weg das Ziel, er muss auf diesem Weg nicht schneller sein als der andere oder eher ankommen, und es braucht nichts Außergewöhnliches dazu. Extreme waren abschreckend.

Mir imponiert die Ruhe, die eine im Lotossitz dargestellte Buddhastatue ausstrahlt. Keine Hektik, keine Steigerung sämtlicher Lebensbereiche, sondern Ruhe und Konzentration. Nichts in unserer Natur und kein einziges Marktgesetz zwingen uns zum hektischen Lauf im Hamsterrad. Es ist der Puritaner in uns, der sich der Tretmühle willig ausliefert.

Ein weiteres Beispiel für die kulturelle Prägung unseres westlichen Kapitalismus ist das Schönheitsideal: Auch hier ist zuerst das puritanische Schönheitsideal der Schlankheit da: leicht abgemagert, hohlwangig, asketisch, diszipliniert und dabei die Sexualität unterdrückend. Der Kapitalismus vermarktet dieses Schönheitsideal, weil er es vorfindet, nicht weil er es aus irgendwelchen Marktgesetzen kreiert. Der Markt und die Modeindustrie würden auch mollige Frauen, die bekanntlich im arabischen Raum als besonders schön gelten, vermarkten. Die puritanische Kultur lehnt jedoch alles als zu sinnlich ab, was üppig, prall vor Lebensfreude, dekadent und erotisch aggressiv aussieht. Prominente Frauen wie Victoria Beckham oder Kate Moss fungieren als Rollenmodelle. Sie üben beim Publikum puritanische Mentalitäten ein: besonders eindrucksvoll, wenn sie ihre Körper schon kurz nach einer Geburt wieder zurechtgehungert haben. Disziplin, wie sie jede viktorianische Gouvernante geliebt hätte. Size-Zero-Größe sieben Wochen nach der Niederkunft, die ohnehin nur ein Reproduktionsvorgang in Unterbrechung der eigentlichen Arbeitsproduktion gewesen ist. Sarah Jessica Parker nahm gleich eine Leihmutter, weil die Drehtermine eine eigene Schwangerschaft nicht zuließen. Das ist die konsequente Hintanstellung jeder emotionalen und sozialen Gemütsregung unter das Erfolgsdiktat rationaler Lebensführung. Es ist ein Triumph des Puritanismus. Die Marktwirtschaft käme auch weiterhin ohne Leihmütter aus.

Man versteht etwas falsch, wenn man meint, alles sei sexier, weil freie Sexualität geschätzt würde.

So verlangt die Modeindustrie makellose Körper und Idealmaße. Längst hat die Welt der Mode und der Schönheit die einstige Dekadenz der Pariser Boheme verlassen, die das Geheimnis liebte, die Erotik und den Esprit, und hat sie eingetauscht gegen die Leistungsshows auf den Catwalks, wo asexuelle Models »perfekt sein müssen«, wie Heidi Klum stets betont und ihnen predigt, dass sie »ganz hart« in der Welt des Glamours arbeiten müssen. Man versteht die Pop- und Modewelt falsch, wenn man meint, dass dort Sex eingesetzt wird, weil freie Sexualität geschätzt würde. Die Frauen haben verglichen mit den Zeiten vor hundert Jahren sicherlich aufgerüstet: Es ist mehr nackte Haut und Sexappeal zu sehen als damals, was den Eindruck von mehr Freiheit erzeugen könnte. Ich bezweifle aber, dass das etwas über die Bejahung des eigenen Körpers aussagt. Durch nichts erzeugt man besser erotische Unlust als durch die Bedeutungsaufladung der Sexualität. Als die Sexualität durch die Boheme befreit worden war, steckten die puritanischen Optimierer diese schwere Niederlage nicht weg, sondern versuchten sie wieder zu disziplinieren: Der Sex wurde vermessen und standardisiert. Gewisse körperliche Maße und sexuelle Standards gehören nun zur »wissenschaftlichen« Grundausstattung. Wie diese auszusehen haben, ist den Medien zu entnehmen, die über die Attraktivität der Stars wachen wie früher Nonnen über die Jungfräulichkeit ihrer Novizinnen. Auch in der Beziehung muss Sexualität Bedeutungen erfüllen, und das beschwert sie mit zusätzlichem Leistungsdruck. Die Puritaner haben den Sex mit ihrer guten alten Performanceerwartung gebändigt und sind so ihrem Ziel, Freude und Glück im Sex zu verhindern, wieder sehr nahegekommen.

Der Körperkult, wie ihn Bodybuilder, Topmodels und die Schönheitsindustrie zelebrieren, ist weit davon entfernt, die puritanische Körperfeindlichkeit hinter sich gelassen zu haben. Schlankheitskuren, Fitnessstudios, Sonnenbänke huldigen diesem Schönheitsideal. Schöne Ironie, dass gerade das Ideal der Schlankheit in einer Überflussgesellschaft besonders schwer zu erreichen ist. Man könnte es sich leicht machen und einfach ein paar Kilo mehr zum Ideal erklären. Der westliche Puritanismus will es sich aber nicht leicht machen, also zieht er das Schlankheitsideal noch schärfer: Größe 34 für Frauen, definierte Bauchmuskulatur für Männer. Das Publikum, das etwa in der Berliner U-Bahn täglich zur Arbeit fährt, ist von diesem Ideal zwar weit entfernt, aber das sagt leider nicht, dass es den Leuten egal wäre. Der Diätkult der Frauenzeitschriften, der Siegeszug der Barbiepuppe, die Fettabsaugungsindustrie und die Magersuchtproblematik[33] zeigen, dass dieses Schlankheitsideal gilt.[34] Es ist keine Erfindung der Modeindustrie, wie die alte, kulturblinde linke Kapitalismuskritik meinte. Könnte sie ein Schönheits- oder Modediktat aussprechen, würde sie im Zweifel lieber mehr Stoff verkaufen oder die Modewechsel beschleunigen und neben die Frühjahrs- und Herbstkollektion noch weitere Jahreszeiten hinzuerfinden, um den Warenumschlag zu erhöhen. Die Modeindustrie vollzieht die leitkulturellen Vorgaben des puritanischen Schönheitsideals und ist insofern nur ein Teil des Problems. Das eigentliche Problem sind nicht Umsätze und Profite der Industrie, sondern die Körperfeindlichkeit, Körperoptimierung und die erwarteten Kontrollzwänge, also einmal mehr Max Webers »stahlhartes Gehäuse«.

Wir müssen uns die Wertschätzung der Normalität zurückerobern.

Das erschöpfte Selbst und die allgemeine Überforderung kommen auch hier vom Verlust der Mitte. Es reicht nicht, sich in einer Normalität einzurichten, die zu einem passt, es muss stets mehr sein. Die Steigerungslogik will nicht nur mehr vom selben, sondern Neues und Außergewöhnliches. Schon der frühere Anspruch, im Leben ein Kind zu zeugen, ein Haus zu bauen und einen Baum zu pflanzen, war ambitioniert. Darin lag der Wunsch verborgen, anzukommen, einen Ort zu haben, wo man lebt, eine Familie zu gründen, die man liebt, und eine Hoffnung zu haben, die einem mit dem Schicksal versöhnt. Das reicht nicht mehr. Die Kräfte der Maximierung haben ihren größten Feind in der Normalität. In Menschen, die genug haben und sich dort engagieren, wo es ihrem inneren Wachstum und ihrer Zufriedenheit dient. Menschen, die das gute Leben leben wollen, schaffen sich Normalität. Die puritanische Maximierungskultur will Unruhe und dauerhafte Optimierung, sie will die ewige Unzufriedenheit, weshalb sie alles bekämpft, was zur Normalität beiträgt. Die Vergangenheit wird entwertet, denn der Fortschritt macht alles besser. Traditionen sind schon definitionsgemäß schlecht, denn die Innovationen verbessern alles. Aktuell ist es der digitale Kapitalismus, der eine ungeahnte Konsum- und Lebenswelt des Erlebens und der Entfaltung verspricht. Die Steigerungslogik lebt in der Zukunft, denn selbst der aktuelle Hype, so viel wissen wir, wird bald durch einen noch besseren Hype abgelöst, und der ist selbstverständlich besser als alles, was je dagewesen war.

Das Normale, die Gegenwart, der Durchschnittsbürger sind schon deshalb nichts wert, weil es sie bald nicht mehr gibt, sie sind jetzt schon von gestern. Die Überbietungsgesellschaft lebt von der Abwertung der Normalität. Das überträgt sich auf die Menschen selbst. Welche Würdigung kann das Normale erwarten, wenn ihm die Leitkultur erklärt, dass nur das Außergewöhnliche und Einzigartige wertvoll ist? Wir alle bluffen, um wenigstens ein bisschen mithalten zu können, aber das strengt im Grunde noch mehr an. Die große Masse der Menschen ist nicht einzigartig, sie hat keine Chance auf Ruhm, sie wird im Winner-takes-all-Kapitalismus verlieren. Der Arbeiter, der vierzig Jahre fast ohne Krankheitstage an der Werkbank stand, die Hausfrau, die tagein, tagaus die Familie zusammenhält, der Vater, der seine drei Kinder ernährt und brav seine Steuern zahlt, der Polizist, der sich mit Kriminellen und Besoffenen herumschlägt, die Altenpflegerin, die zuverlässig die ihr Anvertrauten pflegt – das zählt kaum noch, das ist langweilig, da maximiert sich kein Nutzen, da gibt es keinen Zuwachs. Die Überbietungsgesellschaft würdigt sie nicht mehr.

Wir müssen uns die Wertschätzung der Normalität zurückerobern. Denn der Wettlauf in der Außergewöhnlichkeit ist nur etwas für die Wenigen, den Winner-takes-all-Kapitalismus. Schon rein mathematisch kann es nur wenige Stars geben, nur wenige Starreporter, Staranwälte, Modeärzte, Superstars, Fernsehstars, Fußballstars, Filmgenies und so weiter. Nur wenige sind auserwählt – das ist ein leitkulturelles Credo, das wir zurückweisen sollten. Der Puritanismus hat die Idee des guten Lebens von Anfang an bekämpft. Inmitten eines historisch unvergleichlichen Wohlstands haben wir ein ganzes System von Tretmühlen errichtet, die uns unzufrieden machen und vom guten Leben in einer Balance fernhalten. Der erste Schritt, das zu ändern, ist die Einsicht, dass die puritanischen Wurzeln dieser Überbietungsgesellschaft lebendiger sind denn je, und dass wir sie abschneiden müssen, wenn wir ein zufriedenes Leben finden wollen.

---

1 Hermanns 2013.
2 Wais 2013.
3 Wampole 2012.
4 Prisching 2009a, S. 8
5 Berg 2013.
6 Stressreport 2012, hrsg. von der Bundesanstalt für Arbeitsschutz und Arbeitsmedizin.
7 Die historische Genese von der puritanischen Angstrepression über die Neurasthenie im Industriekapitalismus bis zur heutigen narzisstischen Depression schildert Ehrenberg in *Das Unbehagen in der Gesellschaft* (Ehrenberg 2011).
8 Ehrenberg 2008, S. 23.
9 Ehrenberg 2008.
10 Ehrenberg 2008, S. 16.
11 Ehrenreich 2010.
12 Calvin 1955, III 21,5.
13 Calvin 1955, III 23,12.
14 Ehrenreich schildert die Vielzahl an depressiver Nervenschwäche erkrankter Persönlichkeiten, wie sie von Catherine Beecher geschildert

wurden oder auch von Charles Beard, dem Entdecker der Neurasthenie. Er warf dem Calvinismus vor, er lehre die Kinder, »glücklich sein sei etwas Schlechtes« (Ehrenreich 2010, S. 97).

15 James schreibt über die Heilmethode: »Blinde wurden sehend, Lahme konnten wieder gehen, Menschen, die ihr Leben lang behindert waren, sind wieder gesund geworden.« Das erinnert 140 Jahre später an Heilungen bei TV-Evangelisten (James 1997, S. 127).

16 Ehrenreich 2010, S. 106.

17 Dieser pietistische Gedanke, ein reiner Geist erlöse den Menschen, findet sich beim romantischen Dichter Ralph Waldo Emerson, der schrieb, der Mensch könne »seinem Willen nicht nur einzelne Geschehnisse unterordnen, sondern ganze Ordnungen, ja, die gesamte Reihe der Geschehnisse, und dass er so alle Tatsachen seinem Charakter anzupassen vermag« (Emerson 1982, S. 53).

18 Vorläufer der Managementliteratur sind die Vom-Tellerwäscher-zum-Millionär-Geschichten von Horatio Alger, dessen Erfolgsformel Glück, Mut und Tugend lautete, und den Nathanael West in der bitterbösen Satire *Eine glatte Million* (West 1996) parodierte. Andere Erfolgsautoren sind: Robert Collier, Brian Tracy, Tom Hopkins, Stephen Covey, Jack Welch. Auf evangelikaler Seite mit der schlichten Botschaft, Gott möchte nicht, dass wir arm sind: Catherine Ponder, Wallace Wattles, Florence Scovel Shinn u.v.a.

19 Die Konditionierung von Tieren in Black Boxes funktionierte nicht so, wie der Behaviorist B. F. Skinner lehrte. 1961 sagten sich seine Anhänger K. und M. Breland von ihm los, weil sie in Tierexperimenten Instinkte nachwiesen. Der Verhaltensforscher Konrad Lorenz widerlegte Skinner, indem er zeigte, dass ein Huhn, dem man unterwürfiges Verhalten durch einen Strafreiz aberziehen wollte, nur noch unterwürfiger reagierte. Angeborenes Verhalten wird durch diese »Willenspsychologie« ignoriert.

20 Beim Managerguru Jack Welch äußerte sich der Größenwahn, indem er bei General Electric darauf bestand, dass jeder Geschäftszweig auf Platz 1 oder 2 der jeweiligen Branche zu stehen habe, andernfalls würde er abgestoßen. Das ist unmöglich auf die Gesamtwirtschaft übertragbar (und auch GE hat sich natürlich nicht überall daran gehalten, Bluff eben).

21 Seine millionenfach verkaufte Lehre heißt *Das Maximum-Prinzip* (Tracy 2003).

22 Ausführliche Darstellung gibt Meyer 1988.

23 Gitomers »Denke nach und werde reich« wiederholt urpuritanische Bekehrungsgeschichten. Wie im Klassiker *The Pilgrim's Progress* aus dem 17. Jahrhundert von John Bunyan ist der Held verzweifelt und sehnt sich nach Erlösung, dort noch nach dem Himmel, bei Gitomer nach Geld. Wie Bunyans Held durchlebt er Prüfungen und die

»innere Umkehr«, indem er sich von seiner Frau und seinem Geschäft trennt, um sich selbst neu zu erschaffen. Natürlich geht das nur durch harte Arbeit an sich selbst und stetige Selbstbeobachtung zwecks Selbstverbesserung. Gitomer spricht von »Wartung« wie bei einer Maschine: »Jeden Morgen etwas Positives sagen, jeden Morgen etwas Positives denken.« Jeffrey Gitomer schrieb neben *The Sales Bible* auch so schöne Titel wie *Customer Satisfaction is Worthless* und *How to Sell Anything in Any Economy.*

24 Peters 1982, S. 96.

25 *Up in the Air* (2009) von Regisseur Jason Reitman, basierend auf dem Roman *Up in the Air* (deutscher Buchtitel: *Mr. Bingham sammelt Meilen*) von Walter Kirn.

26 Johnson 2000, S. 53.

27 Der Prediger Zig Ziglar verkündete auf einer Veranstaltung mit Tausenden Entlassenen von AT & T: »Ihr selbst seid schuld; macht nicht das System verantwortlich; macht nicht den Chef dafür verantwortlich – ihr müsst euch mehr anstrengen und beten.« Zitiert bei Ehrenreich 2010, S. 134, wo sie noch eine Fülle von Beispielen aus der Motivationsbranche und den evangelikalen Mega-Churches bringt.

28 Krugman 2008.

29 Reckwitz 2012.

30 Eva Illouz schildert, wie der Konsumkapitalismus eine intensive emotionale Kultur ausgebildet hat. Adorno hatte die »Kulturindustrie« noch ganz im Modus des traditionellen, kalten und berechnenden Industrialismus beschrieben. Die Romantik hat dem Marketing die besten Dienste geleistet. Umgekehrt werden Gefühle und Beziehungen zunehmend durch eine Ökonomisierung geprägt. (Illouz 2007)

31 Eberle und Grossekathöfer 2012.

32 Weber 2006, S. 126

33 Wie tief puritanisch die Askeseideale der »diätischen« Ernährung sind, illustriert übrigens die Geschichte von John Harvey Kellogg, einem Sieben-Tage-Adventisten, der in einem Sanatorium vegetarische Ernährung mit Glaubensgrundsätzen verband: Verzicht auf Fleisch, Alkohol, Tabak und Kaffee. Kellogg brachte in *Proper Diet for Man* und in *Plain Facts about Sexual Life* die Diät und die sexuelle Enthaltsamkeit zusammen. Seine Ehe hatte er nie sexuell vollzogen, begann aber jeden Tag mit einem Einlauf. Er lehnte die Masturbation ab und empfahl aus diesem Grund die routinemäßige Beschneidung kleiner Jungen, eine Praxis, die in den 1990er Jahren fast 80 Prozent der Amerikaner übernommen hatten. Wunderbar grotesk verfilmt von Alan Parker in *Willkommen in Wellville* (Roman von T. C. Boyle). (Kellogg 1874/1877)

34 Das Schlankheitsideal spiegelt den alten puritanischen Anspruch auf harte Selbstdisziplin und Körperkontrolle wider. Um diesem Ideal zu entsprechen, nehmen die Menschen unheimliche Torturen auf sich. Es ist ein einziger Feldzug gegen den eigenen Körper: Die Bodybuilder ruinieren ihre Gesundheit bis zur Impotenz mit Steroiden, Magermodels hungern bis zur Erschöpfung, die Fitness-Ideale verlangen Kasteiung, Bulimie und Magersucht sind zunehmende Krankheiten vor allem junger Frauen. Mit dem Nervengift Botox glätten Mittvierziger ihre Falten. Fettabsaugungen und große Schönheitsoperationen sind massive Körperverletzungen, in denen ein Selbsthass zum Ausdruck kommt: Die Patienten sehen danach aus wie nach einem schweren Autounfall. Warum wollen sie um jeden Preis Vollkommenheitsidealen genügen? Warum fühlen sie sich in ihrem Körper nicht geliebt?

Das gute Leben

Seit Herbst 2012 gibt es in Spanien keine Siesta mehr. Die Regierung musste sie auf Druck der Euro-Troika abschaffen, denn »Faulenzen«, auch in brütender Mittagshitze, kann sich das Land mitten im Staatsbankrott nicht mehr leisten. Jahrhundertelang hielten die Südländer ab der sechsten Stunde nach Sonnenaufgang (sexta hora) zwischen 12 und 16 Uhr ihre Mittagspause. Sie kamen vom Feld und aus den Geschäften nach Hause und ruhten sich aus, sie aßen miteinander, unterhielten sich im Kreise von Familie und Freunden, machten sich keinen Stress. Das Nickerchen war ihnen heilig. Nun ist es mit der Idylle vorbei. Wieso eigentlich müssen die Spanier ihre Siesta aufgeben? Vor hundert Jahren verdienten sie zwanzig Mal weniger als jetzt. Die Menschen auf dem Land waren arm, und dennoch nahmen sie sich die Zeit für eine Ruhepause. Könnten sich die Spanier ihre Siesta heute nicht um ein Vielfaches eher leisten als damals?

An den Staatsschulden liegt es nicht wirklich, denn die Siesta wurde schon einmal beschnitten: 2005 hatte die Regierung Zapatero bereits für Angestellte des öffentlichen Dienstes die offizielle Siesta gestrichen. Die Zeit müsse im globalen Turbokapitalismus produktiver genutzt werden, hieß es. Dass überhaupt in der Hitze gearbeitet werden konnte, lag an den sich immer weiter verbreitenden Klimaanlagen, die ganz nebenbei zu einer Steigerung des Geräte- und Stromverbrauchs führten. Die Regierung erwartet nun, dass alle Spanier künftig durcharbeiten und in der kurzen Mittagspause mehr shoppen und in die Restaurants gehen, das erhöht den Konsum. Mehr Arbeit und mehr Konsum, das tauschen die Spanier gegen ihre Siesta. Es ist ein schlechter Tausch, und sie demonstrierten auch dagegen, aber vergebens.

Die Spanier sehen im Verlust ihrer Tradition ein deutsches Diktat. Falsch ist dieser Eindruck nicht, denn die Deutschen verlangen für ihr Geld zur Euro-Rettung, dass die Südeuropäer sparen und mehr arbeiten. Sie sollen zu preußischen Tugenden bekehrt werden. Die kulturelle Zumutung, die darin liegt, wollen wir nicht verstehen, und die Euro-Troika verhält sich nicht besser. Als ob es nichts Klügeres gäbe, als für die Rettung der Banken seine Siesta zu opfern, was genau genommen heißt: Der Spanier verliert das gemeinsame Essen mit der Familie, seine Ruhe, einen Teil des guten Lebens.

Das gute Leben ist zu einem Kulturkampf geworden. Wir spüren es, wenn wir auf den »Nord-Süd-Konflikt« innerhalb der Europäischen Union blicken: hier die protestantisch-puritanischen Nordstaaten, die ihrer säkularisierten Religion des »Immer-mehr« huldigen und sie überall installieren wollen, dort die katholischen oder orthodoxen »Südländer«, bei denen sich jenseits technokratischer Eliten noch viel vom guten Leben erhalten hat. Wir müssen uns nämlich eines klar machen: Es geht nicht nur ums Geld. Schulden hatten schon die spanischen Könige, sogar bei Deutschen, den Fuggern. Schon Hunderte Male in der Geschichte gingen Länder Pleite, nie wären die Menschen auf die Idee gekommen, deshalb ihre Kultur aufzugeben. Jetzt sollen sie es tun.

Dabei ist der Untergang der Siesta nur ein weiterer Triumph

der puritanischen Kultur in ihrem Kreuzzug gegen den Schlaf und das gute Leben, denn beides wird mit Faulheit und Gotteslästerung gleichgesetzt. Wie wir in den vorigen Kapiteln gesehen haben, ist ihr vor allem der Schlaf seit jeher verhasst. Wer schläft, raubt Gott den Tag, er verdient nichts, er verschwendet den Profit, den er in dieser Zeit hätte erarbeiten können. Der globale Kapitalismus macht systematisch aus der Nacht einen Tag. 24 Stunden, 7 Tage die Woche, ununterbrochen muss alles verfügbar sein, denn immerzu könnte jemand ein Konsumbedürfnis haben, das zu befriedigen Profit bringt. Wer Pech hat und in einem Callcenter in Indien arbeitet, muss seine Nächte dem Job opfern. Der globale Kapitalismus kolonisiert den Schlaf.

Wieso auch sollte er auf unser Schlafbedürfnis Rücksicht nehmen, das tut er doch nicht einmal in seinem Mutterland. Die Amerikaner haben sowohl die kürzesten Ferien als auch die kürzesten Mittagspausen. Ein chronisches Schlafdefizit ist der Normalfall.[1] Die National Sleep Foundation hat ermittelt, dass viele unter der Woche weniger schlafen und die verlorene Nachtruhe dann am Wochenende nachholen. Natürliche Schlafrhythmen gelten nichts mehr, am liebsten würden die Leistungsfetischisten sie abschalten. Die Folge sind wachender Schlafmittelmissbrauch und eine Zunahme der Einweisungen in Schlafkliniken.[2] Außerdem steht der Schlafmangel im Verdacht, nicht unmaßgeblich zur »Verfettung« (Adipositas) der Menschen beizutragen. Hier unterscheiden sich die Prioritäten: Würde unsere Kultur das gute Leben schätzen, wären die Erfordernisse der Produktion weniger wichtig als unser Biorhythmus. Dann würden wir auf unsere innere Uhr achten, die den Schlaf-Wach-Rhythmus bestimmt. Dann wären wir weniger müde, besser gelaunt und seltener krank.[3] Aber das steht nicht zu erwarten. Kürzlich zeigte eine

Weltkarte der Royal Astronomical Society wie weit das Ende der Nacht schon fortgeschritten ist. Künstliches Licht hellt den Nachthimmel immer weiter auf, damit Menschen immer mehr arbeiten und länger konsumieren können.

Wir müssen den Kampf um das gute Leben als einen Kulturkampf begreifen. Dabei geht es um so elementare Dinge wie den Schlaf. Wir sollten in diesem Punkt an der Seite der Spanier stehen. Lassen wir die Banken Pleite gehen, sie sind es nicht wert, dafür noch härter zu arbeiten. Außerdem sind es die Finanzmärkte, die mit ihren überzogenen Renditeerwartungen die Steigerungsspirale antreiben. Der kleine Mann hat dabei, wir ahnen es, am wenigsten zu verlieren, die Banker und die reichen Investoren am meisten. Es wäre kein Weltuntergang, sondern ein Durchatmen.

Wie wollen wir leben? Diese Frage ist unserer Kultur verloren gegangen. Das ursprüngliche europäische Ideal des gelungenen Lebens, das eine rechte Balance zwischen den Extremen vorsah, haben die Puritaner durch Nutzenmaximierung ersetzt. Damit ist zunächst einmal klar, was wir nicht wollen: Immer mehr Arbeit, permanente Verfügbarkeit, genusslosen Konsum, ständige Selbstoptimierung, täglichen Tugendterror. Ich habe darauf hingewiesen, dass wir den inneren Puritaner in uns loswerden sollten. Wer es schafft, sich von dessen Imperativen zu befreien, wird weniger erschöpft sein. Er wird nicht mehr perfekt sein müssen: beruflich, persönlich und moralisch.

Am Beginn dieses Buches habe ich mich gefragt, welche Alternative ich denn zur Immer-mehr-Ideologie vorschlagen könnte. Am Ende des Buches weiß ich es: Wir müssen uns entschleunigen. Der Steigerungswahn tut uns nicht gut. Das

Ziel sollte sein, weniger zu arbeiten und zu konsumieren und dafür mehr Zeit für Muße und andere Glücksgüter zu haben.

Auch ich antworte mit diesem Buch auf das weit verbreitete Gefühl, dass etwas nicht stimmt in dieser Gesellschaft. Die Menschen sind höchst unzufrieden mit der Ruhelosigkeit, der Beschleunigung, dem Dauerstress in allen Bereichen ihres Lebens, aber sie arbeiten sich dennoch unentwegt beruflich, persönlich und moralisch ab – ohne zu wissen wofür. Dass sie das tun, ist das eigentlich zu Erklärende. Wir tun es, weil wir alle, mehr oder weniger stark, eine Mentalität verinnerlicht haben, die uns für das Steigerungsspiel prädestiniert – eben die Mentalität des »Puritaners in uns allen«, der im »kalifornischen Kapitalismus« gegenwärtig seine reinste Form gefunden hat. Die *Mentalität*, der »Geist«, ist *vor* der kapitalistischen *Entwicklung* da, das ist die fundamentale Einsicht, die auf Max Weber zurückgeht. Am Anfang war die protestantische Arbeitsethik, ohne die der Industriekapitalismus nie hätte entstehen können. Ich habe Weber für unsere heutige Gesellschaft aktualisiert, indem ich die Spur des immer noch mächtigen puritanischen Geistes ins Heute nachzeichne: Wie sich der Anspruch der Arbeit als Höchstwert der Gesellschaft mitten im Überfluss erhalten konnte. Es ist eben nicht der Kapitalismus als solcher oder irgendwelche Marktgesetze, die uns daran hindern, ein gutes Leben zu führen. Auch die Spieltheorie schreibt uns keinen kollektiven Ego-Trip vor, sondern eine seit jeher der Nutzenmaximierung verpflichtete puritanische Kultur bedient sich der Spieltheorie, um uns noch besser ihrer Steigerungslogik unterwerfen zu können.

Da wir der Arbeit und (vermeintlichem) beruflichen Erfolg zu viel Bedeutung für unser Selbstwertgefühl beimessen, vernachlässigen wir darüber die Glücksgüter, die uns tatsächlich mehr Zufriedenheit schenken. In nachdenklichen Momenten wissen wir das auch. Also sollten wir die Konsequenz ziehen und zuallererst weniger arbeiten, besonders in Lebensphasen, in denen wir Glück versäumen, wenn wir zu viel Zeit mit Arbeit verbringen: bei der Familiengründung zum Beispiel.[4] Ein Vorteil von weniger Arbeit ist weniger Überlastung, weniger Stress, keine Überstunden mehr. Dazu brauchen wir in den Unternehmen obligatorische Teilzeit-Modelle. Dazu muss das Arbeitsrecht flexibler werden, wobei wir darauf achten müssen, dass die Flexibilität nicht dazu benutzt wird, um die Beschäftigten immer verfügbarer zu machen.

Weniger Arbeit hat aber auch Nachteile. Es ist klar, dass das die Karriere nicht begünstigt, denn in vielen Unternehmen wird mittlerweile davon ausgegangen, dass die intrinsisch motivierten Mitarbeiter ihr Privatleben komplett »ihrer Berufung« vulgo der Firma unterordnen. Jobs bei solchen Arbeitgebern, die keine Rücksicht auf die Work-Life-Balance nehmen, muss man um seiner inneren Balance willen vermeiden. Betriebskindergärten, Jahres- und übertragbare Lebensarbeitszeitkonten, Auszeiten, Familienfreundlichkeit, das müssen die Inhalte der Tarifvereinbarungen werden, das müssen die Themen beim Bewerbungsgespräch sein.

Weniger Arbeit bedeutet aber auch weniger Einkommen. Machen wir uns nichts vor. Die Kunst besteht darin, den Ausfall beim Einkommen durch eine glücklichere Lebensbalance auszugleichen oder zu übertreffen. Das müsste, wenn die Gleichungen der Glücksforschung richtig sind, gar nicht so schwer sein. Angenommen wir verbringen die gewonnene Zeit mit den Kindern, dem Hobby und/oder etwas Sport, dann hat sich die Sache in punkto Zufriedenheit schon gelohnt. Aber nur solange wir es auch schaffen, aus diesen Bereichen den Optimierungsgedanken ein für alle Mal zu verbannen.

Für mittlere und höhere Einkommen ist das unproblematisch, denn die Besserverdiener wissen, dass sie auch mit einem etwas geringeren Einkommen gut auskommen. Schwierig ist das für die unteren Einkommensbezieher, zumal deren Lohnniveau stagniert und die Arbeitsbedingungen schlechter geworden sind. Einige schlagen ein Grundeinkommen vor, das jedem Bürger zusteht und ihn zu einer Art Rentier macht. Dass dies Trägheit befördert, wird dabei gar nicht geleugnet, sondern ist erwünscht, denn die Arbeitsanreize sollen ja vermindert werden. In meinen Augen ist das Grundeinkommen keine Lösung. Der engagierten Klavierlehrerin oder dem schlecht bezahlten Sportcoach würde das zusätzliche Grundeinkommen den Arbeits- und Verfügbarkeitsdruck nehmen. Sie könnten sich ihr Leben besser einteilen. Aber ob das Grundeinkommen jungen Erwachsenen in der zweiten Generation mit Hartz-IV-Bezug zu einer erfüllten Lebensbalance verhelfen würde, wage ich sehr zu bezweifeln. Was die Anhänger des Grundeinkommens übersehen, ist, dass Geld kein Glücksgut ist, sondern nur Mittel, um Glücksgüter zu erwerben. Man kann aber auch Drogen und Fastfood davon kaufen. Wenn das Grundeinkommen dazu dienen soll, die Zufriedenheit zu heben, darf es dem Staat nicht egal sein, wofür das Geld verwendet wird. Das ist es ihm ja bei der Förderung etwa von erneuerbaren Energien auch nicht. Das Grundeinkommen sollte nicht blind in den normalen Konsum fließen. Sinnvoll wäre stattdessen, die Krankenversicherung komplett aus Steuermitteln zu finanzieren. Gesundheit ist ein Glücksgut. Sich um die Kranken- und Pflegeversicherung finanziell nicht kümmern zu müssen, entlastet ungemein. Die Summe ist nicht übermäßig hoch, im Schnitt wären es 230 Euro pro Person, aber spürbar ist sie schon und vor allem ist die Zweckbindung praktisch. Zudem ist sie – im Unterschied zum Grundeinkommen in Höhe von 1000 Euro – noch insgesamt finanzierbar. Man müsste lediglich das Geld abschöpfen, das in Steuerparadiese wie die Cayman Islands abfließt.

Weniger zu konsumieren muss nicht heißen, dass wir weniger Zufriedenheit aus dem Konsum ziehen. Allerdings kommen wir nicht darum herum, unseren Konsumstil auf den Prüfstand zu stellen. Im zweiten Kapitel habe ich beschrieben, dass es heute vor allem die romantische Suche nach dem Außergewöhnlichen ist, nach den Emotionen, die ein Produkt in mir auslöst, die uns auf die Jagd auf immer neuen Konsumerlebnissen schickt. Wann immer ein Produkt sagt: »erfinde dich durch mich neu«, sollten wir es nicht kaufen. Über Konsum wird man kein neuer Mensch und schon gar kein einzigartiger. Der Überbietungswettbewerb lässt uns nur unzufrieden zurück. Indem wir Produkte wieder mehr als Verbrauchsgüter sehen, die eine Funktion erfüllen, die wir also nicht aufladen als Helfer bei unserer Ich-Erschaffung, treten auch das Sinnliche und der Genuss wieder in den Vordergrund. Wir haben es als Verbraucher zum Teil selbst in der Hand, die Produkte in die richtige Richtung zu entwickeln: mehr Regionales, mehr Qualität.

Mehr Zeit für Muße und andere Glücksgüter ist das Ziel. Wir hätten heute genug Geld und Zeit für Muße, wenn die Zwänge der vielen Tretmühlen uns nicht davon abhalten würden. Muße ist jene Zeit, die wir brauchen, um wieder in die Balance zu finden. Muße kennt keine Steigerung und auch keine Selbstoptimierung. Sie ist das Leben im Hier und Jetzt, kein Zustand der permanenten Bewährung, sie lebt in der Erfüllung des Augenblicks. Dazu braucht man Ruhe und Freiheit. Praktisch bedeutet das, nicht zu maximieren, nicht auf die Waage zu steigen, keine Kalorientabellen zu konsultieren, keine Google-Statistiken, keine Überprüfung von Plusschlag und Meilen auf dem Laufband im Fitnessstudio. Verabschieden wir die pseudo-rationale Kultur der Dauer- und Allesvermessung. Erobern wir uns das tiefere Verständnis für Zeit zurück, das nicht kurzfristigen Optionen nachjagt. Das gute Leben braucht Zeit.

Um welche Glücksgüter muss es gehen? Nach Aristoteles sind bestimmte Glücksgüter notwendig, damit wir jemanden »glücklich« nennen können. Darunter zählte er Vermögen, Freundschaft, Nachkommen, Gesundheit, Schönheit, physische Stärke und ein günstig gestimmtes persönliches Schicksal. Diese, nicht vollständige Liste zeigt schon, dass Aristoteles nicht davon ausging, dass jeder Mensch zu hundert Prozent glücklich werden könne. Wer krank und arm ist, sollte sich diesen Zustand nicht schönreden, wie es das positive Denken empfiehlt. Auch wenn wir unsere Glücksgüter pflegen, was eine Voraussetzung zum guten Leben ist, kann uns ein ungünstiges Schicksal einen Strich durch die Rechnung machen. Würden wir alle Glücksgüter maximieren, würden wir nicht glücklich werden, sondern unsere Balance verlieren. Wer sich nur für die Familie aufopfert, ist genauso einseitig wie jemand, der auf Kinder der Karriere wegen verzichtet. Glücksgüter sind kein Mittel zum guten Leben, sie sind Teil des guten Lebens. Jeder sollte versuchen, das richtige Maß für sich zu finden. Die Betonung liegt dabei auf dem »für sich«, denn jeder Mensch hat viele unterschiedliche Begabungen und Ziele und was dem einen höchste Glücksgefühle bereitet, kann den anderen unberührt lassen, so dass jeder Mensch ein gelungenes Leben nur erreichen wird, wenn es ihm gelingt, für all dies die ihm gemäße Form zu finden.

Vieles auf der Liste des Aristoteles deckt sich mit den Ergebnissen der modernen Glücksforschung. Sie kann recht genau sagen, wie sehr etwa Gesundheit oder Kultur und Sport zur Lebenszufriedenheit beitragen. Die aggregierten Zufriedenheitswerte der Deutschen ergeben umgekehrt auch eine recht verlässliche Vorstellung davon, was zur Unzufriedenheit beiträgt: Arbeitslosigkeit etwa oder Einsamkeit.[5] Bei vielen Glücksgütern haben wir es in gewissem Umfang selbst in der Hand, wie sie auf uns wirken. Das Gelingen unserer Partnerschaft, aber auch der Erfolg im Beruf hängt natürlich auch von unserem persönlichen Verhalten ab. Bei vielen Glücksgütern ist es aber nötig, dass die Gesellschaft umsteuert, indem sie sich vom reinen Wachstums- und Steigerungskurs abwendet.

Der Staat hat die Glücksgüter nicht zu garantieren, sondern die Rahmenbedingungen so zu legen, dass die Glücksgüter besser erreichbar sind. So hat die Glücksforschung ergeben, dass das längere Pendeln vom Wohnort ins Büro ein großer Glückskiller ist. Schon ab 200 Kilometer Fahrtweg pro Woche steigt die Unzufriedenheit signifikant an. Der Staat ignoriert allerdings diese Fakten. Er subventioniert den Verkehr heute genauso wie zu Zeiten des Wirtschaftswunders. Damals wurden auf deutschen Verkehrswegen 90 Milliarden Kilometer im Jahr gefahren, heute sind es 900 Milliarden Kilometer. Hier muss der Staat eindeutig umsteuern und die Steuerfreiheit von Flugbenzin ebenso beenden wie die Entfernungspauschale und die Subventionierung des Bahn- und Nah-Verkehrs.

Die Anhänger des alten Wachstumsmodells werfen der Idee des guten Lebens gern vor, dass sich der Staat in die Entscheidungen der Bürger einmischt und ihnen zu viele Vorschriften machen will, wie sie zu leben haben. Die jahrzehntelange staatliche Förderung des Verkehrs ist ein gutes Beispiel für bestehenden schlechten Paternalismus. Dagegen sagen die Wachstumsanhänger allerdings nichts, weil er der Produktion und dem Konsum dient, also Werten, die ihnen wichtig sind. Eine Politik des guten Lebens orientiert sich aber an der Lebenszufriedenheit und die wird durch die Expansion des Verkehrs nachweisbar vermindert.

Es gibt so gut wie keinen Markt, der nicht dirigiert wird. Die Förderung der Finanzindustrie – von den »vermögenswirksamen Leistungen« bis zu den Milliardenhilfen für Banken jetzt in der Finanzkrise – ist ein weiteres Beispiel für fragwürdigen Paternalismus. Anderseits fördert der Staat auch Ehe und Familie und damit zwei ausgewiesene Glücksgüter, die auch vom Konzept des guten Lebens gefördert werden würden. Der Vorwurf des Paternalismus bringt uns also nicht weiter, weil er alle Lager betrifft. Es muss darum gehen, die Prioritäten neu zu setzen und die Rahmenbedingungen für Glücksgüter zu verbessern. Ein gutes Leben kann nur selbstbestimmt sein. Also muss die Gesellschaft darüber nachdenken, wie sie die Fremdbestimmung derer vermindert, die in der Tretmühle laufen. Alles, was die Tretmühle verlangsamt, ist ein Schritt zu mehr Selbstbestimmung und Glück.

---

1 Foti 2011.

2 Wolf-Meyer beschreibt den normierenden Einfluss des Kapitalismus auf die Schlafgewohnheiten der Amerikaner, von Thomas Edison, der Schlafen für unnötig hielt bis zum Verbot von Nickerchen in der US-Marine. Vgl. Wolf-Meyer 2012.

3 So hängt die Fähigkeit, sich an Nachtschichten anzupassen, stark vom Chronotyp ab. Spättypen fällt die Anpassung leichter, während Früh-

typen sich praktisch gar nicht anpassen können. Dies müsste bei der Einteilung von Schichtarbeit berücksichtigt werden, weil langjährige Schichtarbeit zu einer dauerhaften Beeinträchtigung der Gesundheit führen kann (Roenneberg 2012).

4 Andererseits kann es Phasen geben, wo etwas Arbeit dem Menschen ganz gut tut. Rentner erleben den abrupten Ausstieg oft als Schock. Das muss nicht sein.

5 Diese aggregierten Zufriedenheitswerte haben eine objektivierende Aussagekraft auch für die Politik. Obwohl jeder Einzelne etwa von Krankheit unterschiedlich stark beeinträchtigt wird, ist Krankheit für den Durchschnitt der Deutschen ein wichtiger Faktor der Unzufriedenheit. Die durchschnittliche Effektstärke dieser »Glücksgüter« bzw. »Glückskiller« ermittelt die Lebenszufriedenheitsforschung.

Bibliografie

Appleby, Joyce: *The Relentless Revolution. A History of Capitalism.* New York 2010.

Barbrook, Richard und Cameron, Andy: »The Californian Ideology«, in: *Science as Culture*. 26/1995, S. 44–72.

Baum, Antonia: »Töchter einer Revolution«, in: *Frankfurter Allgemeine Sonntagszeitung* vom 23.12.2012.

Becker, Gary S.: *Der ökonomische Ansatz zur Erklärung menschlichen Verhaltens*. Tübingen 1993.

Bell, Daniel: *The Cultural Contradictions of Capitalism*. New York 1976.

Berg, Sibylle: »Mein Mitleid mit den Bluffern«, in: *S.P.O.N. – Fragen Sie Frau Sibylle* vom 09.02.2013.

Biesecker, Adelheid: »Vom (Eigen)Wert der Zeit: normative Grundfragen der Zeitökonomik bezüglich einer Neubewertung der Zeit«, in: Biervert, Bernd (Hg.): *Zeit in der Ökonomik: Perspektiven für die Theorienbildung*. Frankfurt am Main 1995.

Binswanger, Mathias: *Die Tretmühlen des Glücks. Wir haben immer mehr und werden nicht glücklicher. Was können wir tun?* Freiburg im Breisgau 2006.

Boltanski, Luc und Chiapello, Ève: *Der neue Geist des Kapitalismus.* Konstanz 2003.

Bröckling, Ulrich: *Das unternehmerische Selbst: Soziologie einer Subjektivierungsform*. Frankfurt am Main 2007.

Bruckner, Pascal: »Der schlüpfrige Puritanismus der USA«, in: *Le Monde* vom 29.08.2011.

Bruckner, Pascal: *Ich kaufe, also bin ich*. Berlin 2004.

Burton, Robert: *Die Anatomie der Schwermut.* Frankfurt am Main 2003.

Calvin, Johannes: Gesamtausgabe von Calvins Auslegung der Heiligen

Schrift, Band 16, in: G. Graffmann (Hg.): *Johannes Calvins Auslegung des Römerbriefes und der beiden Korintherbriefe.* Neukirchen 1960.

Calvin, Johannes: *Unterricht in der christlichen Religion. Institutio Christianae religionis,* übers. und bearb. von Otto Weber. 6 Bände. Neukirchen 1955.

Camerer, Colin, Babcock, Linda, Loewenstein, George, Thaler, Richard: »Labor Supply of New York City Cabdrivers: One Day at a Time«, in: *Quarterly Journal of Economics.* Mai 1997, S. 404–441.

Campbell, Colin: *The Romantic Ethic and the Spirit of Modern Consumerism.* Oxford 1987.

Dellwing, Michael: *Globalisierung und religiöse Rhetorik: Heilsgeschichtliche Aspekte in der Globalisierungsdebatte.* Frankfurt am Main 2008.

Dickens, Charles: *Oliver Twist; or, The Parish Boy's Progress.* Leipzig 1839.

Dormehl, Luke: *The Apple Revolution: Steve Jobs, the counterculture and how the crazy ones took over the world.* London 2013.

Duesenberry, James S.: *Income, Saving and the Theory of Consumer Behavior.* Cambridge 1949.

Durkheim, Émile: *Der Selbstmord.* Darmstadt 1983.

Dyllick, Thomas und Probst, Gilbert: »Lebensgrundlagen und Werthaltungen im Wandel«, in: Hans Siegwart/Gilbert Probst (Hg.): *Mitarbeiterführung im gesellschaftlichen Wandel. Die kritische Gesellschaft und ihre Konsequenzen für die Mitarbeiterführung.* Bern/Stuttgart 1983, S. 17–67.

Easterlin, Richard A.: »Does Economic Growth Improve the Human Lot?«, in Paul A. David & Melvin W. Reder (Hg.): *Nations and Households in Economic Growth: Essays in Honor of Moses Abramovitz.* New York 1974, S. 89–125.

Eberle, Lukas und Grossekathöfer, Maik: »Sei ein Held«, in: *Der Spiegel* 40/2012.

Ehrenberg, Alain: *Das erschöpfte Selbst: Depression und Gesellschaft in der Gegenwart.* Frankfurt am Main 2008.

Ehrenberg, Alain: *Das Unbehagen in der Gesellschaft.* Frankfurt am Main 2011.

Ehrenreich, Barbara: *Smile or Die. Wie die Ideologie des positiven Denkens die Welt verdummt.* München 2010.

Elias, Norbert: *Über den Prozeß der Zivilisation. Soziogenetische und psychogenetische Untersuchungen.* Basel 1939.
Emerson, Ralph Waldo: *Die Natur: Ausgewählte Essays.* Hg. von Manfred Pütz. Stuttgart 1982.
Euchner, Walter: »Einleitung«, in: Mandeville, Bernard: *Die Bienenfabel oder Private Laster, öffentliche Vorteile.* Frankfurt am Main 1980.
Eucken, Walter: *Grundsätze der Wirtschaftspolitik.* Stuttgart 1990.
Everett, Daniel: *Das glücklichste Volk: Sieben Jahre bei den Pirahã-Indianern am Amazonas.* München 2010.
Ferguson, Niall: *Der Westen und der Rest der Welt: Die Geschichte vom Wettstreit der Kulturen.* Berlin 2011.
Foti, Kathrin E., Eaton, Danice K., Lowry, Richard: »Sufficient Sleep, Physical Activity, and Sedentary Behaviors«. *American Journal of Preventive Medicine.* December 2011, S. 596–602.
Frank, Robert und Cook, Philip J.: *The Winner-Take-All Society: Why the Few at the Top Get So Much More Than the Rest of Us.* New York 1996.
Frey, Bruno S.: »Stop Tying Pay to Performance«, in: *Harvard Business Review* 01/2012.
Friedell, Egon: *Kulturgeschichte der Neuzeit.* München 2007.
Fukuyama, Francis: *Das Ende der Geschichte und der letzte Mensch.* München 1992.
Fukuyama, Francis: *America at the Crossroads. Democracy, Power and the Neoconservative Legacy.* New Haven 2006.
Galbraith, John Kenneth: *The Affluent Society.* Cambridge Mass. 1958.
Gigerenzer, Gerd: *Bauchentscheidungen: Die Intelligenz des Unbewussten und die Macht der Intuition.* München 2008.
Gray, John: *Von Menschen und anderen Tieren: Abschied vom Humanismus.* München 2012.
Grünewald, Stephan: *Die erschöpfte Gesellschaft.* Frankfurt am Main 2013.
Hahn, Alois: »Soziologische Aspekte der Knappheit«, in: Heinemann, Klaus (Hg.): *Soziologie wirtschaftlichen Handelns.* Sonderheft 28 der *Kölner Zeitschrift für Soziologie und Sozialpsychologie.* Opladen 1987.
Hayek, Friedrich A. von: »Die Anmaßung von Wissen«, in: *ORDO. Jahrbuch für die Ordnung von Wirtschaft und Gesellschaft.* Stuttgart 1975.
Hayek, Friedrich A. von: *Die Verfassung der Freiheit.* 2., durchgesehene Auflage. Tübingen 1983.

Hayek, Friedrich A. von: *Recht, Gesetzgebung und Freiheit, Band 2: Die Illusion der sozialen Gerechtigkeit.* Landsberg am Lech 1981.

Hermanns, Thomas: »Moral ist nicht der Ausgangspunkt einer Fernsehshow«, in: www.planet-interview.de vom 05.03.2013.

Hill, Lisa: »The Hidden Theology of Adam Smith. European Journal of the History of Economic Thought«, in: Oslington, Paul und Elgar, Edward (Hg.): *Economics and Religion.* Cheltenham 2004.

Hochschild, Arlie: *Das gekaufte Herz*. Frankfurt am Main 1983.

Hoffmann, Christiane: »Markt und Familie«, in: *Frankfurter Allgemeine Zeitung* vom 24.12.2012.

Horkheimer, Max und Adorno, Theodor W.: *Dialektik der Aufklärung*. Amsterdam 1947.

Hume, David: *Eine Untersuchung über die Prinzipien der Moral.* Hamburg 2003.

Illouz, Eva: *Gefühle in Zeiten des Kapitalismus: Adorno-Vorlesungen 2004.* Frankfurt am Main 2007.

Inglehart, Ronald: *The Silent Revolution: Changing Values and Political Styles among Western Publics.* Princeton 1977.

Institut Rheingold: »Die Unfähigkeit zu genießen.« Studie. Köln 2012.

James, William: *Die Vielfalt religiöser Erfahrung: Eine Studie über die menschliche Natur.* Frankfurt am Main 1997.

Johnson, Spencer: *Die Mäusestrategie für Manager. Veränderungen erfolgreich begegnen*. München 2000.

Kahneman, Daniel, Diener, Ed und Schwarz, Norbert (Hg.): *Well-Being: The Foundations of Hedonic Psychology.* New York 1999.

Kauder, Volker: »Kauder beklagt deutsche ›Kultur der Genügsamkeit‹«, in: *Die Welt* vom 28.11.2012.

Kellogg, John Harvey: *Proper Diet for Man*. Battle Creek Mich. 1874.

Kellogg, John Harvey: *Plain Facts about Sexual Life*. Battle Creek Mich. 1877.

Keynes, John Maynard: *Allgemeine Theorie der Beschäftigung, des Zinses und des Geldes.* Berlin 2009.

Kloepfer, Inge: »Groß und fit soll der Manager sein«, in: *Frankfurter Allgemeine Zeitung* vom 06.10.2012.

Krugman, Paul: »Lest We Forget«, in: *New York Times* vom 27.11.2008.

Kuls, Norbert: »Ein Börsengang im Interesse der Banken«, in: *Frankfurter Allgemeine Zeitung* vom 28.05.2012.

Lal, Deepak: *Unintended Consequences. The Impact of Factor Endowments, Culture, and Politics on Long-Run Economic Performance.* Cambridge 1998.

Lewis, Michael: *The Big Short: Wie eine Handvoll Trader die Welt verzockte*. München 2011.

Lobo, Sascha: »Sie werden wieder überheblich«, in: *Der Spiegel* 30/2010.

Lorenzo, Giovanni di: »Tugendterror«, in: *Die Zeit* vom 11.10.2012.

Luther, Martin: *Ordenung ayns gemeinen kasten*. Augsburg 1523.

Lutter, Mark: *Soziale Strukturen des Erfolgs: Winner-take-all-Prozesse in der Kreativwirtschaft MPIfG*. Discussion Paper 12/7, Köln 2012.

Martenstein, Harald: »Der Terror der Tugend«, in: *Die Zeit* vom 16.06.2012.

Marx, Karl und Engels, Friedrich: *MEW* (Marx-Engels-Werke). Band 30: Briefwechsel zwischen Marx und Engels (234 Briefe), Briefe von Marx und Engels an dritte Personen (109 Briefe), Beilagen. Berlin 1974.

Meyer, Donald: *The Positive Thinkers: Popular Religious Psychology from Mary Baker Eddy to Norman Vincent Peale and Ronald Reagan.* Middletown 1988.

Mika, Bascha: *Die Feigheit der Frauen: Rollenfallen und Geiselmentalität.* München 2011.

Moldaschl, Manfred und Sauer, Dieter: »Internalisierung der Marktes – Zur neuen Dialektik von Kooperation und Herrschaft«, in: Heiner Minssen (Hg.): *Begrenzte Entgrenzungen – Wandlungen von Organisation und Arbeit*. Berlin 2000.

Müller, Anja: »Die Mär vom rationalen Unternehmen«, in: *Handelsblatt* vom 14.10.2010.

Münchau, Wolfgang: *Das Ende der Sozialen Marktwirtschaft*. München 2006.

Mundell, Robert: »A Reconsideration of the Twentieth Century«, in: *American Economic Review* 90, Nr. 327/2000.

Müntefering, Franz: Interview in: *Bild am Sonntag* vom 17.04.2005.

Nelson, Robert H.: *The New Holy Wars: Economic Religion Versus Environmental Religion in Contemporary America*. Philadelphia 2010.

Neubacher, Alexander: *Ökofimmel: Wie wir versuchen, die Welt zu retten – und was wir damit anrichten*. München 2012.

Noelle-Neumann, Elisabeth: »Freude, Freiheitsgefühl und Produktivität«, in: *Frankfurter Allgemeine Zeitung* vom 14.5.1973.
Obama, Barack: »Rede zum Friedensnobelpreis«, in: *Süddeutsche Zeitung* vom 08.01.2013.
Ockenfels, Axel: »Behavioral economic engineering«, in: *Journal of Economic Psychology.* Band 33(3), 6/2012.
Paz, Octavio: »Eroticism and Gastrosophy«, in: *Daedalus* 101/1972.
Peters, Thomas J.: *Auf der Suche nach Spitzenleistungen. Was man von den bestgeführten US-Unternehmen lernen kann.* München 1982.
Prisching, Manfred: *Das Selbst, die Maske, der Bluff: Über die Inszenierung der eigenen Person.* Wien 2009a.
Prisching, Manfred: *Die zweidimensionale Gesellschaft. Ein Essay zur neokonsumistischen Geisteshaltung.* Heidelberg 2009b.
Penny, Laurie: *Fleischmarkt: Weibliche Körper im Kapitalismus.* Hamburg 2012.
Phillipson, Nicholas: *Adam Smith: An Enlightend Life.* London 2011.
Putnam, Robert D. und Campell, David E.: *American Grace: How Religion Divides and Unites Us.* New York 2012.
Ravitch, Diane: *The Language Police: How Pressure Groups Restrict What Students Learn.* New York 2004.
Reckwitz, Andreas: *Die Erfindung der Kreativität: Zum Prozess gesellschaftlicher Ästhetisierung.* Frankfurt am Main 2012.
Reischauer, Claudia: »Die Angst der Manager vor Weihnachten«, in: *Wirtschaftswoche* vom 22.12.2011.
Ryn, Claes G.: *The New Jacobinism: America as Revolutionary State.* Hillsdale 1991.
Reiners, Hartmut: *Der Homo oeconomicus im Gesundheitswesen* (Veröffentlichungsreihe der Forschungsgruppe Public Health. Forschungsschwerpunkt Arbeit, Sozialstruktur und Sozialstaat. Wissenschaftszentrum Berlin für Sozialforschung). Berlin 2006.
Rieger, Elmar und Leibfried, Stephan: *Kultur versus Globalisierung: Sozialpolitische Theologie in Konfuzianismus und Christentum.* Frankfurt am Main 2004.
Robbins, Lionel: *An essay on the nature and significance of economic science.* New York 1962.
Robinson, Joan: »Die zweite Krise der ökonomischen Theorie«, in: Vogt, Winfried (Hg.): *Seminar Politische Ökonomie.* Frankfurt am Main 1973.

Roenneberg, Till: *Wie wir ticken: Die Bedeutung der Chronobiologie für unser Leben.* Köln 2012.
Rolle, Robert: *Homo oeconomicus: Wirtschaftsanthropologie in philosophischer Perspektive.* Würzburg 2005.
Röpke, Wilhelm: *Jenseits von Angebot und Nachfrage*. Stuttgart 1958.
Ruckriegel, Karlheinz: »Glücksforschung – Konsequenzen für die (Wirtschafts-)Politik«, in: *Wirtschaftsdienst*. Februar 2012.
Rüstow, Alexander: *Das Versagen des Wirtschaftsliberalismus. Das neoliberale Projekt.* Marburg 2001.
Rüstow, Alexander: *Die Religion der Marktwirtschaft*. Münster 2009.
Sachverständigenrat zur Begutachtung der gesamtwirtschaftlichen Entwicklung, Conseil d'Analyse Économique: *Wirtschaftsleistung, Lebensqualität und Nachhaltigkeit: Ein umfassendes Indikatorensystem. Expertise im Auftrag des Deutsch-Französischen Ministerrats.* Wiesbaden 2010.
Sachverständigenrat zur Begutachtung der gesamtwirtschaftlichen Entwicklung: *Jahresgutachten Jahr 2005/2006.* Wiesbaden 2006.
Samuelson, Paul: *Economics*. New York 2009.
Sasse, Carl: »Eine romantische Arbeitsethik? Die neuen Ideale in der Arbeitswelt«, in: Burkart, Günter (Hg.): *Die Ausweitung der Bekenntniskultur — neue Formen der Selbstthematisierung?* Berlin 2006, S. 285–312.
Schäfer, Christoph: »Verbände wollen ›soziale Unwörter‹ zensieren«, in: *Frankfurter Allgemeine Zeitung* vom 26.02.2013.
Schnabel, Ulrich: *Muße: Vom Glück des Nichtstuns.* München 2012.
Schmidt, Eric: »Paying Businesses to keep People out of Prison: Reduce recidivism using the profit motive«, in: *Harvard Business Review* 1/2012.
Schrage, Dominik: *Die Verfügbarkeit der Dinge: Eine historische Soziologie des Konsums*. Frankfurt am Main 2009.
Schröder, Gerhard: *Entscheidungen: Mein Leben in der Politik*. Stuttgart 2006.
Schumpeter, Joseph Alois: *Theorie der wirtschaftlichen Entwicklung.* Leipzig 1912.
Seibel, Andrea: »›Die Software Europas lahmt‹. Die Killer-Apps des Westens müssen verteidigt werden: Niall Ferguson über Wettbewerb, Eigentum und Arbeitsmoral«, in: *Die Welt* vom 05.11.2011.
Shell Jugendstudie 2010, 16. Auflage. Frankfurt 2010.
Simon, Herrmann: *Hidden Champions – Aufbruch nach Globalia: Die*

Erfolgsstrategien unbekannter Weltmarktführer. Frankfurt am Main 2012.

Skinner, Burrhus Frederic: *Futurum Zwei. »Walden Two«. Die Vision einer aggressionsfreien Gesellschaft.* Reinbek 1978.

Sloterdijk, Peter: *Falls Europa erwacht: Gedanken zum Programm einer Weltmacht am Ende des Zeitalters ihrer politischen Absence.* Frankfurt am Main 1994.

Smith, Adam: *The Theory of Moral Sentiments.* London 1984.

Smith, Adam: *An Enquiry into the Nature and Causes of the Wealth of Nations.* New York 1937.

Smith, Adam: *Der Wohlstand der Nationen,* 2006.

Sprenger, Reinhard: »Die Besessenen – glücklich im Stress«, in: *Manager Magazin* im November 2012.

Stoll, Mark: *Protestantism, Capitalism, and Nature in America.* Albuquerque 1997.

Straubhaar, Thomas: »Der große Irrtum«, in: *Financial Times Deutschland* vom 09.10.2011.

Stressreport Deutschland 2012. Psychische Anforderungen, Ressourcen und Befinden. Dortmund: Bundesanstalt für Arbeitsschutz und Arbeitsmedizin 2012.

Thielemann, Ulrich: »Wirtschaftsethik jenseits der Marktgläubigkeit«, in: Slenczka, Notger (Hg.): *Werner-Reihlen-Vorlesung 2009: Die »unsichtbare Hand« (Adam Smith) und die Gier – zur Wirtschaftsethik,* Beiheft 2009/2010 zur *Berliner Theologische Zeitschrift*, S. 151–174.

Tichy, Roland: »Familien-Fracking«, in: *Wirtschaftswoche* vom 09.02.2013.

Tocqueville, Alexis de: *Über die Demokratie in Amerika*, I. und II. Teil. Zürich 1987.

Tracy, Brian: *Das Maximum-Prinzip: Mehr Erfolg, Freizeit und Einkommen – durch Konzentration auf das Wesentliche*. Frankfurt am Main 2003.

Uchatius, Wolfgang: »Wie viel braucht der Mensch?«, in: *Die Zeit* vom 28.02.2013.

Wampole, Christy: »How to Live Without Irony«, in: *The New York Times. The Opinion Pages* (http://opinionator.blogs.nytimes.com) vom 17.11.2012.

Wais, Jakob: »Das gnadenlose Geständnis eines Hipsters«, in: *Die Welt* vom 11.03.2013.

Warren, Rick: *Purpose Driven Life.* Grand Rapids 2012.
Weber, Max: *Wirtschaft und Wissenschaft. Grundriss der verstehenden Soziologie.* Tübingen 1972.
Weber, Max: *»Die protestantische Ethik und der ›Geist‹ des Kapitalismus.« Textausgabe auf der Grundlage der ersten Fassung von 1904/05 mit einem Verzeichnis der wichtigsten Zusätze und Veränderungen aus der zweiten Fassung von 1920.* München 2006.
Weimann, Joachim, Knabe, Andreas und Schöb, Ronnie: *Geld macht doch glücklich: Wo die ökonomische Glücksforschung irrt.* Stuttgart 2012.
Welzbacher, Christian: *Der radikale Narr des Kapitals: Jeremy Bentham, das »Panoptikum« und die »Auto-Ikone«.* Berlin 2011.
West, Nathanael: *Eine glatte Million.* Zürich 1996.
Wittchen, Hans-Ulrich: »Was sind die häufigsten psychischen Störungen in Deutschland? Erste Ergebnisse der ›Zusatzuntersuchung psychische Gesundheit‹ (DEGS-MHS)«, in: *Bundesgesundheitsblatt* 6/7 (2012).
Wittchen, Hans-Ulrich: » Warum sollte die Psyche gesünder sein als der Rest des Körpers?«, in: *Psychologie heute.* Januar 2012.
Wolfe, Tom: *Der Electric Kool-Aid Acid Test: Die legendäre Reise von Ken Kesey und den Merry Pranksters.* München 2009.
Wolfe, Tom: »Eunuches of the Univers«, in: *Newsweek* vom 04.01.2013.
Wolf-Meyer, Matthew: *The Slumbering Masses. Sleep, Medicine, and Modern American Life.* Saint Paul 2012.
Worster, Donald: *The Wealth of Nature: Environmental History and the Ecological Imagination.* Oxford 1993.
Wüllenweber, Walter: *Die Asozialen: Wie Ober- und Unterschicht unser Land ruinieren – und wer davon profitiert.* München 2012.